本书籍的出版受到云南省新学科培育计划立项建设学科"边疆社会治理
73 号）、云南省教育厅科技创新团队"滇西边境山区高校铸牢中华民族共
发〔2022〕69 号）、云南省铸牢中华民族共同体意识研究基地（云民宗复
学院校级科研创新团队"边境基层社会治理研究创新团队"等基金项目的资助。

青少年
社会工作实务案例集

马东东◎编著

九州出版社
JIUZHOUPRESS

图书在版编目（CIP）数据

青少年社会工作实务案例集 / 马东东编著. -- 北京：
九州出版社，2024.1
ISBN 978-7-5225-2567-9

Ⅰ．①青… Ⅱ．①马… Ⅲ．①青少年－社会工作－案
例－中国 Ⅳ．①D432.6

中国国家版本馆CIP数据核字(2024)第033924号

青少年社会工作实务案例集

作　　者	马东东　编著
责任编辑	赵晓彤
出版发行	九州出版社
地　　址	北京市西城区阜外大街甲 35 号（100037）
发行电话	（010）68992190/3/5/6
网　　址	www.jiuzhoupress.com
印　　刷	永清县晔盛亚胶印有限公司
开　　本	787 毫米 ×1092 毫米　16 开
印　　张	12.75
字　　数	222 千字
版　　次	2024 年 2 月第 1 版
印　　次	2024 年 2 月第 1 次印刷
书　　号	ISBN 978-7-5225-2567-9
定　　价	58.00 元

前　言

　　社会工作专业是应用性极强的专业，由价值观、理论、技能"三驾马车"驱动。社会工作归根结底是一种道德实践。社会工作实践是在实务过程中，依托内化的价值观，秉持科学的理论，结合具体的技能方法开展的助人服务活动。为培养高素质的应用型社会工作人才，保山学院自2013年开设社会工作专业以来，不断优化人才培养方案，经过多年的探索，形成了大学一年级开展学业入门训练、大学二年级开展课程基础训练、大学三年级开展专业提升训练、大学四年级开展综合运用训练的"四级一体"的实践教学模式。依托这一实践教学模式，社会工作专业学生通过机构参访、活动参与、项目实践、服务学习等形式，不断夯实自身实务技能，提升专业素养。

　　虽然保山学院地处我国西南边疆民族地区，社会工作在当地民众中的认知度仍不太高，但是社会工作专业师生不畏艰难，身体力行，面对不同的群体开展专业化服务，本案例集即是社会工作专业师生实践探索的结晶。为便于同类型的案例集中汇总，案例集借鉴社会工作专业方法的划分，分为个案工作案例、小组工作案例、社区工作案例和项目工作案例进行编纂。

　　保山学院社会工作专业已满十岁，借此机会感谢一路走来，关心、支持社会工作专业发展的各级领导、学界前辈、社工同仁；感谢政府管理学院领导们的高瞻远瞩、各个专业的团结奋进、所有老师的精诚合作；感谢社会工作专业老师们的默默耕耘和学生们的辛勤付出！

　　囿于水平所限，书稿中难免有错误和疏漏之处，敬请读者们批评指正！

目　　录

第一章　个案工作案例

第一节　福利院的"折翼天使"——孤儿帮扶个案

一、案主基本资料

困境儿童 D，男，汉族，2005 年出生，现属于弃童。2005 年年末由 B 市 T 县 T 镇民政办和 T 县 T 镇公安分局移交到 B 市社会福利院安置抚养。入院时，该弃婴双手先天并指畸形，缺指畸形；右腿先天马蹄内翻足，多指，并指畸形；左眼裂小。2006 年 4 月，B 市社会福利院将该弃婴送到 B 市人民医院做了矫治手术。术后，该婴的双手、左脚恢复良好，右脚马蹄内翻的状况没有改善，右脚仍处于残疾状态，但不影响他正常的生活和学习。儿童 D 现就读于 B 市某中学，学习成绩处于中下水平，偏科情况严重，在校期间缺乏自信，与同学关系紧张，没有朋友。每天早上出门上课，中午学校就餐，下午回社会福利院吃完饭后回到学校上晚自习，放学后回到福利院。分析案主的生态系统如图 1-1 所示。

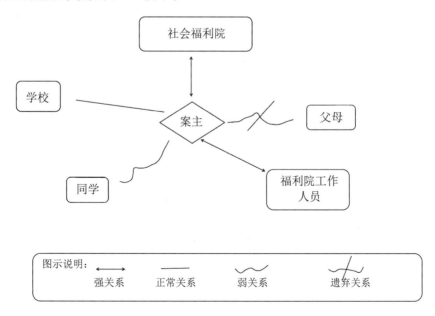

图 1-1　案主 D 的生态系统图

通过前期阅读社会福利院提供的资料，接触到案主后深入到其生活场景，并实际参与案主日常生活过程中进行观察，再结合与福利院工作人员的交流，归纳案主的困境类型如表1-1所示。

表1-1 案主D所遇困境类型归纳表

困境类型	具体表现
生理困境	1. 双手先天并指畸形，缺指畸形。 2. 右腿先天马蹄内翻足，多指，并指畸形。 3. 左眼裂小。 4. 经治疗后双手、左脚恢复良好，右脚仍处于残疾状态。
心理困境	1. 强势，缺乏安全感，情绪暴躁易怒。 2. 出现认知偏差。 3. 多疑，敏感，不信任他人。 4. 渴望朋友和获得关注。
社会困境	1. 出现偏差行为。 2. 缺乏家人和朋友支持，缺少亲友关怀。 3. 人际交往能力差。 4. 社会支持与案主需求不完全匹配。
其他困境	学习困境。

（一）个人层面

1. 身体状况：先天残疾

案主身体状况良好，虽然有先天的并指、缺指等问题，但经过治疗后情况稳定，目前并无恶化和影响生活学习等问题和困扰。案主积极好动，喜欢踢足球等运动。

2. 心理状况：强势、缺乏安全感、情绪暴躁

通过交谈和观察发现，案主D渴望拥有朋友，却无法交付真心，对外界充满不信任感。经常以福利院"大哥"的身份自居，凭心情与同伴有不同的交流方式，或打，或骂，或威胁，表现出较强的自我保护欲和控制欲。对福利院其他小朋友有较强的威慑性，经常以命令式的口吻要求其他小朋友，以满足自己的控制欲，找寻自我的存在感。儿童C告诉社工"不能议论他（案主D）和反驳他，不然会被他打"。每个福利院儿童都畏惧这个"大哥"，他总是以成人大哥的状态存在着。

社工第一次跟案主见面的情景如下：

社工：（案主正在吃饭）哈喽，你好！我可以进你的卧室吗？

案主D：不可以（继续吃饭）。

社工：不欢迎有哥哥来陪你们玩吗？

案主D：不欢迎（继续埋头吃饭，没看门口一眼）。叫我大哥就让你一个人进来（对着门口）。

3. 认知状况：认知偏差

根据案主 D 的自我描述以及身边人的评价，再结合社工对案主的观察，案主善于运用暴力或者威胁手段来达到自己的目的，并维护自己的"大哥"形象，获得自己想要的利益，但这仅仅是针对案主能威胁的人，对于案主不能威慑的人，案主会选择隐忍。这种嚣张和退让，加上工作人员忙于其他工作，忽视了对案主的积极关注，使得案主逐渐形成了不正确的认知理念，也形成了不恰当的交往方式和沟通方式，案主 D 认为只有这样他人才会关心关注到自己，自己才能找到自我的存在感。值得注意的是，工作人员大部分都是通过社会招聘而来，年龄偏大、学历水平较低，缺乏专业知识以及科学的理念，不能很好地走进案主的内心世界，关注案主的内心诉求，很难贯彻福利院儿童利益最大化的宗旨，一定程度上造成对案主的忽视，未能将儿童行为规范、日常陪伴以及人文关怀落实落细。

工作人员：阿 D（案主 D）经常欺负弟弟妹妹，但是在我们面前又乖巧，只要不盯着他就会撒谎，欺负其他弟弟妹妹，屡教不改，我们也很头疼，也不可能随时盯着他一个人。

儿童 C：有时候他（案主 D）跟我们讲英语，我们不听他就吼我们，他的英语成绩好但是其他科目成绩差。

案主 D：我觉得有些时候跟他们（福利院其他儿童）说话太难了，讲什么他们都不听，喊他们也是不理，要吼他们才听。这些我不敢跟"妈妈们"（福利院工作人员）说，我不听话他们就让我回房间里，我只敢吼其他人。我英语成绩还可以，经常考七八十分，我数学分数很低，我想学好但我学不会，就懒得管它。

4. 行为习惯：产生偏差行为

案主 D 是典型的有偏差行为的儿童，即在成长过程中产生了违背道德规范、纪律规范和法律规范以及严重脱离正常状态的行为，较长时间未能回到正常的生活轨道和状态上来。比如具有打架、骂人、厌学、撒谎、偷窃、翻围墙等对自身和他人有一定危害但还没有构成犯罪的行为。案主的偏差行为反映在生活学习中的以下几方面。

首先，一方面，案主认为，通过欺骗能逃过规范的制约，同时相信工作人员不会对这种小的谎言加以追究，最多嘴上批评几句就没事了。另一方面，案主认为这种行为无关紧要，只要自己可以得到想要的，避开惩罚和责备就可以。他并不认为这种行为是错误的，因此一直重复和善用这种偏差行为以达到自我目的。其次，对于案主威胁其他小朋友给自己钱和给自己买东西的行为来说，案主也并未认为这种行为是错的，案主只知道，通过这种行为，他能够获得自己想要的东西，也能够获得钱财，没有人告诉案主这种行为方式是错的并会伤害其他人。同时，案主也未能将学校学到的知识以及价值观应用到生活中，这使得案主更加坚定了这是获得"好处"的一条途径。再者，案主的偷拿行为受到了"教育"，也会被工作人员关在房间里面反思，但就没了下文。所以不持续、没启发、没教育内容的关禁闭并不能帮助案主树立正确的是非观，案主不能从本质上认识到什么事可为和什么事不可为，更不明白自己的行为是一种不正确的有危害的行为，只知道工作人员不许，自己会被说教和责备，如此而已。

工作人员：阿D很会撒谎，平时他不听话我们也会让他在房间自己反思，因为教育了他很多次依旧没有效果，我们也不知道该怎么做。

案主C：他经常抢我们的钱，还让阿E（案主E）给他买东西，不给他买，他就骂我们，还威胁要打我们，我们每人每天就一块钱，他要我们把全部的钱都给他。

案主E：他经常会偷拿东西回来，随时抢"妈妈"给我们的零食，让我们给他买水晶球、变形金刚。我们没有钱就被他打，最后只能去班上偷同学的钱。

工作人员：阿D好几次被人发现偷东西，都需要福利院赔钱。每次关他禁闭，苦口婆心教育他，阿D就会安分老实几天，过后依然抢福利院其他孩子的钱。我们每次发零食，其他人早就吃完了，就阿D一个人的嘴还在不停地动。

（二）社会支持层面

1. 正式支持系统：福利院、社会工作者

在物质层面上，案主D物质生活条件充裕，福利院为其提供衣食住行等全方位的照料，为其提供残疾康复治疗、教育教学、娱乐活动、学习设施，如福利院图书馆、Ipad等。另外，福利院有专人负责他们的日常饮食，衣物也会定期发到每一案主手中，与贫困家庭儿童相比，案主D不缺乏物质层面和正式网络系统的支持。

从精神层面而言，案主D与其他儿童缺乏感情陪伴和内部凝聚力，同伴之间缺乏关怀友爱，常因为日常问题激化矛盾。案主D和内部工作人员缺乏情感交流，无法形成类家庭的正常依恋关系。通过了解发现，部分工作人员存在"这只是我的一份工作"的观念。这些工作人员认为自己的工资待遇跟他们的付出不成正比，在对待困境儿童上缺乏整体关爱之心，偏爱个别困境儿童，造成儿童"争宠"和在同伴之中寻找存在感和情感寄托的现象。再者，内部工作人员流动性较大，自社会工作者进入社会福利院以后调研的一年内，陆陆续续离职了三位保育员，造成了案主刚适应保育员A就换成了保育员B的现象，案主难以形成安全的依恋关系和依恋心理，对外部环境缺乏最基本的信任，无法获得持久的正式支持。

以上两个层面对案主D而言影响最大，社会工作站的建立和志愿者的加入在一定程度上使得上述的依恋关系有了另一类的寄托，但是却无法填补这种现状带来的伤害。再者，社会工作站志愿者并非长期固定的专职人员，也会使案主的依恋对象再次改变。案主D告诉社工"Y姐姐走了，我们都很伤心"。案主D特别害怕离别却又无可奈何，对新的保育员和社会工作者、志愿者，案主D即期待又怯懦。

2.非正式支持系统：同伴、同学、朋友

人际关系作为非正式支持系统中最重要的一方面，对案主保护和案主研究产生了深远的影响。"我只有一个朋友，平时都不和我玩""我吼他，我们十多天都没有说话"，这是案主 D 对人际交往的简单描述。据案主 D 描述，自己平时没有要好的朋友，大家在学校都会相互欺负，自己没有和谁经常一起玩，在学校也会欺负其他同学。因为案主 D 的学习成绩不好加之身体有残疾，所以他缺乏自信和交友渠道。这让案主 D 感觉生活无趣。缺乏亲友、家庭和朋友的支持，案主 D 脆弱且敏感，也很孤僻。在福利院内，案主 D 有着一群年龄相仿的同伴，但因为交流和管理方式等原因，模仿、排斥、孤立和伤害等问题时有发生，同伴之间缺乏最基本的信任和关心。在其他方面，案主 D 最缺乏的也是支持和陪伴，在案主 D 进入青春期这样的特殊阶段，如果缺乏正确的价值引导和和谐的同辈关系，可能导致案主 D 出现不恰当的模仿行为。

三、个案服务设计

（一）服务目标

本服务以对案主 D 的保护和促进其健康成长为核心，旨在提升案主 D 的心理健康水平，促进福利院困境儿童保护工作的发展。主要针对案主生存发展面临的突出问题和困难，协助其更好地适应生活、健康成长，不断发掘案主的自身潜能并提升其自我生存生活技能。

（二）服务方式与内容

针对以上对案主情况的整理和分析，社工以及督导员评估后做出如下服务设计。

1.心理建设

在案主的心理建设层面主要进行案主辅导和跟踪服务。一方面，根据案主困境做一周两次的会谈，积极促进案主心理建设。另一方面，根据会谈情况定期和不定期参与观察案主的心理情况，结合原有心理状态加以评估和巩固会谈成果，鼓励案主保持良好状态。

2.能力建设

生态系统理论着重强调"人在情景中"。案主的能力建设主要针对案主成绩偏科严重、自信心缺乏、自我认知等方面，这些方面都与其他系统有着各种联系，需要从微观、中观和宏观系统促进案主的能力建设。

首先，收集、了解工作人员的反馈。案主数学成绩较差，期末考试考了十几分，英语成绩相对较好，经常考七八十分。根据以上情况，经过与案主和工作人员协商，最终决定通过每天下午课业辅导、知识点针对练习等方式对案主进行教学辅导。针对案主不会的知识点，社工带领案主一起梳理相应知识点并加以巩固，然后一起制定了

要达到的目标。在英语学习上，案主自己进行复习，遇到问题和重难点向社工求助，在学习过程中可以跟福利院同伴交流以促进学习。社工随时加以关注，并鼓励案主努力取得更好的成绩。

其次，自信心方面，社工经评估后，决定多采用优势视角对案主的优秀行为加以鼓励。在学习行为上，多鼓励其与其他福利院同伴、同学等同辈多交流和沟通，鼓励和支持案主积极参与学校等正式机构组织的文艺和学术活动，并向社工分享自己的经验。在小组活动中邀请案主积极带头，参与小组规则维护，鼓励邀请其积极发言等，从而培养案主的自信心，促进案主正向的自我认知。

最后，在认知层面，社工根据案主兴趣和案主认知，以榜样示范、事物的正反两个方面、名著人物的优良品质、推荐名著结合案主会谈等方式对案主的价值观、认知等加以合理科学引导，形成诚信、友善等正确价值观。在情绪情感表达和儿童保护方面，培养案主积极正确表达自己的情绪情感，就隐私等的自我保护方面做合理引导。并及时通过过程评估、效果评估、督导辅导等加以修正。

3. 社会支持系统建设

社工根据情况做以下划分。首先是同辈群体之间的人际交往，其中包括与福利院其他困境儿童的交往方式和技巧，再者是在学校与同学之间的交往方式和技巧。其次，跟社工交朋友，自社会工作站建立，鼓励案主跟社工交朋友，分享自己的开心和困扰，和社工一起学习等。最后，增强福利院工作人员对案主的正式支持关系。由于工作人员是社会聘用进入福利院的员工，对工作缺乏归属感，对困境儿童缺乏正确的认识和困境照顾，认为困境儿童缺乏感恩之心，缺乏对工作人员付出的认可，导致工作人员找不到工作价值感，因此社会工作者可以小组工作和案主工作的形式组织困境儿童进行感恩活动，实施感恩教育以使工作人员与案主之间加深理解和依恋，最终促使案主、儿童和工作人员一起进步。

通过以上理论指导下的安排设计，完成对案主自身心理、能力和社会生态系统环境的建设，最终使案主的身心获得良好发展。

四、案主服务过程

（一）接案以及建立专业关系

第一次和案主见面，社工顺利进入了案主的房间。通过观察，社工发现案主房间的陈设很简单：案主房间内有两张床（和另一名儿童同住）、一个衣柜、一张桌子、一个凳子。床单、被褥按照要求叠放整齐，案主书桌上摆放着闹钟、饭盒、文具盒、课本、课外名著等。

社工：大哥的房间很干净整洁嘛，不愧是大哥。（佩服地看着案主）

案主：那是。不然怎么当大哥。（依然在收拾吃完的饭盒，没看社工）

社工：（看着书桌上放着的《哈利波特》）这本书特别好看呢，你读到哪儿了？

案主：（转头惊喜地看着社工）你也读过哈利波特？

听到案主的询问，社工做了读书感悟分享。之后社工就专业服务的目的、服务多长时间、有哪些大概安排跟案主做了分享和交流，并积极邀请案主加入。

案主：听起来很好玩的样子，好吧！（盘腿坐在凳子上）

社工向案主介绍了自己以及专业技能训练的同伴，并告诉案主可以叫自己华仔哥哥。

经过这一系列的沟通，案主和社工初步达成了简单的专业关系。通过从案主的兴趣点入手，社工和案主开启了共同话题，社工慢慢取得案主的信任。在专业服务以前，专业关系能否建立直接决定专业活动能否开展，且在一定程度上决定了专业开展的效果。本次见面社工和案主建立了简单的专业关系。

（二）介入会谈概要

1. 一本名著：通过兴趣入手（第二次见面）

案主：华仔，你来了？

社工：嗯嗯，你作业写完了没？

案主：（没理会社工）最近我又读了好几章《哈利波特》，我觉得波特好牛（比划魔法动作），要是我也会他那些魔法就好了！

与案主交流小结：通过交流发现，案主特别喜欢和别人分享他的读书感受以及对小说人物波特的喜爱之情，但是缺乏对书本内容、人物性格等的学习总结。当社工询问案主关于人物性格特点的时候，案主没办法总结出来。社会工作者在发现这一问题的过程中，积极运用案主兴趣较浓这一特性，鼓励案主进行问题学习和针对性思考，总结主角人物性格特征，就主角波特如何团结伙伴、如何坚持原则等一系列问题加以引申和扩展，引导案主进行自我反思并给案主推荐《平凡的世界》等好书，从微观层面促进案主价值观、人生观的形成。

2. 一袋牛奶：自我披露，用同理心感受案主的情绪情感

一个周五的晚上，三名社工在学习室辅导福利院其他困境儿童完成家庭作业，工作人员向每人分发了饼干和牛奶，案主D拿着牛奶四处打扰其他人，并不时在社工身边发出较大声响，将其他儿童的书推到地上，儿童和社工都很头疼和无奈。安静了十多分钟以后，案主D拿着牛奶过来，将被社工小佳姐姐辅导作业的儿童的书整个推在地上，然后假装是自己不小心做的便离开了。社工几次要求案主D捡起来并向书的主人道歉，案主D争辩自己不是故意的，并将手里的牛奶砸在地上，瓶内的牛奶溅在三名社工以及正在做作业的两名儿童身上，大家都吓了一跳。小佳姐姐愤怒地说："大

家别和他玩了。"之后，装作不打算理他的样子，案主 D 环视了一圈，转身跑回房间，趴在床上哭了。

社工：（进入房间坐在床上默默伸手搭在案主 D 的肩上）很委屈是吗？

案主：（含泪抬起头来看着社工，没有说话）

案主的表情看起来很委屈，没能意识到自己的行为错在哪儿。他只是单纯地认为所有人这样针对自己是大家的错。案主 D 缺乏换位思考的能力，也缺乏合理表达自我需要、被爱和被关注需要的能力。

社工：哥哥跟你一样，以前也有人让所有人别理我，还让我滚！

案主：（好奇）怎么会呢！你那么好。

社工：因为哥哥拿了别人的东西，却没告诉东西的主人，他说哥哥偷东西，你觉得哥哥有错吗？

案主：哥哥你有错，但是也没错。我不知道该怎么说（纠结的表情）。

社工：后来哥哥承认了自己的错误，向他们道歉。他们原谅了我，我们现在成了最要好的朋友。你知道今天大家为什么不和你玩么？知道自己什么地方做得不好么？

通过引导，案主逐渐意识到自己的行为有错误，但并未意识到造成这种错误行为的心理原因。案主在福利院生活多年，平时常常使用威慑的交流方式，其他儿童因为害怕和恐惧而不敢要求案主道歉，案主从来也不觉得有道歉的必要。这类情况助长了案主的行为，间接造成案主缺乏正确的是非观，加强了案主利用威胁解决所有事情的错误观念。

社工：你考虑会儿，哥哥先过去辅导他们作业，剩下的看你的了！（说完社工走了出去）

（一会儿案主 D 来到学习室，在社工小佳姐姐旁边转了又转，想开口但是说不出话，另一个小朋友想笑被社工华仔制止，案主 D 尝试多次失败后，跑过来找社工华仔，将华仔拉到洗手间里面的角落）

案主：华仔哥哥，我说不出来！我不知道怎么开口。（着急地）

社工：那你把华仔哥哥当做小佳姐姐，先跟华仔哥哥练习一下，然后再去试着跟小佳姐姐道歉。

（练习几遍之后，案主 D 再次进行尝试，在社工小佳姐姐面前又尝试了几次，道歉的话仍旧没有从口中说出来。案主 D 偷偷看向社工华仔，华仔继续用眼神鼓励他再试试，多次尝试以后案主显得焦躁，找到社工华仔，将华仔拉回自己房间）

案主：华仔哥哥，我还是说不出来（显得很急躁）。

社工：华仔哥哥随时关注着你，你很努力，好几次都差点表达出来了。那咱们重新想一下，道歉一定要用嘴说么？

案主：可以写信（兴奋）。

（案主写好道歉信后，将信给了另一个儿童，让其代为转交给社工小佳姐姐）

案主辅导过程小结：以上是服务的部分内容，在本次交流过程中，社会工作者运用同理、对质以及自我披露等专业技巧，和案主一起分析这次事件的过程，引导案主进行自我反思，引导案主去理解身边的人为什么会有这样的反应，引导案主发现自己的不足，运用自我披露给案主提供参考和建议，从而给案主提供正确的价值观引导和心理建设以及相应的自我表达能力的建设。符号互动论认为，语言、文字是一个用进废退的工具。在案主道歉的过程中，社工积极鼓励案主通过行动尝试着完成自己心中的想法，以增强信心和对问题的认知能力。在案主道歉的过程中，社工通过不断的辅导，让案主学习怎么样交朋友，社工还对过程中同伴的嘲笑行为予以制止，保护了同伴之间的友谊，让案主体会到来自社工和同伴的支持，从而帮助案主学会积极表达自己的感情，做到敢说敢为、敢承担责任，促进自我在中观层面心理、能力以及社会支持等多方面的发展。

3. 一次任务：陪伴教育，促进学习能力建设

经过了一段时间的了解和沟通，社工发现案主的数学成绩一直特别差，经常出现十几分的成绩。

案主：华仔哥哥，我的数学成绩要是有英语成绩那么好就好了，我就不会排在倒数了。（绝望）

社工：那上课学习的内容你都会么？

案主：听得懂一些，其他的听不懂。

社工：那咱们每个下午都来梳理一下你学习过的知识点，然后不懂的内容哥哥重新给你讲。咱们定下每天做两道题给哥哥检查的任务，我们先实行一段时间，看看你的接受程度和效果，以后再慢慢调整，你看可以吧？

基于案主数学成绩差的现状，社会工作者合理提出学习建议，从基础入手，不断帮助案主查缺补漏。根据课堂讲授的知识，巩固案主的基础。除去课堂讲解以外，社工还以案主回顾、社工评估、社工辅导、作业练习、社工检查等模式辅导案主。在这个过程中社工鼓励案主，陪伴案主，帮助案主积累知识，促进其提升学习能力。

4. 一封"家"信：小组活动，加强案主的社会支持

"感恩"是一种生活态度，是一种美德，是做人起码的修养和道德准则。为迎接母亲节的到来，社工们设计了小组活动，让儿童用自己的双手制作充满感恩的贺卡送给母亲。本次小组活动由社工进行分组，然后安排贺卡信的合作设计、内容讨论、话语填写、儿童签名和封面制作等活动流程。小组活动开始后，虽然案主D的想法与其他孩子有一些分歧，但是在社工的协调之下，大家达成了基本共识。孩子们在设计卡

片时，想法很单一，通过社工耐心的引导，他们进行了调整，设计的内容更加丰富。贺卡制作完成之后，社工鼓励每个儿童分别给平时照顾他们的工作人员送去贺卡，同时还要表达一句"妈妈，您辛苦了"。任务宣布之后，所有儿童都显得很激动，兴奋地答应保证完成任务，并开始准备送贺卡。

在这次活动中，案主D在内容设计上得到了大家的一致称赞。他也积极活跃在各个小组中间，与之前不耐烦的性格特点判若两人。社工也积极鼓励大家表达自己的想法，大家你一言我一语，很是热闹。本次互动，除了达成送贺卡来促进儿童与工作人员的情感交流之外，还建立了正确的依恋关系，也促进了工作人员认知的改变，帮助工作人员找到了工作的价值，促进中观系统在儿童生存和发展中的作用。同时，本次活动还在儿童内部形成了一起讨论、相互帮助鼓励的氛围，通过文字、动作、语言等符号促进了整体意识的形成和同辈支持的形成。

5. 一次道歉：引导案主的正确表达

案主D放学回来以后在房间写英语作业，福利院医务工作人员珊姐姐在教他进行英语阅读，社工华仔经过门口准备去辅导其他困境儿童，案主D对珊姐姐说："你可以滚了，我要华仔哥哥教我。"珊姐姐依旧打算教下去，案主D直接将珊姐姐推了出来，珊姐姐转身离开后，案主D不由分说地将社工华仔强拉到自己的房间。

社工：你能跟我说说为什么这样做么？

案主：我只要你教我。

社工：姐姐教得不好？

案主：不是。

社工：那你为什么让姐姐滚呢，假如华仔哥哥说"你滚"，你心里是什么滋味儿？

通过对案主的辅导，社工教会他认识自己的错误，否则其他人还会受到他的伤害。社工引导他正确地表达自己的需要和理解他人的感受，一点一点地改变他的不良行为，帮助他增强自我认知，通过换位思考去理解他人的感受，获得多样的社会支持。

6. 一次歌曲分享会：营造团结有担当的同辈环境

社工通过观察发现，困境儿童经常会哼歌、唱歌，也会要求社工放歌给自己听。经过和工作人员协商，某个周六下午，社工带着所有人来到福利院小组工作室进行集体活动，通过歌词内容做一些分享和引导。首先，社工播放了大家平时唱的《追梦赤子心》这首歌的MV，播放歌曲时，社工发现大家会跟着一起唱。结束后，社工根据歌曲的内容给困境儿童们总结正确的行为规范。例如，案主D要给福利院弟弟妹妹做好榜样，不能欺负弟弟妹妹，要积极保护弟弟妹妹，也要做勇敢的有爱心的男子汉等。社工还通过部分歌词告诉所有困境儿童，他们是一个集体、一个家庭。

7.一个榜样：榜样示范，给案主成长提供方向

通过长时间的接触和分享，案主 D 经常向社工了解关于交朋友、学习、考大学的相关事情。案主 D 还表示希望考上社工们所在的大学。

社工：为什么要跟社工们考同一个学校呢！

案主：因为哥哥你们都在。

社工：那你喜欢哥哥姐姐们什么呢？

案主：以前我犯错误就被关在房间，不许我出来玩。但是华仔哥哥会给我讲什么地方我做错了，要怎么做。华仔哥哥学习成绩好，很多数学题都会，会带我们听歌，而且唱歌很好听，总之，华仔哥哥什么都很好！

社工在整个服务过程中，积极传达出乐观向上的精神面貌去影响案主 D 及其他儿童，树立了良好的个人形象和集体形象，希望以榜样的示范作用给案主提供一个成长的方向。

五、个案服务成效

（一）案主变化

1.懂得表达感恩

（案主 D 写给社工华仔的信，信中案主 D 称呼自己为才哥）

华仔：

谢谢你这样支持我，鼓励我，我会做得更好的。希望我可以做个真正的才哥，我也希望华仔哥哥一直支持我，鼓励我。

才哥

由最开始的不想和社工说话，发展到希望得到社工一如既往的支持和鼓励，案主 D 在成长，社会工作者也在成长。在这一过程中，案主 D 在自信心、情绪情感、交往技巧和表达方式等方面有了很大的成长和进步，也在爱与陪伴的过程中学会了表达感恩，学会了去理解社工的期待。案主 D 希望做真正的男子汉，也希望有社工一直的支持和陪伴，这是案主 D 的目标，也是社工个案服务的效果。不用理论与技巧，爱与陪伴就是案主成长最好的方法。

2.对社工产生信任

（案主 D 写给社工华仔的信，信中案主 D 称呼自己为才哥）

华仔：

华仔哥哥，我向你说对不起，因为这几天的课外作业我没写，而且又骗你说忙不完，而我因为贪玩，把道歉的事情忘了，请原谅。另外，今天，我把作业写完了。课外作

业我做好了。想我，你就下来。

才哥

可以看出，案主在学习、自信心、情感表达、自我认知等方面有了一定的进步和改善。一开始，案主不知道自己错在哪儿，更不会主动道歉，关于自我错误的认知基本为零，更不会反思自我的行为是否正确，也不懂得承担相应的社会责任和实现承诺。现在，案主在课业成绩方面有所改善，数学成绩提高了十八分，也能按照约定完成和社工协商的目标，英语成绩继续保持在以往的水平。

3. 对自己充满期待

（案主 D 写给社工华仔的信，信中案主 D 称呼自己为才哥）

华仔：

好久没有给你写信了，都不知道怎么写了。过年的时候我非常想你，不知道你想不想我？过年的时候我非常听话，领着弟弟妹妹放烟花、玩游戏，很是开心！我要做一个勇敢又听话的好孩子。我们一起加油！

才哥

做一个听话的好孩子！社工把案主 D 由"大哥"角色的定位重新拉回了"孩子"的定位。在自我认知方面，从成人世界到儿童世界的转变，是案主 D 对自己的评价，也是通过前期两个月以及后期定期、不定期陪伴的结果。

（二）同伴评价

困境儿童 C：以前，案主 D 老是会打我们、吼我们，现在他经常会买彩虹糖分给我们吃，带着我们一起看电视。

困境儿童 E：华仔哥哥，以前我都不敢说他，现在他还是会吼我们，只是次数少了很多，还会跟我们一起讲我们的暗语（困境儿童自己用阿拉伯数字组合成的数字排列，代表特定的意思，用于困境儿童内部娱乐）。

困境儿童 F：华仔哥哥，我听你们说过《哈利波特》，我经常去找他借书看。他不像以前那样不让我碰他的东西了！

通过了解案主形象在同伴心中的转变，社工发现案主正在转变成一个有担当的哥哥，同时，因为正处于青春期，案主会有情绪波动和青春期躁动的情况，心理状况还有待进一步改善，在处理同辈关系方面有了较大改变，但是依旧需要成长。

（三）工作人员评价

"案主 D 相比你们来之前确实有了很多改变，以前，他不会跟谁比较亲近，但是现在你看到了，比较黏你们。现在给他们发吃的东西，以前那种只有他自己嘴动的情况也没有发现了。最关键的是什么，以前我们觉得孩子们"很闷"，缺少活力。现在孩子们整天唧唧哇哇的，上一次你们没在，中午睡午觉他们一直吵还被我揪出来罚站，原来你们组织的那个母亲节活动，让他们知道感恩，我们心里面也很高兴，以前有些孩子的谎话很多，现在撒谎的孩子少了。

通过综合同伴以及福利院工作人员的评价可见，案主D获得了不少小伙伴的支持，也被福利院工作人员夸奖。在案主成长过程中，只有通过一点一滴的陪伴成长、一点一滴的行为认知纠正和关注，才能不断摆脱困境，但是这种服务效果仍然需要不断巩固。

（四）社工评估

1. 最具破坏力转变为最具凝聚力

在社会工作者进入福利院初期到前两次小组活动之间，案主D是社工小组活动成败的决定性因素，也是对社工专业技巧最严峻的考验。"我们一起下来做活动都要看他的心情"，这是其他困境儿童对案主D的评判。社工在活动当中，有些许让案主D觉得不满意，这节活动就没法继续做下去。到后期，案主D经常请求社工带所有人到小组工作室做活动，在活动中充当着秩序维护和团结儿童的角色。

2. 最头疼转变为最友好

从"叫我大哥才给你进"到每次看到社工就邀请去自己房间，再到跟其他儿童一起讨论，案主D的转变令社工感受深切。据工作人员描述，以前的案主"嘴里的话不可信"，是所有人都需要关注的重点对象。现在案主D主动打招呼、分享和弟弟妹妹的故事成了常态，帮助"妈妈"做力所能及的事情成了常态，也完成了从"成人"到"孩子"的转变。

六、个案服务反思

（一）服务前及时跟进和了解案主，确保真实需求

频繁有效的沟通和参与式观察是社工与案主拉近距离、了解需求的最好途径，社会工作站的社工面对的福利院困境儿童较多，很容易忽略和案主D的沟通问题，从而导致与案主D关系疏远，无法了解案主D的真实需求，影响专业服务的效果。本案例中，社工通过和案主D定期会谈，每天交流学习和分享日常生活中的事情等方式，在陪伴过程中挖掘案主D深层次的需求，使资源与需求更加契合，打通了社会救助和案主需求的最后一公里。

（二）服务中的正式会谈，端正对待问题的态度

不少做青少年服务以及儿童服务的社会工作者都会发现这样的问题，和案主接触越多，了解越深入，案主对待社会工作者的态度会随着依恋关系的加深而越来越随意。当社工很认真地提出意见和交流可取经验时，案主会随意忽略过去，致使社工的建议达不到效果。通过和案主定期正式的会谈服务，提供一个相对正式的会谈环境，案主

的态度会更加端正，注意力更加集中，服务效果和基本能力建设更加明显。

（三）服务中坚持理论指导实践，保证服务的基本方向

理论是实践的先导，在服务中指导着实践的开展。只注重理论，让理论脱离实践不可取，只注重经验脱离理论同样不可取。在本案例中，社工将参与观察和收集到的材料结合，并将生态系统理论、符号互动理论以及督导丰富的实践经验结合起来，同时将以爱为基础的陪伴服务作为基本原则，这是本次服务得以成功的前提和基础，也是案主心理改变、能力提升的关键。

（四）服务中进行反思，寻找小组存在的原因

为了达到帮助案主成长的目的，在开展个案的同时，社工同步开展了小组活动。在福利院开展小组活动，需要注意以下几点：一是确定小组的类型十分重要。在小组活动筹备阶段，社工将所有儿童都纳入了小组范围，希望按照发展性小组的方式来开展服务，但服务过程中却发现，组员 H 因家庭原因有智力和精神问题，他并不能适应发展性小组的节奏，成为小组活动失败的一大原因。二是根据小组类型进行组员的选择是小组成功与否的关键。小组类型和组员的组成是小组目标确定的基础，组员异质性较大是小组失败的又一原因。三是选择和培养合适的小组领导者也非常关键。在感恩小组中，社工培养了案主 D 作为活动秩序的维护者，给予其适当的权利增加个人价值感，激发了他参与的动力，最终达到了良好的活动效果。以上三方面是小组存在和发展的关键，只有较好地完成以上的目标，才能促进小组健康运行，从而达到案主和微观、中观系统的协调。

（五）服务中要协调资源，倡导情感表达

资源的合理高效运用对案主的成长至关重要，重复的资源会造成资源的浪费和服务效果的下降。通过对福利院的分析，社工发现这里为孩子们提供的物质资源较为丰富，但是在精神方面却无法满足他们的需要。资源管理能够较好地平衡和协调这种资源多少的问题，就案主 D 而言，丰富的物质条件满足了其生存和发展的需要，甚至在衣食住行等方面都优于普通儿童，但精神关爱的缺失却不是单纯的物质可以弥补的。社工通过与福利院沟通，明确表达了案主 D 缺乏精神层面的资源，为他积极争取工作人员的关注，给予他更多鼓励、赞赏等情感支持。通过倡导，福利院工作人员在满足孩子们物质生活的同时，开始重视他们的心理、情感等方面的表达。

（六）服务后进行总结，爱与陪伴是改变的关键

通过本次的个案服务，社工发现，整个团队在实务过程中并没有使用过多的专业技巧。大家始终秉持着爱与陪伴就是最好的技巧和理念，坚持贯彻用生命影响生命的原则。在案主犯错时、想要倾诉时，始终给予关心和支持，用爱与陪伴影响案主。在这个过程中，积极和案主建立稳定的专业关系，并和他一起成长。社工们通过参与观

察以及与工作人员的交流，得出的一致结论是，在现有福利救助体系下，这些困境儿童的生存得到了很好的保障，但是囿于院舍生活的封闭性，他们仍然缺乏人文关怀，没有发展出健康的依恋关系。当然，福利院目前的资源和工作人员的配备，没有办法完全解决以上问题，购买或者引入社工开展服务是值得探索的道路。

第二节 加油向未来——单亲家庭儿童帮扶个案

一、个案基本情况

（一）基本资料

案主姓名：小兵

年龄：9 岁

性别：男

接案时间：2019 年 7 月 12 日

（二）案主基本需求

小兵父亲早逝，母亲将其拉扯长大，目前与姥姥、姥爷以及舅舅一家住在一起。虽然父亲离世，但是母亲一方的社会支持网络较为完善，能够获得较多的情感慰藉，母亲供其上学，保障日常生活没有问题。通过与其班主任的沟通，以及家访之后的评估，小兵的需求主要是成长性的。第一，小兵性格内向，很难对他人敞开心扉，总是自顾自的玩耍。小兵希望自己在人际交往方面有所突破，胆子大一些，主动表达多一些。第二，小兵在自我评价方面偏向消极，总认为自己哪里都不好，自卑心理比较严重。第三，由于父亲离世，小兵对母亲非常依赖，但是母子之间的互动并不健康，母亲忙于劳作较少与儿子沟通，小兵期待改善与母亲之间的亲子关系。

二、个案服务方案设计

（一）服务目标

第一，促进小兵对自己的全面认识，提升小兵的自我接纳水平，逐步增强自信，并树立不断完善自我的意识。

第二，推动小兵了解人际交往的重要性，引导他主动与人交流的意愿，提高人际交往能力。

第三，增进小兵母子之间的相互理解，增强母子之间的沟通，丰富他们的交流形式，改善亲子关系。

（二）理论依据

"优势视角"是一种关注人的内在力量和优势资源的视角。优势视角认为在社会工作助人实践过程中关注的焦点应该是服务对象及其所在的环境中的优势和资源，而非问题和症状，改变的关键来自于服务对象自身的优势，个人的经验亦是一种优势资源。抗逆力是优势视角理论的核心内容，指的是当个体在面对挫折时，仍能够做出正向的回应，以积极的心态面对逆境，从而发展出更加强大的心理应对能力。

在本次个案辅导过程中，社会工作者根据案主自身的潜能以及所在环境中的资源和优势，有针对性地制订了服务计划。虽然案主处于一定的逆境当中，但社会工作者仍引导他看到自身的闪光点，帮助案主更加全面地评价自己，进一步改善同伴关系、亲子关系，协助他达到自己的目标，并学会面对成长过程中的挫折和不幸。

三、个案辅导过程

（一）第一次辅导概要

1. 辅导目标

第一，双方相互认识，初步建立专业关系。

第二，了解案主基本情况，评估其需求。

2. 主要内容

社工进入小兵的家中首先进行了自我介绍，并说明来意，之后询问他家中的基本情况。小兵是单亲家庭的孩子，在他两岁时父亲就去世了，现在家里有八口人，分别是姥姥、姥爷、妈妈、舅舅、舅妈、舅舅家的两个孩子和小兵本人。

社工协助小兵给妈妈讲《爱心树》的绘本故事，故事结束后，引导他和妈妈分别分享了自己的感受。小兵从整个故事中读出"在生活中要做一个乐于助人的人，要有爱心"，社工趁机表扬了他。之后社工让小兵说出自己的优点，再说说自己的缺点，同时也让妈妈说说小兵的优点和缺点。

起初小兵对自己并没有任何的评价，说不出来自己的优缺点，但妈妈给了他很多提示和引导，妈妈觉得小兵虽然很多时候大大咧咧，但是喜欢与其他小朋友分享自己喜欢的东西，乐于助人。当妈妈说出他的缺点时，社工询问他是否可以接受，他回答可以接受。最后在妈妈的引导下，小兵说出了自己的一些优点，他自己罗列的优点与妈妈之前说到的如出一辙。

确认小兵愿意接受个案辅导，社工和他有了一个小小的约定，约定以后每天晚上睡觉之前，他都要给妈妈讲一个故事，他愉快地答应了。

3. 社工反思

通过让小兵读绘本故事谈感受的方式，对其进行鼓励，帮助他树立信心，使他开始自我肯定。通过和小兵约定每天给妈妈讲故事的任务，小兵和母亲之间的互动多了一种渠道，方便增进亲子关系。

由于之前做了较为充分的筹备工作，社工在与小兵建立关系时比较顺畅，促使小兵较快地进入案主角色，为后续服务奠定了良好的基础。但是社工在辅导过程中，有时表达能力欠佳，需要更有效地运用同理心，做到尊重、接纳案主。

（二）第二次辅导概要

1. 辅导目标

第一，帮助案主更好地树立自信心。

第二，引导家长使用鼓励、肯定的教育方式，提升亲子关系。

2. 主要内容

进入小兵家中，社工首先询问他最近在家里干什么，他说这几天去了奶奶家，觉得很好玩。社工进一步询问他是否有什么自己处理不了的问题，他回答说没有。

之后按照约定，小兵给妈妈读了《画龙点睛》的故事，社工引导他说出通过故事明白的道理：做事情要抓住重点。在社工的带领下，全家人纷纷鼓掌表扬他。社工询问小兵的兴趣爱好，他说自己学习过两年围棋，还是很喜欢的，并兴致盎然地教社工怎么下围棋。之后社工与小兵的妈妈沟通，了解她的教育方式和他们母子之间的互动情况。社工通过自我表露，结合自身的成长经历告诉小兵妈妈夸奖的重要性，引导她在以后的教育中多给予孩子一些鼓励，帮助他树立信心。

3. 社工反思

在社工进家门的时候，小兵主动开门迎接，跟前一次相比，明显开朗了一些。通过讲故事、领悟道理的方式，社工及时给予他赞扬，并不失时机地引导小兵的家人小兵鼓励他，进一步融洽家庭关系特别是亲子关系。了解到小兵喜欢下围棋之后，让他做"小教师"，教社工下棋，积极地用优势视角肯定他的表现，小兵对自己有了一些初步的正向认知。

（三）第三次辅导概要

1. 辅导目标

加强亲子间沟通，促进亲子间交流，改善亲子关系。

2. 主要内容

社工在确定本次辅导时间时，就告知小兵妈妈，在辅导过程中会邀请母子二人共同合作完成一幅绘画作品。辅导开始后，社工首先了解小兵最近几天与妈妈互动的方式有哪些，比如妈妈是否辅导他作业、睡觉之前他是否给妈妈讲故事等。从小兵的回答中，可以明显看出，母子关系有了一定的改善。随后社工让小兵和妈妈一起来画画，社工观察发现，在绘画的整个过程中，妈妈不断询问孩子的意见，但是小兵基本不拿主意，而是让妈妈决定，表现出对妈妈的极度依赖。妈妈也谈到平时孩子很黏自己，自己走到哪里，孩子就跟到哪里。社工开玩笑似地问小兵，以后长大了去很远的地方读书是不是也要妈妈陪着，他没有任何迟疑地回答"是的"。绘画作品完成了，上面有房子、树木、小草，还有两个人。当社工询问画所代表的意义时，妈妈和小兵的解释完全相同，房子代表着他们的家，树木、小草就是生活中常见的景色，这两个人分别是妈妈和儿子，他们是紧密相连的，对彼此而言对方都是很重要的。社工又询问，为什么所有的小草都在大树下面。小兵的回答是："大树代表着妈妈，小草代表自己，大树为小草遮风挡雨，妈妈也一直关心我，为了我做很多的事"。社工便问到："那有一天你长大了，是否也愿意为妈妈遮风挡雨？"小兵回答："我会努力读书学习，长大了让妈妈更幸福。"社工问："妈妈听到儿子这样说心里高不高兴，或是有什么想说的吗？"妈妈摸着儿子的头说道："妈妈听到你说这些很开心。"借助此情此景，社工引导他们表达对彼此的爱，妈妈很快便将儿子拥入怀抱。

3. 社工反思

通过亲子共同绘画，创设了亲子间沟通的情境，并在这一过程中适时进行引导，改善了亲子关系。社工在服务中思路清晰，使整个会谈紧紧围绕本次目标展开，多次运用鼓励、支持等技巧，使得本次辅导成效明显。

（四）第四次辅导概要

1. 辅导目标

通过小兵发挥自身长处，使其更好地认识自己，增强自信。

2. 主要内容

会谈伊始，社工照例简单"拉家常"，询问小兵近几天的生活琐事，了解他的心情。之后小兵将社工带到他的小书房，再次教社工下围棋。在这个过程中，小兵会跟社工说，"你知道吗，落子无悔，其实刚刚我是让着你的，这样走就对了"此类的话语。在下棋的过程中他很自信，一副胸有成竹的样子，社工适时地给予他一些鼓励，他报之以害羞的微笑。小兵很骄傲的和社工聊起以前下棋的经历，他说一起下棋的那些小朋友都赢不了他。社工肯定他在下棋方面有过人之处，并向他建议，如果有其他兴趣爱好也可以去学，这样既培养了兴趣爱好，又可以掌握新的本领。他开心地回应，自己还想去学跳街舞，而且妈妈也同意了。最后，社工邀请小兵平时来参加一些集体活动，小兵表示同意。

3. 社工反思

通过下围棋这么一件小事，引导小兵慢慢地认识到自己的长处，找到自己的价值，而不再那么自卑，同时也让小兵认识到自己的不足，并寻找自我提升的方法。在小兵眉飞色舞地表达的时候，与人沟通的羞涩已然少了很多。社工在整个过程中始终扮演着同行者、陪伴者的角色，帮小兵发现自己身上的闪光点。孩子的真诚与成长于社工而言也是一种滋养，让社工更加自如地与其互动，收获专业上的提升。

（五）第五次辅导概要

1. 辅导目标

帮助小兵全面准确地认识自己，从积极的方面肯定自己。

2. 主要内容

看到社工快到家门口了，小兵开心地迎接社工的到来。这次会谈依然借助绘画的形式展开。社工布置了简单的绘画任务：画里要包含房子、树和人，并可以选用不同的颜色。画好之后，社工让小兵解释，为什么要这样布局，为什么选用这些颜色。小兵的画中画了一个房子，房子前面有几颗白杨树，在房子的两旁各站着一个小孩。他的解释是，画中的两个孩子正在玩耍，大树就是他平时见得比较多且觉得好看的白杨树，颜色就是白杨树本身的颜色。房子的门如同平时村子里常见的门，画作当中有大面积的绿色，小兵表示这些绿色代表着希望。社工表扬他画作里面的构图、颜色都很好，并进一步引申，询问他身上有哪些优点值得他人学习。起初小兵的回答是没有，后来社工便提到有礼貌、认真等，小兵才补充说自己有"乐于助人"的优点。但很多时候小兵对自己的评价仍然比较消极，只有在鼓励之下才能说出一些优点。

3. 社工反思

社工引导小兵进一步认识到了自己身上的优点，小兵不再像之前一样对自己没有评价或者评价极度消极，开始对自己有了正面的认识。在整个过程中，社工能耐心陪伴小兵，帮助他不断找到自己的优点，以此增强自信心。

（六）第六次辅导概要

1. 辅导目标

提高小兵的人际交往能力，引导其正确处理与他人之间的矛盾。

2. 主要内容

社工与小兵见面之后，一起回顾上一次辅导都干了些什么，询问最近几天是否与妈妈一起读书、讲故事。之后，通过一起跳绳等小游戏打开本次的话题，重点了解小兵平时在学校和生活中的人际交往状况。小兵平时少言寡语，但是偶尔会与其他小朋友发生争执，当他不知道如何言说时，甚至会动手打人。社工询问他，当和小朋友产生矛盾时，自己心里是否觉得舒服。他表示，生气之后争吵让自己觉得很爽，但过后想约着对方一起玩时，又会感到尴尬。社工便引导他在以后的生活中如果发生矛盾，可以尝试着换一种处理方式，不要起正面冲突，而是用和平交流的方式来解决，实在解决不了，可以向教师、家长反映情况。社工又问："在遇到陌生的小朋友的时候，你会主动与他们说话吗？"小兵回答："如果看着这个人好相处就会，但很多时候是不会的。"社工便引导他在以后的生活、学习中，大胆发言，主动交流。

3. 社工反思

通过本次辅导，小兵初步认识到，当与人发生矛盾时不应该冲动，而是应该学会冷静，多一些言语的交流，有利于更好地处理与他人的关系。在辅导中，社工很多时候会过早、过快地给出自己的建议，没有很好地发挥案主的主观能动性，在之后的服务过程中，社工应更好地扮演支持者、鼓励者的角色，而不是代替案主成长。

（七）第七次辅导概要

1. 辅导目标

提高人际交往能力，正确处理与同伴的关系。

2. 主要内容

本次入户辅导的时候，小兵正与邻居家几个小孩玩耍。利用这一契机，社工观察了小兵的人际交往过程。邻居家几个小孩和小兵年龄相仿，几个人开心地聊着天，而且还讨论假期作业是否完成了等。之后，社工给在场的小孩布置了画画的任务，大家可以把自己想要画的东西画出来，但是所有人只能画在同一张纸上。经过简单思考，小兵很快便想好了要画什么，但他觉得自己要画的东西很大，如果画出来其他人就没有地方画了，于是他让其他人先画。但是，其他人还没有想好要画什么，小兵便自己先画起来，只是他把想画的内容进行了压缩，给其他人留出了空白的地方。

最后，社工陪着他们玩了"老狼，老狼，几点了"的小游戏，由于一群孩子里面有3个年龄稍微小一些的小女孩，在整个游戏中，小兵表现得像个大哥哥一样，主动谦让，照顾他人。社工询问小兵今天开不开心，并一起回顾他在绘画和游戏中的表现，社工对他的表现大加赞赏，并鼓励他继续保持，还给了他一个大大的拥抱。

3. 社工反思

小兵在熟悉的同伴面前，可以很好地处理他们之间的关系，能够包容、谦让、为他人着想。通过朋辈群体的交往，社工肯定了小兵的进步，并引导他将这些优点迁移到与其他人的沟通之中。

（八）第八次辅导概要

1. 辅导目标

第一，回顾之前的服务，让案主看到自己在整个过程中的变化。

第二，进一步树立和培养案主的自信心，巩固良好的亲子关系。

2. 主要内容

回顾之前的辅导过程，如第一次见面时小兵的胆怯、亲子阅读时妈妈的肯定；又如小兵在教社工下围棋时的胸有成竹、眉飞色舞，帮助他看到自己的成长。邀请小兵再次阅读《爱心树》的故事，在这次阅读中，小兵对这个故事有了更深层次的理解，如"意识到妈妈在生活中的不易，不能一味地向妈妈索取，自己要认真努力地学习，盼望着自己快点儿长大，能够帮助妈妈做更多事情"。妈妈对此也有了回应："妈妈希望不要给儿子太大的负担，只要他开开心心、健健康康的长大就可以"。之后在社工的鼓励下，小兵抱住了妈妈，并说了句："妈妈，您辛苦了！"妈妈听后洋溢着满脸的笑容。社工表示看到小兵慢慢地变得自信，为他的成长感到欣慰；也看到他与妈妈之间的关系越来越好，为他们感到开心。

3. 社工反思

通过回顾之前的服务，使小兵认识到自己的进步，看到了自己的成长，同时也感受到自己与妈妈的关系愈加亲密，并开始学着在身体语言上有所互动。

（九）第九次辅导概要

1. 辅导目标

第一，回顾整个服务过程，巩固小兵所获得的成长。

第二，妥善处理并结束专业关系。

2. 主要内容

在辅导开始之初，首先让小兵填了一份问卷，评估个案辅导的满意度。之后，社工与他一起回顾整个服务过程，包括全面认识自己并看到自己的优点、如何处理与他人的矛盾、理解家人并加强与家人的沟通交流等。社工引导小兵与妈妈一起回顾爱心树的故事，妈妈说："为了孩子，我可以去做许多不可能的事，为了孩子的健康成长，我也会一直努力，希望儿子越来越优秀。"小兵说："如果他是故事中的小男孩，不会一直索取，会理解大树的不易。"母子二人都表示以后还会坚持一起读书，在平等的基础上进行沟通。

社工向小兵及其家人表明专业关系到此结束，大家表示同意。最后，社工把自己画的信心树递给了小兵，并鼓励他在以后要努力学习。

3. 社工反思

通过对服务过程的回顾，巩固了小兵已经获得的成长，鼓励他在今后能够更加自信，在面对陌生人的时候可以主动一些；鼓励母子二人进一步巩固良好的亲子关系，能够站在对方的立场思考问题，在生活中互相扶持。

四、个案辅导成效

本案例利用优势视角理论作为指导，社工接纳小兵的不足，但更看到他自身所具有的优势，并在辅导过程中引导小兵自己看到这些优势，学会接纳自我，树立不断完善自我的意识。小兵虽然在单亲家庭中成长，但是母亲一方的亲人给予了母子二人较大的支持，在情感方面能够得到慰藉。母亲很爱小兵，只是鉴于表达方法不佳，造成之前两人之间有一些矛盾，经由社工的辅导，母子二人都认识到自身在亲子关系中的不良表现。通过完成社工所布置的任务、及时引导他们反思等方式，母子二人的关系逐渐和谐，更加融洽。虽然小兵在陌生场合表现得仍有些紧张，但是比辅导之前有了较大的进步，他自己也非常开心自己所展现出来的变化。总体而言，个案辅导目标已经达成。

五、个案服务反思

第一，社工意识到整合多种社会工作方法的重要性。虽然本案例是个案辅导，但是为帮助案主小兵在人际沟通方面有所改变，社工邀请案主参加举办的各类集体活动，将个案辅导过程中所谈及的沟通技巧、应对策略等具体应用在实践中，并从中给予案主进一步的指导。将多元化的服务方法整合起来，为达成个案目标而努力，社工的这一思路，帮助案主在有限的时间内获得了最大化的成长。

第二，本案例虽然取得了预期的成效。但是，小兵目前生活的家庭是一个联合家庭，家中人口众多，社工只是单纯地就其母子关系有所工作，在会谈中母亲所提及的家庭关系的其他方面，社工没有时间与精力去化解。

第三，个案督导非常有必要。在个案辅导过程中，社工也会遇到一些困难，但是由于督导时间有限，很难保证及时的给予社工足够的支持，造成社工产生一些挫败感。在今后的个案服务过程中，应安排专业督导，保证社工在行政、技能、情感方面得到全方位的帮助。

第三节　推开遮蔽的心扉——隔代教育家庭中儿童个案服务

本个案在 X 社区开展，X 社区位于 L 市的老城中心，是二十世纪八十年建设的一个职工宿舍区，该社区交通便利，距离市区几所中小学较近。由于具有较好的教学资源，虽然 X 社区很多家庭都在新城区购买了房产，但是到了孩子上学的年纪，很多家庭仍然返回老宅居住，且大部分孩子是与家中的老人一起生活的。由于父母忙于工作，且没有与孩子共同居住，亲子之间的接触逐渐减少，形成祖辈照护孙辈的隔代教育。社工接触的孩子大多刚读初中，正处于青春期，伴随着他们生理方面的急剧变化，心理也产生了波动。一方面，依恋关系开始变化，此阶段的青少年与父母的情感联系在减弱，他们希望独立自主，更倾向与同龄群体的交往，活动范围不断拓展，依恋关系也不断扩大；另一方面，他们在认知层面也发生着改变，处处以成年人的标准要求自己，在听取他人意见的同时学会自我批评。

一、接案阶段

（一）接案原因

在开展小组活动的过程中，社工对 YM 的印象比较深刻。他的父母经常不在身边，是典型的隔代教育的孩子。社工从 YM 的爷爷处得知，YM 在小学的时候成绩排在班级前几名，初中之后由于课程难度增加，祖辈无力辅导，同时 YM 又结交了一些校外的朋友，经常约着一起去网吧打游戏，学习成绩一落千丈。家里面为了让 YM 不去网吧，以方便学习的名义给他配置了一台电脑，结果事与愿违，他更加沉迷网络。YM 的爷爷还没有退休，平时也忙于生计，在 YM 的照顾、教育等方面显得力不从心。爷爷意识到自己在隔代教育过程中存在的问题，主动与社工沟通希望能够帮他解决问题，特别是希望能够改善孩子对学习的态度。

（二）案主家庭情况

YM 是一名 12 岁的男生，汉族，出生于 L 市 S 区，目前读初一。YM 的父母均外出务工，YM 平时和爷爷奶奶一起生活，爷爷如今 53 岁，只有小学文化程度，他无力辅导孩子的学习。平时除了父母给的生活费之外，爷爷在小区担任保安，也有一份收入，因此 YM 的基本生活不成问题。去年 YM 的奶奶因病去世，之后父母双双外出务工，只留下 YM 与爷爷一起生活，爷孙两个居住在 X 社区的老宅里。YM 在学校与同学们相处比较融洽，但经常去网吧打游戏，网瘾较为严重。爷爷平时忙于工作较少管教他，父母平时更多的是电话沟通，对 YM 的影响非常有限，目前 YM 在班级里面的成绩排名倒数，家长非常焦虑。

（三）案主基本情况

第一，心理状况方面：YM 较为内向，只与谈得来的几个朋友一起玩，与其他同学基本处于零交流状态，内心极其缺乏安全感。第二，健康状况方面：YM 身体健康无疾病，由于刚刚步入青春期，身高、体重在急速变化。第三，行为方面：偶有顶撞家长的行为，长辈的话很难听进去，与爷爷、教师的沟通都较少。第四，人际关系方面：和爷爷感情较为深厚，只是日常交流不多；与父母的关系较为疏离，只是假期或者节日才会在一起一段时间；与亲戚几乎没有来往；与班里的同学交流较少。第五，支持系统方面：从家庭来看，父母、爷爷都是较好的支持系统；从学校来看，教师和同学也可以发挥支持功能。

二、预估阶段

由于前期 YM 参与过社工组织的小组活动，在爷爷表明求助的意愿之后，社工多次主动与 YM 沟通，他逐渐开始信任社工。YM 愿意与社工交谈，并表达自己内心的想法与感受，对社工提出的问题也由前期的沉默不语转变为愿意回答，而且见到社工不再躲避，甚至主动与社工接触。社工通过评估明确 YM 当前面临的主要问题可以分为以下几个方面：

第一，家庭方面。爷爷虽说年龄不算高，身体也还算硬朗，但平时也只能照顾 YM 的生活起居，虽然一再叮嘱他要好好学习，少去网吧玩，但是简单的口头说教并没有起到多大的作用，更无力辅导他的学习。YM 常年与父母分离，与他们在一起的时间少之又少，缺乏父母的关爱，造成他不愿与他人交流，甚至有些许封闭等的情况。

第二，学习方面。YM 小学时成绩较好，社工在评估过程中也了解到，他家墙上贴有不少 YM 在小学阶段获得的奖状。但上了初中之后，课程难度提升，再加上没有家长的辅导，YM 平时学不懂的地方也没有及时和教师沟通，因此成绩下降比较多。后来 YM 和朋友们经常去网吧，课程作业也没有按时完成，尤其是英语和数学，成绩下降较多。社工在和爷爷沟通过程中了解到，YM 在家的时间并不多，放学很晚才回家，即使回家了待较短的时间又会出去，很少看到他做作业。

第三，人际交往方面。YM 平时接触的朋友都是班里成绩和他差不多的同学，他们经常邀约一起出去玩，彼此之间可以说是随叫随到。上了初中之后，YM 很少和社区的年龄相仿的孩子们一起玩了，在了解其中的缘由的时候，YM 说升上初中之后与社区的同龄人接触较少，鲜有共同话题，就很难玩到一起了，因此关系逐渐疏远。由于家中亲戚住得比较远，YM 与他们几乎没有往来。

三、计划阶段

（一）服务目标

通过与 YM 的沟通以及对问题的预估，社工和 YM 共同制定了三个方面的目标。第一，改善家庭关系。引导爷爷多与 YM 沟通交流，多多关注案主的学习情况；同时也要关心他的内心感受，多与他谈心。另外，增强父母与 YM 的沟通，增强案主对家庭的归属感，以协助他建立一个良好的家庭支持系统，改善原本的家庭关系，提升家庭对成长的促进作用。第二，激发学习动力。从优势视角出发，挖掘 YM 的闪光点，激发他的自主性，增强他的学习兴趣。社工与 YM 一起制订切实可行的学习计划，在社工督促之下，促进他掌握学习方法，提升学习成绩。第三，改善人际关系。推动 YM 建立更加和谐的人际关系，在同伴的影响和感召之下快乐、健康的成长。

（二）服务计划

拟通过六次面对面的交流，在遵循保密原则的基础上认真听取并充分尊重 YM 的意见，对其提供支持，消除他的戒备心，建立良好的专业关系。

1.家庭关系方面

促进爷爷多与YM的父母沟通交流，及时告知爷孙俩的生活状况、YM的学习状况等，以此为基础，增加YM与父母交流的频率，做到一家人不在一起生活也能够相互关照，让YM感受到父母的关爱，弥合亲子关系的疏离状态。同时，引导YM了解爷爷的难处和生活的不易，推动他主动关心爷爷，帮助爷爷分担家务，做一些力所能及的事情。

2.学习方面

了解YM的喜好，通过满足他的喜好进而激发其学习的动力。社工与YM共同分析小学成绩好而初中学习成绩差的原因，与其一起制订合适的学习计划。于YM而言，首先要放下自卑情绪，通过学习目标的设定、学习方法的掌握、学习态度的端正，不断提升学习成绩，重拾学习的乐趣，充分挖掘学习潜能。

3.人际关系方面

从YM的朋友入手，鼓励他们多与YM沟通，并帮忙观察他的变化。同时，拓展YM的交往圈子，使得日常交往不再局限于熟络的几个同学，通过日常活动增强与社区同龄群体的交往，有意识地结交新朋友、好朋友。

四、个案介入阶段

（一）第一阶段：建立专业关系

目标：与YM建立良好的专业关系，尽可能收集相关资料，社工与他共同制定服务目标。

社工初次认识YM是在小组活动中，与YM的爷爷沟通过后，社工决定尝试发展其为案主，因此第一次面谈地点在YM的家中。见面时YM显得比较沉默，独自坐在沙发上玩手机，并不和社工交谈。为了了解情况，社工与YM的爷爷攀谈起来，爷爷讲到YM平时并没有做任何违法乱纪的事，只是比较贪玩，学习成绩不理想。由于YM的父母外出务工，基本没有时间管教孩子，虽然爷孙俩共同生活，但是爷爷对孩子的学习帮助很有限，最近就要期末考了，而他并未见YM复习功课，看到YM成绩越来越不如以前，爷爷担心他上不了高中，比较苦恼。

咨询片段1

社工：刚才我和YM说话，他没有搭理我，他平时对别人也是这样吗？

爷爷：他与不熟的人话的确比较少，但熟络起来就还好。

社工：嗯，没事没事，慢慢来。那他平时学习成绩怎么样呢？

爷爷：平时他的表现还好，他在家的时间也不多，也没有人打电话给我说他惹事或者怎么样。他的学习成绩我也不怎么了解，之前开家长会去过一次，问了一下教师，教师说成绩不怎么理想，说实话，我还是有点担忧按现在的情况他能不能考上高中。

社工与爷爷交谈后，YM 还是自己坐着玩手机，社工又尝试着问了 YM 几个问题，但他也只是简单回答，并没有多余的话。见此情形，社工坐到 YM 身边，并询问他可不可以和社工一起玩，主动和他套近乎。过了一会儿，YM 主动和社工交流起来，询问社工想玩什么。接下来的两次面谈，YM 逐渐打开心扉，愿意与社工交流。交流过程中，社工主要是倾听者，YM 讲了许多他在学校的事情，以及与同学们的相处情况。在问及他的学习时，YM 说他小学的时候成绩都是班里的前几名，但上了初中之后，课程难度加大，再加上无人监督学习，刚开始落下的知识点没有得到解决，不会的知识每天都在增加，慢慢地感觉到学习越来越吃力，偏科越来越严重。YM 觉得父母并不关心自己，更不关心自己的学习，加上朋友的鼓动和网吧的"诱惑"，使得自己的学习成绩越来越下滑，去网吧的次数也越来越频繁。YM 表示，自己一个人待着的时候会想念爸爸妈妈，虽然与爷爷一起生活但是并没有得到情感上的慰藉，内心比较孤独，这也是经常和朋友一起去网吧消遣的原因之一。社工以倾听、接纳、鼓励等方式给予了 YM 情感支持，沟通过后对收集的材料进行了整理分析，并梳理出他所面临的问题，在与 YM 协商的基础上共同制定了服务目标。

咨询片段 2

YM：姐姐你玩游戏吗？

社工：玩啊，你平时玩什么呢？

YM：我玩王者荣耀和绝地求生多一些，技术都还不错，我经常和朋友们一起去网吧玩绝地求生。

社工：我玩王者荣耀多一些，绝地求生倒是没怎么玩。你完成作业之后无聊时，我们可以一起玩啊。

YM：好啊。我还可以叫上我的朋友们一起玩。

社工：嗯嗯，可以啊。那你愿意跟我聊聊你在学校的情况吗？

YM：在学校就还好啊，我感觉与同学们处得也还可以，玩得好的朋友更是不用说，在学校一起玩，放学后也经常一起去网吧，我们感情好着呢。

社工：那就好，与小伙伴处得不错是好事，但还是要以学习为重，不能把学习落下哦。毕竟你还要考高中，将来要上大学呢。（肯定与鼓励的技巧）

YM：别跟我谈学习，我现在最烦的就是学习，尤其是数学和英语，教师讲得快，我又听不懂，就算课堂上觉得听懂了，回家做作业还是不会。刚开始还会问其他同学，后来直接就不问了，不会的题目反正有答案可以抄。

社工：你能跟我说说后来为什么不问了么？是知识点太难了吗，还是同学不愿帮助你了？（澄清的技巧）

YM：我觉得很麻烦，知识点也很难懂，所以就不想问了。有的同学被我问到的时候会表现得很不耐烦的样子，或者嘴上说"我待会教你"，结果却一直不见人影，所以我就不想问了。

社工：我理解你的想法，我上初中的时候也这样，尤其是数学，真的很难，我也知道。当时我也是抱着和你一样的心态，所以以后来每次考试都是数学成绩"拖后腿"，直到现在我的数学都差，在数学上吃了不少亏。（自我披露的技巧）你现在读初一，初中的学习也才刚刚开始，还有很多弥补的机会。如果你现在就自暴自弃，总想着抄抄别人的作业，你上高中可能有点困难呢。对了，你爸爸妈妈了解你的学习情况吗？他们平时关不关心你的学习？

YM：（沉默了一会儿）有时候我也想当个好学生，能在班级里名列前茅，但是只要一玩起来，就什么都抛在脑后了，如果我的作业完成了，回家后我甚至不会打开书包。我爸妈有时候会打电话问一下我和爷爷的情况，他们会让我好好学习，说学习成绩好了给我买玩具，回家之后还会给我很多很多的零花钱。总体上，他们对我算是比较关心的吧。

社工：嗯，那要不这样吧，你愿不愿意减少去网吧的次数，慢慢地把成绩提上去，下次你爸爸妈妈回来的时候给他们一个惊喜呢？

YM：怎么提高啊，没人辅导我，课堂上的知识也有很多都是我不知道的。

社工：我们根据你的学习情况，先制订一个学习计划吧。辅导的事我们可以先看看有谁可以为你提供帮助，再来决定，你觉得行不行？

YM：嗯，好吧。

（二）第二阶段：增加情感支持

目标：改善 YM 的情感缺失状况，减少他内心的孤独感与无助感，尽量改善家庭中的亲子关系。

社工通过 YM 的爷爷得到了 YM 父母的联系方式，这对夫妻在同一座城市打工，差不多一个月给家里打一次电话，对 YM 的关心比较少。社工了解到父母不经常联系 YM 的原因是，他们白天上班已经很累，晚上回去休息整理一下就要睡觉了；而且他们认为家里有什么事会给他们打电话，因此主动联系家里的情况就较少。平时父母对 YM 的关心较少，也没有特别留意孩子的学习情况。整体而言，YM 的父母通情达理，虽然他们内心惦念孩子，但是并没有主动表达出来，认为没有什么特别的事情就无需进行亲子之间的沟通。了解情况之后，社工向 YM 的父母传达了 YM 现在的状况，并表示 YM 还是特别需要他们的关心，在外挣钱固然重要，但爷孙俩也依然需要他们夫妻二人的问候与关心。YM 的父母听后表示，以前做得不到位，觉得愧对孩子和老人，承诺以后会多关心他们爷孙两人的生活，也会多抽空往家里打电话。社工同时也与 YM 积极沟通，告诉他，其实父母内心是很惦念他的，他也可以主动多给爸爸妈妈打电话，但是 YM 只是沉默地点点头，并没有实际行动。

在之后的一次面谈中，YM 告诉社工，还不到一个月的时间，爸爸妈妈就打了好几个电话回来，询问他的生活状况和学习情况了。社工告诉他，这说明爸爸妈妈都是关心他的，自然会多打电话回来，并叮嘱他也要主动把自己的生活、学习情况多多与父母分享。在与 YM 父母后续的交流中，社工告诉他们，经常接到父母的电话，YM 内心还是很开心的，只是他不擅于把这种情绪表达出来。社工为夫妻二人提出建议，希望他们在电话沟通中除了解祖孙两个的日常生活之外，要特别关注儿子的学习表现，告诉儿子学习的重要性，并经常鼓励他。如果孩子的学习进步，可以给予适当的奖励，以增强孩子学习的积极性。在 YM 父母积极的配合下，随着亲子之间通话次数的增加，社工明显察觉到，YM 的心理发生着积极的变化。现在 YM 在个案会谈中表达欲望逐步增强，有时原来的同学叫他去网吧，他也会拒绝一些邀约。

咨询片段 3

社工：前两次面谈你提到与父母的沟通不是很多，父母也较少打电话回来与你们交流，你平时想念父母吗？

YM：嗯，有时候会想。

社工：那今天要不要与父母通个电话，跟他们聊一下你的近况之类的？

YM：（沉默了一会）好吧，那我晚点打。

社工：嗯嗯。

……

YM：我给爸爸妈妈打电话了，他们说都很好，让我好好学习就行，其他的都不用担心。

社工：跟他们通话你开心吗？

YM：还好吧，但我还是希望他们会经常打电话给我。

社工：嗯嗯，父母给你打电话当然好。你也可以主动和他们联系，这样吧，以后每个星期你至少给他们打一次电话，好吗？在接下来的一个月里，我会请爷爷帮我监督你哦。如果你做到的话，我就陪你打一次王者荣耀，好不好？

YM：嗯，好吧。

（三）第三阶段：改变学习习惯

目标：纠正 YM 不良的学习习惯，减少他上网的时长，一起制订合适的学习计划，以提升学习成绩。

关于 YM 的学习情况，在之前的访谈中已经从爷爷处有所了解。自从进入中学后，YM 的成绩明显下降，尤其是英语和数学。谈到成绩下降，YM 的爷爷也表示很无奈，自己要上班，而且没有能力辅导他的学习，只能照顾案主的日常起居。经过前期与 YM 的会谈，社工也大概了解他成绩下滑的原因，因此，社工通过爷爷要到了 YM 的英语教师和数学教师的电话。在电话中，社工向教师们表明了自己的身份，在取得教师们的信任之后，社工向教师们如实反映了 YM 这两门科目成绩较差的原因，并恳请他们多关注一下 YM，在课堂上尽量多提问他，平时也可以多给他鼓励和支持。教师告诉社工，由于 YM 平时在课堂上沉默寡言，课下与教师互动也较少，而教师提问的大多数学生在课堂上比较活跃、愿意积极发言，因此确实较少关注 YM。教师得知 YM 的需求后，表示以后会多给予他一些关注，并多多鼓励他。

同时，社工基于自身所具备的英语知识，在闲暇时间主动辅导 YM，并把自己以前学习英语的方法分享给他，希望对他有所帮助。社工和 YM 共同约定了，下次会谈之前 YM 所需要掌握的单词量和完成的作业等学习任务，如果学习任务完成则可以奖励半天的游戏时间。至于 YM 学得较差的数学，通过与 YM 的爷爷及父母沟通，决定给 YM 报一个补习班，YM 也表示自己愿意去。报名补习班之后，YM 按照补习班的课程安排，每周末去上课。随着时间的推移，YM 能够完成的作业量逐渐增多，慢慢减少了去网吧上网的次数。社工第五次去到案主家中开展会谈时，发现 YM 的学习积极性得到了很大提高，他还向社工展示了教师写给自己的鼓励语。YM 表示自己去网吧的意愿其实没有刚开始那么强了，完成作业后，用家里的电脑随便上网浏览一下也就足够了，闲暇的时间自己会约着住在附近的同学到距离小区不远的篮球场打篮球。这学期期末考试结束后，YM 告诉社工，自己的成绩相比以前提高了一点，社工让 YM 继续保持，即使是假期也不能荒废学业，免得之前的努力徒劳无功。

咨询片段 4

社工：按照之前的约定，我们今天要开始制订学习计划了。你想先从哪门科目入手呢？

YM：我想先从简单的入手。

社工：嗯，好。但是你的英语和数学落下的有点多了，现在要赶上来恐怕会有点难度。我可以辅导你学习英语，数学我就无能为力了。你想不想去上数学补习班？

YM：我以前都没有上过补习班，不知道可不可以。

社工：你先去尝试一下，看看行不行，不行的话我们再另做打算好吧？

YM：嗯，好吧，我尽量去学。

社工：英语的话，我可以把我以前的学习方法分享给你。你有不懂的也可以问我，初中的英语难度不大，多背多记单词就会赶上其他同学。

YM：我尝试着学吧，先过一段时间看看。今天就先计划学些简单的、不费力的内容。

社工：好的好的，我们慢慢来，那我们就先把今天的任务完成吧。

（四）第四阶段：建立社会支持系统

目标：整合运用资源，协助 YM 积极面对学习与生活，充分发挥社会支持系统的作用。

深入了解 YM 的家庭情况，协助他与爷爷、父母多沟通，使得家庭成员的关系更加密切。社工告诉 YM，虽然他的父母常年在外务工，但其实是很关心他的学习和生活的；虽然爷爷不善言辞与他交流不多，但爷爷内心深处也是非常疼爱他的，希望他可以好好学习，以后找到一份不错的工作。社工同时与 YM 的教师、同学进行联系沟通，协助他融入班级，并恳请周边的人可以给予 YM 支持与鼓励，使他经常感受到支持和肯定，帮助他更好地改变与成长。

（五）第五阶段：回顾与强化

目标：回顾个案过程，肯定 YM 的进步，强化他已有的改变，从而提升自我价值；做好结案准备，处理离别情绪。

社工帮助 YM 制订下一阶段的学习计划，并告知 YM 个案会谈即将结束，从家庭关系、学习、人际交往等方面回顾他一路的成长历程。在回顾过程中，YM 发现自己改变了很多，日常与爷爷的沟通多了起来，能够经常与父母通电话互相关心，并且开始积极主动的学习。YM 最后告诉社工，他会尽量好好学习，争取将来考上一所好的大学。

五、评估阶段

通过客观的观察，询问 YM 自身的改变，并与 YM 周边的人开展访谈，社工对该个案的目标达成情况进行了评估。在一段时间的咨询之后，个案会谈初期设定的服务目标基本达成。第一，在家庭方面，YM 与父母和爷爷的沟通日渐频繁，家庭关系趋于和缓、融洽，建立了相对完善的家庭支持系统。第二，在学习方面，YM 的作业慢慢地可以按时完成，弱势科目有所起色，学习成绩相比以前有了较为明显的进步。第三，在人际关系方面，之前 YM 只与特定的几个对象交往，现在逐渐扩展了交友网络，如在参加体育活动过程中结交了一些新朋友，与班里同学的来往也变得更加频繁。第四，在性格方面，YM 从刚开始的内向扭捏、不自信逐步变得开朗、乐观，开始站在不同的角度为别人考虑。

同时，YM 告诉社工，他一直把社工当做大姐姐看待，当做自己的榜样，希望遇到学习问题的时候，社工仍然可以帮助他。个案服务期间，社工和 YM 建立了良好的专业关系。起初，社工的诸多担心是多余的，YM 主动改变的意愿很强，他的家人特别是父母和爷爷积极配合，并从自身做起帮助 YM 改变，使得服务成效较为明显。随着服务的深入，YM 及其家人更加接纳和信任社工，愿意袒露他们遇到的问题，并希望能够协商解决。因此，评估下来，本次个案服务较为成功。

六、结案阶段

（一）结案过程

通过几次咨询，个案服务目标基本达成，遂决定结束专业关系。社工提前告知YM 即将结束专业服务，并与他一起回顾已有的变化，肯定他的进步。YM 就接下来自己的学习计划，与社工进行最后的商讨。YM 表示听社工分享的大学生活十分美好，自己非常向往，并表示一定会努力，争取考上好的大学。社工与 YM 简短告别，并告诉他，在结案后有困惑时仍然可以与自己联系，自己还会努力帮助他成长。

结案后，YM 偶尔会在微信上与社工联络，谈谈他的假期生活和学习安排。过年之前 YM 告诉社工，自己的父母马上就要回家了，会带回来很多好吃的和好玩的，他表示很开心。社工也给 YM 的爷爷和父母打电话询问过相关情况，他们都反映 YM 相比以前有所进步和改变。

（二）总结与反思

现阶段，各地经济发展不均衡，为了维持生计，一些年轻的父母外出务工，老一辈便承担起孙辈的照料工作，使得隔代教育这种形式屡见不鲜。社工通过观察发现，隔代教育家庭中父母由于工作忙碌或者其他原因而不能时时刻刻陪在青少年身边，缺席他们的成长，而祖辈的文化水平与教养观念往往跟不上时代的要求，对祖辈及青少年群体双方都造成比较大的压力。因此，关注隔代教育家庭中青少年的成长具有重要意义。隔代教育中的青少年往往面临作业无人辅导、与祖辈沟通交流少、人际关系不良等问题。本案例中，社工尝试从青少年和祖辈两方面入手开展服务工作，改变双方的观念，引导、协助他们建立良好的沟通模式，以家庭关系改善为基础，进一步提升案主的人际交往能力和学习成绩，具有一定的借鉴意义。

第四节　静悄悄的玫瑰羞答答地开——留守儿童个案服务

一、案主情况介绍

（一）案主基本情况

表 1-2　小 A 基本情况表

基本情况	小 A，男，Y 小学三年级学生。
生理情况	身体健康，无病史。
心理情况	不爱说话、孤僻、自卑； 脾气暴躁、易怒； 生活态度消极。
家庭情况	家庭经济困难，父母常年外出打工； 小 A 和弟弟与爷爷奶奶在一起生活，与父母关系疏远。
人际关系	人际交往圈子狭窄，学校里没有和他玩得特别好的朋友； 和父母关系疏远，亲子关系紧张； 与爷爷奶奶交流不多，祖孙关系疏离。
学习情况	学习成绩处于中等水平，成绩不稳定、波动性较大； 课堂上不会主动回答问题，偶尔会扰乱课堂秩序，有轻微厌学情绪。

（二）案主存在的问题

1. 自我认知偏低

案主小 A 自卑，缺乏自信心，认为自己没有优点。多次向爷爷奶奶表达过不想上学、想打工挣钱的想法。对于父母外出打工这件事闭口不谈。

社工：小 A，你觉得你最大的优点是什么？

小 A：摇摇头（沉默）。

社工：怎么了？

小 A：没有。

社工：我看到你下课的时候经常看课外书，喜欢看书也是优点呀，你觉得呢？

小 A：抬起头看了社工一眼（沉默不语）。

2. 情绪波动较大

小 A 平时不喜欢与人交流，问什么答什么，经常一个人干自己的事情。小 A 不能控制自己的情绪，遇到不开心的事时会表现得很烦躁，大吼大叫，踩脚。爷爷说，小 A 不高兴了会摔东西、砸门，和他讲不通道理。

3. 意志不坚定

小 A 做事缺乏耐心，很难坚持完整地做完一件事情，意志力不足。他上课注意力容易不集中，时常发呆、开小差。在一次学习能力提升小组活动中，一道数学题解题步骤繁杂，做了几步之后，小 A 表现得很不耐烦，不愿意再接着做，开始捣乱。

4. 人际交往能力不足

小 A 的人际交往圈子很狭窄，学校里没有和他玩得特别好的朋友，他还经常和同桌发生争执，为此，班主任为其换过几次同桌。每次放学回家，都是小 A 一个人走回去，回家之后的玩伴是弟弟，他很少出去找其他小伙伴玩耍。

社工：小 A，你喜欢和同学一起玩吗？

小 A：不喜欢。

社工：为什么呢？

小 A：他们不和我玩。

社工：那你想和他们一起玩吗？

小 A：（沉默）

社工：那你平时和谁一起玩呢？

小 A：弟弟。

社工：还有呢？

小 A：没了。

社工：为什么喜欢和弟弟玩？

小 A：不为什么。

社工：除了弟弟，你最喜欢家里面的谁？

小 A：谁都不喜欢。

5. 生活态度消极

社工：爸爸妈妈多久没回来了？

小 A：不知道。

社工：你想他们吗？

小 A：不想。

社工：为什么呢？

小 A：（沉默，眼睛看向窗外）。

爷爷：他爸爸妈妈打电话回来的时候，他不和他们说话。我问他想不想爸爸妈妈，他也说不想，经常就一个人待着。

每周四，小 A 都会到社工服务的场所——"儿童之家"做作业。某天下午，小 A 的作业有点多，其他同学做完作业开始到院子里玩玩具，这时候小 A 变得浮躁起来，总是看着玩耍的小伙伴，没有心情继续做作业。

社工：小 A，你的作业快写完了吗？

小 A：没有，还有好多（不耐烦地摆弄文具）。

社工：你快一点做，做完就能出去玩，在外面玩的同学都是已经写完作业的。

过了一会儿，小 A 表现得更加急躁，由于还有部分同学在写作业，社工没有把注意力完全放在小 A 身上。突然，小 A 爬上房顶（儿童之家是一栋两层的老式建筑，孩子们写作业的地方就在二楼，通过二楼的窗户可以轻松爬上房檐），哭喊着自己命苦，没有人和自己玩，要跳下去。社工一边安抚小 A 的情绪，答应他可以先和同学玩，一边稳定其他同学的情绪。在小 A 情绪稍微缓解之后，社工将小 A 抱下来，马上联系了班主任送小 A 回家。事后，在班主任的陪同下，社工到小 A 家进行了家访。

在与其爷爷奶奶的交流中，社工发现，爷爷奶奶并未察觉小 A 对生活的消极态度。爷爷只是反映小 A 越来越不爱讲话了，他也给自己的儿子、儿媳说过需要他们配合着开展孩子的教育，自己和老伴年纪大了，没有什么办法管教孩子。班主任教师也从未察觉小 A 的自杀倾向，"只是经常有学生反映他打人，问他什么都不说，这个学生太让人头疼了"，班主任如是说。

二、生态理论视角下案主问题的成因

（一）微观层面：案主个人

1. 性格层面

小 A 从小由祖辈教养长大，缺乏父母的关怀，不爱说话，不善于表达自己的感受。小 A 遇到困难总是压抑在心中，养成了孤僻、自卑的性格。

2. 情绪情感层面

小 A 经常独来独往，没有人关注到其情绪的波动。他不懂如何宣泄情绪，遇到麻烦的时候总是通过大吼大叫来引起关注。小 A 缺乏父母的关怀，亲子关系疏远，导致他对待生活的态度非常消极。

3. 人际交往层面

不爱说话的性格使得小 A 经常一个人待着，没有关系要好的朋友，交往圈子非常狭窄。他脾气暴躁，经常和同学发生争执，导致周围的同学越来越不喜欢和他交往。

（二）中观层面：家庭和学校

1. 家庭教养层面

第一，隔代教育方式上溺爱与忽视并存。受传统教养观念的影响，爷爷奶奶对小A最大的期望是健康长大，但是当小A犯错误时，又不舍得严厉批评。社工第一次到小A家里家访，小A正在闹情绪，爷爷吩咐小A给社工倒水，小A生气地拒绝，并且把门关起来不让社工进，但爷爷并未觉得这是不对的。社工询问爷爷知不知道小A在学校里有打同学的行为，爷爷说知道，但他认为小孩子之间打打闹闹很正常，没什么大不了，爷爷的观点是"小孩子手轻，打不坏"。爷爷认为小A和邻居的小孩在一起玩会学坏，且安全得不到保证，不乐意让小A去邻居家里玩。当社工问及小A，爷爷奶奶是否关心他在学校的表现，他非常肯定地回答说没有关心过。

第二，祖辈的教养理念滞后。小A的爷爷奶奶都没有上过学，没有办法辅导孩子的作业，也不重视孩子的教育。由于父母不在家，教师布置的本来需要家长协助完成的作业，都是小A一人独自完成，需要家长签名的地方也是小A代签。爷爷奶奶对孙子的学习并没有特别的期待，小A也不明白学习的重要性。

社工：小A上次考试的成绩处于中等水平，教师说他有很大进步。您平时会监督他写作业吗？

爷爷：我没读过书，字也看不懂。他要是学习好就多读几年，不行的话，就回来和他爸去打工。

第三，家长的教养方法不当。小A脾气暴躁，不知道用何种方式来发泄情绪。小A心情不好大吼大叫、甚至乱摔东西时，爷爷会呵斥甚至打骂小A。一方面，爷爷奶奶不善于觉察小A的情绪，觉得他还小，不会有什么不开心；另一方面，爷爷奶奶没有教育他如何舒缓情绪，如何处理矛盾。在家庭熏染之下，小A与同学发生矛盾时，往往也以暴力的方式来处理。

2. 学校教育层面

第一，学校对留守儿童的关爱不足。Y小学是S村唯一的学校，该小学共有6个教学班，只有9位教师。在师资力量严重不足的情况下，学校对留守儿童的关爱往往不足。学校对留守儿童的关心，仅停留在形式化地配合其他单位组织的物质帮扶上，学校的留守儿童档案卡得不到及时更新，班主任针对留守儿童的定期家访也不能按时履行。第二，教师的育人理念有待改善。教师对学生的影响是潜移默化的，Y小学衡量学生的唯一标准就是学习成绩。社工在与教师的交流中获悉，他们觉得留守儿童的学习自主性要差很多，个别教师甚至会因留守儿童的成绩太差而打骂、讽刺他们。第三，学校缺乏专业的心理辅导人员。Y小学没有配备心理咨询室，也没有专门的心理教师，学生出现心理上的问题往往找不到倾诉的地方，也很难及时被教师发现，出现了心理问题。各科教师忙于学科的教学，无暇主动顾及学生们的心理健康。

（三）宏观层面：村落社区

S村距离集镇约1.5千米，一条河流从中穿过，居民沿河而栖，居住比较集中。这里乡风淳朴，村民热情，其乐融融。该村经济来源以种植业为主，靠天吃饭的农耕收入很难满足村民的日常开支，导致村落的贫困落后。为谋生计，大量青壮年外出打工，留下的大部分都是老人和孩子。隔代教养的问题在S村十分突出，农村地区的老人对孩子的教育重视程度不足，有的想着与孩子沟通却不懂得方法，形成只重视养育而忽视教育的现象。

S村委会距Y小学直线距离约800米，村委会与Y小学中间座落的杨氏宗祠是该村的活动中心，逢年过节村民喜欢汇聚在这里举办各种活动。宗祠由一栋两层小楼和一块平坦的广场组成，儿童之家就内置在两层的楼房里，孩子们可以到这里写作业，参加各类活动。社区配有专门人员对儿童之家进行管理，高校的大学生志愿者会不定期到儿童之家开展活动，陪伴孩子们的成长。但是由于社区人手有限，一般情况下，儿童之家大门紧闭，只有志愿者来的时候或者节庆时刻才会开门，造成资源的闲置。

三、个案服务设计

（一）接案

1. 初步建立与案主的关系

社工在日常沟通中向班主任询问学生的基本情况，班主任表示班里留守儿童数量较多，且自己不知道如何针对他们开展工作，并特别提到小A，希望社工能够和小A沟通，想办法帮助他。从班主任处了解到小A的基本情况后，社工向小A表明自己的身份，并与他进行了简要的交流，又通过班主任联系到他的爷爷，他们都同意让小A接受个案服务。

2. 收集案主的相关资料

社工在学校通过与教师、同学的交谈，大致了解了小A在学校的表现。小A不爱说话，喜欢独来独往，大多时候都是一个人坐在座位上看课外书。他没有特别亲密的小伙伴，人际交往能力较差。在征得小A及其家人的同意下，社工进行了第一次家访，在向小A的爷爷奶奶表明身份和来意之后，爷爷奶奶都对社工表示欢迎，并耐心地介绍了家里的基本情况，还告知社工小A在家庭生活中的表现。

（二）建立关系

小A是一个特别喜欢看课外书的孩子，班级里有图书角，虽然条件有限，只有几十本书，但小A已经都看完了。社工询问小A最喜欢的课外书的类型，并送给小A两本故事书。为丰富孩子们的阅读，社工在班里组织了"图书漂流角"活动，邀请同学们把自己的课外书放到漂流角，以供大家相互借着看。在这之后，小A会主动和社工说话，开始信任社工。

农忙时节，小A的爷爷奶奶没有时间接他回家，为了增进与小A的关系，社工主动提出送他回家。回家的路上，起初小A不太爱说话，问什么答什么。送了两次之后，小A开始和社工熟络起来，愿意把心里的想法与社工分享，社工与小A之间逐步建立起了良好的关系。

（三）制订个案服务计划

表1-3　个案服务计划表

第一次服务	时间：2018年4月1日 地点：学校 服务目标：初步与小A建立良好的专业关系，增进彼此信任。 服务内容：从小A的兴趣爱好入手，增进工作者与他的关系。
第二次服务	时间：2018年4月5日 地点：小A家 服务目标：了解小A的家庭情况，收集资料预估问题，制订全面的服务计划。 服务内容：进行家访，向小A的爷爷奶奶了解家庭情况；与小A共同协商服务计划。
第三次服务	时间：2018年4月9日 地点：学校 服务目标：提升小A的自我认知能力，增强其情绪控制的能力。 服务内容：通过"我是大演说家"的游戏，让小A意识到自己是有优点的；与小A一起制作情绪控制表，并教会他控制情绪的方法。
第四次服务	时间：2018年4月15日 地点：学校 服务目标：提升小A的意志品质。 服务内容：邀请小A参加"学习能力提升小组"，帮助服务对象养成持之以恒的品质。
第五次服务	时间：2018年4月20日 地点：学校 服务目标：提升小A的人际交往能力，帮助他树立积极的生活态度。 服务内容：邀请小A参加"人际交往小组"，帮助其交朋友；疏解小A的消极情绪。
第六次服务	时间：2018年4月25日 地点：小A家 服务目标：帮助小A获得更多的社会支持，巩固服务效果。 服务内容：帮助小A与父母重建良好的亲子关系，鼓励他和家人参与社区活动。

四、个案服务过程

在了解了小 A 的基本情况之后，社工按照预定计划开始对小 A 的问题进行干预。结合社会支持理论，社工从个人因素、发展因素、环境因素三个方面分别对小 A 进行心理调适、能力提升和增进其社会支持等帮助。

（一）第一次面谈

服务目标：初步与小 A 建立良好的专业关系，增进彼此信任。

社工：小 A，你在干什么呢？

小 A：（抬起头看着社工）看书。

社工：你在看什么书，可以给我看看吗？

小 A：（把书递给社工）快要看完了。

社工：教室里的课外书你看了几本了？

小 A：都看了。

社工：真厉害，你最喜欢看哪一类书啊？

小 A：漫画。

社工：噢，我读小学的时候最喜欢看的漫画是《阿衰》，你呢？

小 A：我也看过，我也喜欢，很搞笑（小 A 脸上有了一丝笑容）。

社工：快放学了，等下谁来接你啊？

小 A：我自己回去。

社工：你能一个人回去，你很棒呢！

社工从小 A 喜欢看课外书这个兴趣入手，成功吸引了他的注意，双方有了共同的话题。后来，社工在班里设置了"图书漂流角"，鼓励同学们把自己的课外书放到这里，以便大家一起交换着看。社工邀请小 A 管理"图书漂流角"，小 A 高兴地接受了这一"工作"。社工与小 A 初步建立起良好的关系，为后续的服务深化奠定了基础。

（二）第二次面谈

服务目标：了解小 A 的家庭情况，收集资料预估问题，制订全面的服务计划。

在与教师沟通之后，社工决定通过家访的方式进一步了解小 A 的情况。由于小 A 的爷爷奶奶忙于农活，早出晚归，下午放学的时候，小 A 大部分时间是一个人回家的，直到天快黑时其奶奶才会回家做饭。社工多次请小 A 回去和爷爷奶奶商量家访的时间，但由于小 A 不愿意让别人知道自己家里的情况，他一直都没有询问爷爷奶奶的意见。社工求助他的班主任后，联系到小 A 的爷爷，答应第二天下午早点回家。第二天放学后，社工与小 A 一起回家。

社工：你家离这里远吗？

小 A：不远。

社工：你平时都是一个人上下学吗？

小 A：早上爷爷送我。

社工：我想让你回家和爷爷奶奶商量一个时间，好让我去家里看看。你为什么没有告诉他们呢，你不喜欢我去你家吗？

小 A：不是。

社工：那你能告诉我为什么吗？

小 A：（不说话低着头）。

小 A 的家是一栋两层的楼房，装修得很简陋，房子四周没有围墙。院子里摆放着很多农具和一些柴火，显得有些杂乱。见到社工到来，爷爷很热情地拿来了凳子，吩咐小 A 给社工倒水，小 A 没有答应，径直走进房间把门关起来，爷爷数落了小 A 几句，小 A 把一只凳子踢到了院子里。

社工：小 A 回到家都是待在房间里吗？

爷爷：嗯，回到家就进去了，不说话，问他的时候，他才说。

社工：你们会问问他在学校发生了些什么事情吗？

爷爷：不问，他也不主动说。

社工：或许你们可以花点时间问问他在学校怎么样，比如晚上吃饭的时候，这样你们交流就会多一点。听教师说，小 A 有个弟弟，他弟弟上学了吗？

爷爷：今年刚上幼儿园，我早上先把小 A 送去学校，再回来送弟弟，吃完早点之后就出去干活。

社工：您和奶奶在家照顾他们俩，挺辛苦的。

爷爷：难啊，我们年纪大了。他哥俩儿调皮，要时刻盯着，田里的庄稼也要照看。哎！去年我就和他爸爸妈妈说小 A 这孩子脾气越来越怪了，一天说不上几句话。小 A 和他们也不亲，打电话回来也不接，要回来管管了。但我儿子说这几年没攒几个钱，还要过几年才回来。

社工：他们出去几年了？

爷爷：好几年了，小 A 两岁时我儿子儿媳就出去了，去福建。后来又怀了他弟弟，回来了两年，回来赚不到钱又去了。

社工：他们过年回来吗？

爷爷：两三年回来一次。哎，这也出去几年了，就是挣不到钱，去的地方工价低，工价高的他们又做不来。

社工：嗯，所以还是要鼓励小 A 好好读书，多学点知识。

通过与小 A 爷爷的交流，社工了解了小 A 家的基本情况，帮助其爷爷奶奶意识到对小 A 情感方面的疏忽，爷爷奶奶答应配合社工共同帮助小 A。

（三）第三次面谈

服务目标：提升小 A 的自我认知能力，增强其情绪控制的能力。

社工：小 A，你觉得你最大的优点是什么呢？

小 A：没有（想了想才回答）。

社工：你能给我讲讲你今天看的图画书里的故事吗？

小 A：你想听哪一个？

社工：讲你印象最深的。

……

社工：讲得真好，你看了一遍就能记住它，还讲得这么好，真不错。这就是你的优点对不对？

小 A：我还能讲很多（笑了笑）。

社工：对啊，这就是你的优点，你看了很多书，知道很多故事，你回家可以讲给爷爷奶奶和弟弟听，他们一定会很开心的。

小 A 一直以来都比较自卑，不爱说话的性格使其经常一个人在角落里看书，这也让他比其他同学看的课外书多了不少。为了使小 A 认识到自己的优点，社工在班里开展了"我是大演说家"的游戏，请同学即兴讲一个故事，看谁讲得最精彩。小 A 平时看的故事书比较多，在社工的鼓励下，他第一个上台给同学们讲了故事，同学们都被他讲的故事吸引，台下响起了热烈的掌声。社工表扬了小 A，并让同学们向他学习。通过游戏小 A 得到了同学们的赞赏，他很开心，也极大地提升了他的自信心。

社工：小 A，你最近表现得很棒！

社工：你还记不记得上次去你家，爷爷批评你，你就把凳子踢到了院子里。

小 A：（尴尬地笑了笑）那是他说我，他很唠叨。

社工：爷爷奶奶说你，你不愿意听吗？

小 A：他们会说很久。

社工：你会觉得很烦，是吗？

小 A：是。

社工：遇到这样的事情的时候，你经常会摔东西吗？

小 A：嗯。

社工：你不开心的时候，你觉得怎么处理会好一点？

小 A：（不说话）

社工：你知道吗，我不开心的时候，我会告诉我的小伙伴和我的爸爸妈妈，有时候我会约着小伙伴散散步，或者自己一个人去操场跑几圈。你下次不开心的时候，也可以试一试这些方法。

从谈话中，社工注意到，小A知道不开心时大吼大叫、乱摔东西是不对的，但是，他不知道怎么做才是合适的。为了帮助小A改变用不良的方式缓解情绪的做法，社工与他一起设计了"情绪控制表"。大家约定，小A在学校或是家里不开心时，没有发脾气，就给自己打勾，社工答应他，当"情绪控制表"里有了5个勾时，就可以获得一本课外书作为奖励。

社工：小A，我们做的情绪控制表呢，拿来给我看看可以吗？

社工：哇，有3个勾了，好棒！你能说说这3个勾分别是发生了什么事情吗？

小A：（指着第一个）他（同桌）和我抢课外书，我没有打他……

社工：小A，你进步很大，真替你高兴。

小A开始懂得如何控制自己的情绪，与同学发生争执时，不会再对同学大打出手。社工观察到小A和同桌下课后有说有笑的，他与同桌的关系慢慢融洽了。

（四）第四次面谈

服务目标：提升小A的意志品质。

小A的班主任反映班里很多同学学习习惯不好，为了帮助同学们养成良好的学习习惯，提升学习效率，社工针对班级开展了"学习能力提升小组"。在小组活动过程中，社工发现，每次到活动的后半阶段，小A就会表现得很不耐烦，甚至会钻到桌子底下，不愿意参与。为此，社工和小A一起订立了规则，要求小A积极参与活动。在活动中，社工设置了一个比较难的题目，很多同学做到一半就没有接着往下做，最终只有三位同学成功地解出了答案。社工给三位同学颁发了奖状，在其他同学艳羡的目光下，社工引导大家要向三位同学学习。

在订立了规则之后，虽然小A偶尔会不积极参与活动，但是仍然会坐在座位上坚持到活动结束，社工表扬了小A。

社工：小A，你长大了想干什么呢？

小A：我想……我想当医生。

社工：为什么想当医生？

小A：可以救人。

社工：你的想法真不错，那你知道怎样才可以当医生吗？

小A：知道，要会帮别人打针。

社工：对啊，想当医生要好好学习，将来考入医学院才能学习怎样帮别人打针。

小A：要上大学是吗？

社工：是啊，要好好读书，上大学。

通过与社工的交流，小A明白了要实现当医生的梦想，必须要坚持好好学习。在后来的活动中，小A明显变得更有耐心了。

（五）第五次面谈

服务目标：提升小A的人际交往能力，帮助他树立积极的生活态度。

小A人际交往能力欠佳，在学校没有特别要好的朋友，在家里只是和弟弟比较亲密，周末也不会去找周围的小伙伴玩耍。为了帮助他提升人际交往能力，社工邀请他参加了人际交往能力提升小组。通过该小组，社工帮助小A认识到人际交往的重要性，学习同伴交往的技巧，提升其人际交往的能力。同时，在班级活动时，社工请其同桌带着小A一起玩耍。

社工：小A，昨天下午你和同学一起打扫卫生，你觉得开心吗？

小A：开心，我最喜欢擦玻璃，我同桌帮我扶着凳子，我站在凳子上擦。

社工：嗯，真不错，和同学一起打扫，不仅打扫得快，还能交到朋友呢。

社工：这几天开展的人际交往小组，我看你每次都很积极的参与，你喜欢这样的活动吗？

小A：喜欢，能和他们一起玩。

针对小A在"儿童之家"发生的危险行为，社工将此事报告给学校，并在班主任的陪同下来到了小A家，把事情的来龙去脉告诉了小A的爷爷奶奶。爷爷奶奶表示，在家里从未发现小A有过这样危险的行为，平时他都是一个人在房间里或者是与弟弟打闹玩耍。班主任也表示从未发现小A有过类似的行为。之后，社工拨通了小A妈妈的电话，向其说明了事情的经过，电话那头小A的妈妈泣不成声，答应马上回家。鉴于此事，学校意识到学生的心理健康至关重要，邀请社工关注学生们的心理健康。

（六）第六次面谈

服务目标：帮助小A获得更多的社会支持，巩固服务效果。

经过几次的个案服务，加上班主任和同学们的关心和帮助，小A重塑了对生活的信心。小A的爸爸妈妈回家了，答应在家陪伴小A一段时间。社工邀请小A和爸爸妈妈一起参加社区活动"亲亲我的宝贝——亲子朗读大赛"，小A第一次和爸爸手拉手与同学们一起玩"桃花朵朵开"的游戏，脸上洋溢着幸福的笑容。在社工的鼓励下，小A和爸爸站在一起给大家读了自己写给爸爸妈妈的信，现场很多家长、教师和社区工作人员都流下了感动的泪水。

社工：你们这次回来还去吗？

妈妈：暂时不去了，小A长大了，有自己的想法了，我们在外面赚再多的钱也是为了孩子。

社工：小A，爸爸妈妈回来你开心吗？

小A：（有点害羞，但难掩快乐的情绪）

爸爸：和我们也不亲了，我回来这几天也还没喊过我。

社工：你们常年不在家，小 A 见不到你们和你们疏远了。给他点时间，慢慢和他相处，会好的。

五、个案结案

（一）结案原因

通过本次专业服务，在家长的配合下，在教师和同学的帮助下，在小 A 自身的努力下，小 A 从一个孤僻、自卑、有暴力倾向的孩子逐渐成长为一个阳光向上的孩子，并开始有了自己的朋友圈子。经过与多方的沟通进行评估，社工认为已经基本达成了预先计划的目标，可以结案。

（二）案主小 A 的变化

表 1-4　案主前后变化表

	服务前	服务后
自我认知	我没有优点； 没有人和我玩； 我不知道长大了想干什么。	我会讲很多故事； 我和同桌玩得最好，还有几个好朋友； 长大了我想成为一名医生。
情绪控制	不能控制自己的情绪，不开心时会大吼大叫、摔东西； 与同学发生争执时，会对同学大打出手。	能够控制自己的情绪，不开心时，能找到方法排解情绪； 没有再打同学，在家里很少再乱摔东西。
意志品质	没有耐心，不能持之以恒。	能够树立目标，明白为了实现目标必须不断努力； 能坚持做完一件事。
人际交往能力	人际交往能力欠佳，没有亲密的小伙伴，不愿意和他人沟通。	放学回家愿意和临近的小伙伴一起，不再是孤身一人； 会和同学讲述自己的不开心，会用正确的方式处理人际交往中遇见的问题； 有了自己的好朋友，能够融入班集体的活动，同伴交往能力有了很大提升。
生活态度	对未来没有信心，消极对待生活。	在教师、同学、父母的帮助下积极参与各种活动，对自己有了信心； 对未来有了目标，并积极努力实现目标。
社会支持	社会支持不足，缺乏关爱	学校层面更加关注留守儿童的心理健康问题； 结交了好朋友，得到了同伴的支持； 父母回家陪伴，得到了来自家庭的支持。

六、个案总结反思

（一）服务成效

此次个案服务，从接案到结案过程相对比较顺利，案主小 A、家长和教师都积极配合社工的工作。社工通过与案主的交流，同时配合学校访视、家庭访视，收集了丰富且完善的信息，在生态系统理论的指导下，制定了可行的服务目标，并依据目标设计了服务方案。社工开展的六次服务，每次服务都提前做了充分的准备，通过观察小 A 的变化以及对周边亲人、教师、同学的访谈，大家都肯定了社工的服务成效，就结果而言，案主小 A 的进步明显。虽然本次个案服务仍存在较多需要提升的地方，但是圆满完成了预计的目标。

（二）服务反思

1. 专业关系建立的重要性

第一，社工与案主之间建立良好的专业关系对开展服务极其重要。初次干预时，社工要警惕刻板印象。本案例中，在收集资料之初，社工只收集了班主任和同学的意见，没有与学校领导和任课教师沟通，信息收集渠道的单一导致预估的问题与需求不是很准确。而且社工急于帮助案主解决问题，忽略了其优势的挖掘，不利于专业服务的开展。第二，社工的价值理念和工作方法决定着个案服务成功与否。社工应该秉持真诚、平等的价值观，同理案主的处境。小 A 处于儿童期，工作方法的选择除了遵循社会工作通用过程模式，更应该参考儿童社会工作方法，并根据小 A 的情况进行调整，本案例中社工从小 A 喜欢阅读的兴趣入手，成为建立良好关系的突破口。

2. 计划执行中的专业性

个案会谈不是漫无目的的聊天，而是要提前制订好会谈计划和相应的应急措施。社工在询问小 A 问题时，他时常会保持沉默，社工要学会区分沉默的原因，是问题太难不好回答还是涉及隐私不愿意回答，或者是信任关系没有建立好。留守儿童的心理问题改善是一个缓慢的过程，要按照计划有序介入，避免急于求成。本次个案小 A 作为主要的服务对象，服务过程中始终以小 A 的利益满足为核心，面对突发状况时，社工能够及时地调整、优化工作计划，保证计划朝着预定的目标前进。个案结束时要做好跟进服务，与案主及其家人、教师保持联络，进一步巩固服务成效。

3. 综合介入方法的有效性

个案介入是一个多元的服务过程，直接服务对象虽是小 A，但在实施方案时需要面对不同的人群，单一的理论和方法不能满足解决问题的需要，更应该从综合的角度注重服务对象增能，提高其自身能力。本案例中，社工以小 A 为核心，帮助小 A 解决问题的同时，带动整个家庭的成长和发展，家庭的成长和发展又推动小 A 更好地适应环境，以此促进整个系统的良性运行。此次个案服务，链接的社区资源不足，村落层面对留守儿童关爱的意识不到位，在以后的服务中，需要注重村落社区资源的挖掘和运用。

4. 个案工作介入留守儿童问题的优势

在整个社会越来越关注留守儿童发展的大背景下，我们可以发现，很多留守儿童的吃穿住行已经得到了较好的保障。然而，爱、陪伴、支持、尊重这些需求却没有得到满足。对留守儿童的干预存在着重复性、持续性的特点。个案工作作为社会工作的三大方法之一，在有针对性的解决个人问题的同时，也关注服务对象与周围环境的互动交流，以整体的视角促进服务对象的发展。在个案服务过程中，社工既是伙伴，陪伴服务对象的成长，给予其充分的尊重和支持；也是资源的链接者，协助服务对象发现、整合来自环境中的资源，建立支持网络。个案工作有着一套系统化的流程，从接案到最后的评估，有科学的程序，同时也有依据实际情况改变计划的灵活性，能够最大程度地满足服务对象的需求。同时，个案服务过程中持续的陪伴和支持，能使服务对象充分地感受到关爱，弥补了其他干预方法的不足。此外，科学的技术与方法的运用也是个案工作的一大优势所在，个案工作者都是受过专业训练的社工，他们遵循社会工作的基本价值和伦理守则，始终以服务对象的利益为核心，帮助其解决问题，恢复社会功能，促进服务对象全方位的成长和发展。

第五节　风雨过后是彩虹——小萍的转变

一、接案时间

2018 年 7 月 18 日

二、个案缘起

通过学校教师的介绍，社工接触到小萍，教师反映她有打骂同学的行为，希望社工帮扶一下，融洽其同学关系。为进一步核实教师所说的内容，完成第一次家访后，社工澄清了小萍的需要和问题，征得其家长的同意，将小萍纳入一对一的个案服务。

三、需求评估

案主名叫小萍，女生，11岁，读小学四年级。

（一）问题呈现

1.亲子关系问题

第一，亲子关系疏离。小萍与家人特别是父亲关系不佳，不愿意与父亲交流，认为父亲啰嗦严厉。

第二，家人对小萍过度保护。母亲不让小萍做家务，认为她还小。家人担心交通安全问题，不让她出去玩。

第三，家庭关系呈现倒三角，存在"家庭暴力"行为。由于小萍是独生女，在家里备受宠爱，所以她经常对家人大呼小叫。第一次家访时，她指着母亲的鼻子破口大骂，并有用手掐母亲脖子的举动。

2.人际交往问题

第一，人际交往能力严重不足。小萍喜欢"宅"在家里一个人待着，不愿意出去玩，也不与周围的邻居交流；在学校的时候，一般情况下不和同学玩，下课喜欢一个人睡觉。

第二，人际关系网狭窄，同伴交往能力欠缺。小萍只有少数几个固定的玩伴，排斥其他小朋友。

（二）目标设定

（1）引导小萍学会运用同理心，尊敬长辈，体会父母艰辛，改善与父母的疏离关系；引导父母尊重孩子作为独立个体应有的权利，形成良好的教养方式。

（2）帮助小萍提升人际交往能力，拓展人际关系网络。

四、个案服务记录

（一）第一次服务记录

会谈日期：2018.7.26

表1-5　2018年7月26日服务记录表

本次服务目标	1.了解小萍的基本情况和家庭结构； 2.澄清社工的角色，与小萍建立良好的专业关系； 3.进一步核实观察中所发现的小萍的问题。
服务过程记录	1.会谈前做好准备工作，拟定会谈提纲，与小萍取得联系，约定会谈时间和地点。 2.社工首先自我介绍、说明来意。会谈开始之后，小萍不愿意与社工交流，身体转向一边。通过询问兴趣，社工引导她说出自己喜欢画荷花，并拿出作品与社工分享，社工赞扬小萍画得好。

续表

服务过程记录	3. 社工了解到小萍父亲常年在外打工，家中有母亲及爷爷奶奶。问及在外打工的父亲，小萍表示并不想念，说父亲啰嗦，会打人。她也不想父亲回家，觉得父亲在外不辛苦。 4. 社工向小萍母亲询问其优点，母亲表示没有。但是细究之下，母亲还是能够发现小萍的优点。 社工：你（小萍）妈妈暂时想不出你的优点，那你来告诉你的妈妈好吗？ 小萍：（犹豫地开口）没有。 母亲：也有的，平时她和奶奶相处多，奶奶外出回来，她会和我说"你去做点饭给奶奶嘛"，她觉得奶奶辛苦，孝顺奶奶。 5. 社工问及小萍，她最喜欢的家人是谁，小萍表示只喜欢自己。这似乎解释了小萍对母亲一系列的不尊重的行为。 6. 社工问小萍喜不喜欢和小朋友玩，有玩得很好的小伙伴吗？小萍表示在学校会被同学欺负，不想与同学一起玩。 7. 社工引导小萍体谅母亲的辛苦。 社工：你妈妈觉得你孝顺奶奶，觉得奶奶辛苦，那你觉得妈妈辛苦吗？ 小萍：（沉默着）。 社工：你看妈妈才从地里面回来，满头大汗的，还没洗澡呢，你觉得妈妈干活辛苦吗？ 小萍：辛苦。 社工：那你可以抱一下妈妈，说一句"妈妈辛苦了"吗？ 小萍：（拥抱母亲，并小声地说）妈妈，您辛苦了！ 8. 与小萍约定好，下一次家访时可以带社工到她家附近走走。
社工反思	1. 在会谈过程中，社工运用支持鼓励的技巧，与小萍及其家人初步建立了良好的专业关系； 2. 社工在看到小萍打断母亲讲话、对母亲大吼大叫时，思考她出现此行为的原因。
问题与跟进计划	问题：与小萍的关系还很脆弱，她不清楚社工的角色，认为社工是教师。 跟进计划： 1. 加强与巩固专业关系； 2. 进一步了解小萍的问题与需求，进一步探寻小萍出现不良行为的原因。
服务成效	1. 初步了解到小萍的家庭结构以及其面临的问题； 2. 小萍与社工建立了良好的关系，她期待社工下一次的到来。

（二）第二次服务记录

会谈日期：2018.7.30

表1-6　2018年7月30日服务记录表

本次服务目标	1.走进小萍的内心世界，建立专业信任关系，了解她的真实想法； 2.帮助小萍提升人际交往能力，增强自信心。
服务过程记录	1.与小萍家人拉家常，建立良好关系。社工看到小萍家里种着柿子、养着鸽子。于是问起柿子种得多不多，是不是经济作物，奶奶表示只是种一点吃，鸽子是因为小萍喜欢，养着玩的。小萍的爷爷问社工是哪里人、工作的单位等，与社工聊得很开心。 2.拉近与小萍的关系。小萍开始不愿意与社工坐在一起，一个人坐在墙角，与社工交流是问答式的，问一句答一句。 3.社工问小萍是否愿意与自己一起画一幅荷花，小萍表示不愿意。 4.社工问小萍能不能分享一件开心的事情，她思考了一下，说没有，并说自己从来没有开心的事情。 5.社工对小萍说周三可以到学校社工站做作业，有社工哥哥姐姐辅导，还可以一起玩。小萍表示不愿意，说自己最不喜欢去学校，害怕去学校。 6.在社工的坚持下，小萍遵守了上次的约定，带社工到门口的小路上走了一圈，并且给社工撑伞。在沿途，小萍采下一朵蒲公英交给了社工。 7.两人出门路上恰好遇到了小伙伴，小萍立刻就跑开了，社工问及原因，她并没有回答。 8.散步过程中，社工表达出想和小萍做朋友，并且保证会帮她保守秘密。小萍慢慢地放下戒备，对社工说父母偶尔会打她。 9.社工询问小萍的母亲及奶奶，她回到家会不会讲在学校发生的事情，两人均表示小萍从来不说。 10.奶奶表示，社工来了之后，她才知道小萍在学校不开心，平时都没听到小萍谈起过，感谢社工的到来。 11.社工问小萍，奶奶给她做饭是否感到开心，在听到肯定的回答后，社工给她布置了一个小任务，第三次会谈时请她给社工分享一件开心的事，小萍答应了。 12.邀请小萍及其母亲参加社工在学校举办的夏令营活动，以便增进她们之间的亲子关系。小萍在犹豫的时候，其母亲表示愿意去，感谢社工的邀请。 13.会谈结束时，社工给小萍棒棒糖奖励，她开玩笑地说陌生人给的东西不能吃。
社工反思	1.与小萍家人建立了良好的关系，家人希望社工能够帮助小萍真实地表达自己。 2.小萍对社工还没有足够的信任，还不愿意与社工进行深层次的交流。
问题与跟进计划	问题：小萍对社工还不够信任。 跟进计划：要进一步了解小萍的兴趣所在，找到良好关系深入发展的切入点；引导小萍努力表达自己的想法。
服务成效	1.与小萍初步建立了专业关系，了解到她不愿意说出的小秘密； 2.小萍人际交往能力略有提升，出门遇到邻居的时候有简单的交流。

（三）第三次服务记录

会谈日期：2018.8.2

表1-7　2018年8月2日服务记录表

本次服务目标	1.进一步了解小萍的兴趣爱好，增进专业关系； 2.提升小萍的人际交往能力，鼓励她勇敢地表达内心想法。
服务过程记录	1.社工邀请小萍分享上午参与"植物拓印"活动后的作品，赞赏小萍的作品并鼓励她继续做喜欢的事情。 2.引导小萍说出了一件令其快乐的事——去小河边摘花，小萍表示想带社工一起去小河边，被其爷爷禁止。社工向爷爷了解禁止的原因，得知爷爷是担心安全问题。社工引导小萍向爷爷表达自己会注意安全，并邀请爷爷跟着一起去，最终小萍、社工及爷爷达成一致，三人一同出行，到小河边摘了野花，捡了鹅卵石。 3.社工为进一步了解小萍的兴趣，引导小萍说出了自己最喜欢的五件事：唱戏、折纸、剪纸、摘花、捡花瓣。社工与她约定下一次一起折纸、剪纸。 4.为进一步增进彼此关系，社工邀请小萍每周三到学校社工站做作业，小萍答应了。
社工反思	越来越多的家长会以对孩子好为由对孩子过度保护，从而影响孩子独立性的培养与形成。
问题与跟进计划	问题：小萍家人对她看管严格，一定程度上削弱了她独立性的发展，小萍做任何事都要问家人的意见。 跟进计划：帮助小萍勇敢地向家人说明自己可以独立地完成一些事情。
服务成效	1.小萍有了自己觉得快乐的事情并愿意分享。 2.小萍与社工关系愈发亲密，愿意和社工坐在一起，并拥抱社工。 3.小萍敢于将自己的一些想法与家人分享。

（四）第四次服务记录

会谈日期：2018.8.6

表1-8　2018年8月6日服务记录表

本次服务目标	引导小萍学会运用同理心，帮助她认识到父亲在外打工的艰辛，改善与父亲的疏离关系。
服务过程记录	1.请小萍给社工之前的服务满意度打分，小萍表示要与奶奶商量，在与奶奶商量之后，说给社工打满分。

续表

服务过程记录	2.引导小萍体会体力劳动的艰辛。社工邀请小萍到炎炎烈日下一起打羽毛球，她表示不会打，不想打，社工运用支持鼓励的技巧劝说小萍，她终于拿起了球拍。社工教小萍打羽毛球，她学不会发球，玩了两次之后推脱说天气热不想玩。社工问她遇到困难的事情是不是要坚持，她生气地说不是。社工改变策略，让小萍听首歌，先休息一下，休息结束后，小萍主动拿起球拍邀请社工一起玩，社工表扬她的进步与坚持。玩了一会之后，大家感到体力不支，社工趁机引导小萍说体力劳动的强度比打羽毛球要高很多。 3.社工谈到天气很热，坐在室内休息都会冒汗，引导小萍想象父亲顶着烈日在工地干活的情景，体会父亲的艰辛，她埋下了头，默不作声，社工问其觉得父亲辛苦不辛苦，她说还是辛苦的。 4.为了提升小萍的自信心，社工请她教自己折纸，她听到此提议很开心，折了一只蝴蝶送给社工，社工夸她心灵手巧。 5.社工接着问其母亲去了哪里，小萍说去田里给别人打零工，社工想起刚刚下过大雨，又问小萍其母亲会不会被淋湿了，她面带愧疚地说会。
社工反思	1.对儿童的引导应多以支持鼓励为主； 2.对小萍而言，参与式、体验式的活动要比说教的效果更好。
问题与跟进计划	问题：小萍遇到困难很容易退缩放弃。 跟进计划：引导小萍勇于接受挑战，增强抗逆力。
服务成效	小萍慢慢体会到了父母赚钱的不容易，对母亲的态度有很大改变，不再辱骂母亲；对父亲的偏见也明显减少了很多。

（五）第五次服务记录

会谈日期：2018.8.11、

表1-9　2018年8月11日服务记录表

本次服务目标	1.探寻不良行为如辱骂母亲等产生的原因； 2.增进小萍与母亲的深入交流与理解。
服务过程记录	1.为使小萍理解父母的辛苦付出，社工给她讲《爱心树》的故事，引导她理解故事中所包含的意义并结合自己的父母进行思考，推动她意识到父母的爱不求回报，懂得感恩父母。

续表

服务过程记录	2. 社工表达同理心，并适度的自我暴露。社工向小萍披露自己小时候也会被母亲打，表示理解她委屈、生气的感受，并说明父母打骂的管教方式不正确，我们可以指出来。 3. 为进一步巩固服务效果，社工引导小萍说出与父亲关系疏离的原因。社工问及她最近有没有与父亲通电话，她表示没有，说不想打。社工问及缘由，小萍告诉社工，自己曾经有一个哥哥，但是因为意外去世了，父亲重男轻女，又受到打击，于是小萍总是觉得父亲不喜欢自己。 4. 为了让小萍有一个激励自己的方式。社工教她用纸折小星星，并告诉她，有一件快乐的事就折十个小星星，希望服务结束时她的漂流瓶能装满星星。 5. 通过与小萍奶奶交流，社工了解到小萍父亲常年不在家，家里的重担都落在其母亲身上。平时都是爷爷奶奶在家照顾小萍，母亲在周边打零工。 6. 放学时间，小萍母亲到学校接她和奶奶回家，社工送她们出校门。社工鼓励小萍抱一抱母亲，她拥抱了母亲，并对母亲说以后会好好听话，不顶嘴，母亲激动地热泪盈眶。社工问其母亲是否有话要对小萍说，母亲说只要她听话就好，自己就会开心。社工对其母亲表示，要看到小萍的进步，建议母亲对孩子多一些鼓励和赞美，不要用打骂的方式教育她。
社工反思	1. 服务越深入，家庭内部的矛盾愈发显露出来，而此时社工感到无力解决；与督导深入讨论后，找到了一点头绪。 2. 小萍之所以表现出不良行为倾向，与其家人的教育方式直接相关，要改变她的这些举动，首先要从家人入手，将她的问题放到家庭环境中处理。
问题与跟进计划	问题：小萍母亲不愿意聊起家里的矛盾，面对社工的会谈邀请总是推脱。 跟进计划：挑一个小萍母亲在家的时间去家访，在与其母亲沟通交流的过程中，充分表达关心与理解，并引导其母亲认识到孩子作为独立个体应该得到充分的尊重，不能用打孩子的方式来教育孩子。
服务成效	1. 了解到小萍存在不良行为倾向的原因是受到家人的影响； 2. 小萍在社工的引导下能够原谅母亲，向母亲坦言会听话，增进了亲子间交流。

（六）第六次服务记录

会谈日期：2018.8.14

表 1-10 2018 年 8 月 14 日服务记录表

本次服务目标	1. 提升小萍的人际交往能力，拓展她的人际关系网络； 2. 促进小萍与父亲之间的交流，增进亲子之间的亲密度。

续表

服务过程记录	1.社工辅导小萍写作业，与她一起编"小老鼠上街"的故事，并记录下来。 2.为了提升小萍的人际交往能力，社工引导她邀请其他小朋友一起打羽毛球，她有点羞怯，不想开口，于是社工陪伴她一起邀请。最终小萍鼓起勇气邀约到三位小朋友一起玩，且全程都在努力参与。 3.社工唱歌给小萍听，并请她教社工唱一首。小萍表示自己不会唱歌，能不能以舞蹈代替，得到肯定的答复之后，小萍在教室门外教社工跳舞。面对社工，小萍已经能够完全放开，互动过程轻松愉悦。 4.为了增进与父亲的交流，社工一直鼓励小萍主动联系他。在本次会谈末段，社工问小萍现在可不可以给父亲打一个电话，她欣然应允，于是借用社工的手机拨通了其父亲的电话，父亲问她在哪里、在干什么、作业有没有做，小萍一一回答了，并主动关心了父亲，两人交流得很开心。 5.在送小萍到学校门口的路上，恰好遇到了她的教师，小萍表现得很害怕、慌乱，并借机跑开了。社工问小萍为什么要跑，她说课堂上教师总是会骂人，自己有点怕这个教师。社工引导她要好好学习，教师就不会再骂。
社工反思	1.社工的陪伴和鼓励，慢慢地让案主形成了一种依赖，认为社工会答应她的一切要求，并开始和社工讲条件，对社工要求做到的内容耍赖不做。面对这一情况社工进行了澄清和对质，并遵守会谈的约定，不妥协。 2.社工已然了解到小萍的家庭环境是她自身存在的问题的重要影响因素，但是社工自身与她的家庭成员沟通较少，并没有充分调动小萍其他家人的积极性。 3.跟进计划会随着现实情况不断发生变化，社工正在积极地寻找策略优化原有方案。
问题与跟进计划	问题：面对陌生人，小萍很难开口说话、表达；小萍不爱学习，不想去学校，害怕教师。 跟进计划：鼓励小萍勇敢表达，多与他人主动交流，提升人际交往的自信心；引导她努力学习，以成绩进步争取教师的肯定。
服务成效	1.小萍的人际交往能力有了很大提升，人际关系网逐渐延伸，能够邀请陌生的小朋友愉快玩耍； 2.与父亲的疏离关系有很大的改善，亲子之间的交流明显增多。

（七）第七次服务记录

会谈日期：2018.8.17

表 1-11　2018 年 8 月 17 日服务记录表

本次服务目标	1.与小萍一起回顾取得的进步，巩固服务效果； 2.增进小萍与家人之间的沟通交流，促进亲子关系升温。

续表

服务过程记录	1. 社工与小萍互相分享最近这两天发生的开心的事情，小萍抢先说了两件快乐的事，随后社工也分享了两件快乐的事。 2. 两人一起回顾小萍取得的进步。小萍拿出装星星的漂流瓶给社工看，社工发现瓶子已经装了接近一半，表扬她取得的进步，并鼓励她在今后能够一如既往的努力。 3. 小萍与社工玩"翻手绳"的游戏，其奶奶找来更长的一根细绳，于是社工邀请奶奶加入一起玩。小萍母亲在旁录了三人游戏的视频发给她父亲，小萍在视频里笑得特别开心，还让父亲猜自己在玩什么游戏。 4. 让家人了解小萍的进步。社工询问小萍母亲，有没有发现她的改变，其母亲表示小萍没有再指着家人骂。社工建议母亲多表扬、夸赞小萍，不再用打骂的方式管教她，这样才能帮助她健康的成长，其母亲点头表示同意。 5. 激发小萍对外界的向往，引导其努力学习。社工给小萍看了一些国内知名大学的照片，引导她把眼界打开一些，外部世界有很多值得我们去探索的，她流露出向往之情。 6. 为结案的分离情绪做准备。社工提前告诉小萍，此次家访已经是倒数第二次，还有一次就要结束了。 7. 社工让小萍算一算十年后父母及爷爷奶奶会是多大年龄，问她长大后是否会照顾他们，她斩钉截铁地说"要"。
社工反思	通过几次服务，小萍有了质的改变。亲子关系方面，能够体谅父母的艰辛，也较少对母亲大吼大叫；母亲也意识到打骂孩子的教养方式是不对的。但是，家人对小萍还存在过度保护现象，还是担心用火、用电、交通安全等很多问题，不让服务对象一个人做事。人际交往方面，小萍能够和小朋友和睦相处，也能够自信地展现最美的一面。
问题与跟进计划	问题：家人的担忧太多，小萍不能独立地做一些事情。 跟进计划：向小萍家人披露社工自己一人在外需要做的事情，告知其自我独立能力的重要性，动摇他们不需要小萍做任何事情的观念。
服务成效	1. 服务成效显著，在亲子关系、人际交往方面都有很大的提升； 2. 小萍与家人之间的沟通交流良好，亲子关系有了很大的改善，服务目标已基本达成。

（八）第八次服务记录

会谈日期：2018.8.20

表1-12　2018年8月20日服务记录表

本次服务目标	1. 巩固服务效果，增强小萍处理问题的自信心； 2. 处理好与小萍的离别情绪。

服务过程记录	1. 社工与小萍一起回忆前几次的服务过程，回忆起一开始她对社工的冷漠，对家人的大吼大叫，对不熟悉的小朋友的不理睬，服务对象表现出了不好意思。社工表扬了小萍的努力和进步，并鼓励她应该一如既往的努力，朝着更好的方向发展。 2. 社工给小萍带来自己制作的小礼物，表扬她一直以来的点点滴滴的变化，向她表明此次服务已经是最后一次。社工表示准备结案，询问小萍是否有信心面对以后的生活并能够独立地处理问题。她同意结案，并表明自己有信心。 3. 了解家人是否觉察到小萍这段时间以来的改变。社工问其母亲，母亲表示小萍有很大进步，不再对家人大吼大叫，会给家人捶捶背。母亲也表示以后不会再用打骂的方式对待小萍，希望她能够将心里的想法与家人一起交流。 4. 为了让小萍家人不再对其过度保护。社工向其家人披露自己在外要一个人做饭等，希望她们了解生活自理能力以及独立性对孩子成长的重要性，能够放手让小萍独立地做一些事情。 5. 指导小萍填写结案评估表，了解她自身意识到的改变，了解她对社工服务的评价。
社工反思	在近一个月的服务过程中，社工不断反思，不断改进。推动小萍在人际交往、亲子关系等方面有了明显的进步。虽然她的家庭环境与氛围仍有待融洽，但是社工已然推动家庭成员开始反思自己的教养方式。
问题与跟进计划	接下来，社工还会对小萍进行阶段性的回访，及时了解她在学校、家庭当中的表现，巩固小萍已有改变，争取小萍进一步的成长。
服务成效	1. 亲子关系方面，小萍与父亲的疏离关系已经改善，不尊重长辈的问题得到较好的解决，家人对小萍的过度保护观念也有所反思。 2. 人际交往方面，小萍的人际交往能力得到很大的提升，人际关系网络也有所拓展。 3. 服务效果良好，小萍稳定、参与积极，服务目标达成。

五、服务反思

本个案共开展了 8 次辅导服务，其中第 5、6 次在学校，其余 6 次在案主家中。围绕评估出来的亲子关系问题和人际交往问题，社工一方面积极与案主家人，特别是与其母亲、奶奶进行沟通，引导她们鼓励孩子独立，并言明家庭关系对孩子产生的影响，通过网络视频等方式与孩子父亲沟通，引导案主与父亲彼此体谅。另一方面积极鼓励案主与其他同龄儿童交往，通过布置简单的家庭作业、社工示范等方式，提升她的自信心。结合社工开展的其他活动，热情邀请案主及其家人参与，通过植物拓印、辅导作业等活动，拉近了社工与案主的关系，并在活动过程中有针对性地引导她与其他人交往。

个案目标基本达成。首先，亲子关系方面，案主与父亲的疏离关系已经改善，不尊重长辈等问题得到较好的解决，家人对案主的过度保护也有所反思。其次，在人际交往方面，案主的人际交往能力得到很大的提升，人际关系网络也有所拓展。整个个案服务过程，服务效果良好，案主情绪稳定，服务目标达成。

六、个案跟进

2018 年秋季学期开学之后，社工与案主的班主任教师及其他任课教师进行沟通，他们普遍反映案主人际关系比之前要好很多，只是学习成绩仍没有明显的起色。

第六节 用爱陪伴，拥抱未来——小怡成长的个案辅导

一、个案基本情况

（一）基本资料

案主：小怡

年龄：7 岁

性别：女

案主来源：社工在"四点半课堂"中发现

（二）背景资料

1. 个人资料

小怡是一名小学二年级的学生，性格偏内向，对待事情比较乐观，因年龄较小在生活自理方面表现得较差。

2. 家庭资料

小怡的母亲在家附近的小学周边开小吃店，周一至周五都需要照顾店里的生意，因此无暇照顾孩子，但周末会回家陪伴家人，辅导小怡做作业。小怡的父亲是货运司机，因为工作性质，常年往返于云南省内各州市之间，大多数时间奔波在路上，陪伴家人的时间很少。因父母忙于生计，小怡长期由奶奶负责照顾，奶奶文化水平不高，主要在家料理家务，照顾小怡和妹妹的日常起居。小怡的妹妹 3 岁，尚属幼童，需要家长全天候的照看。小怡所居住的社区基础设施完善，社区建设有省级示范社会工作服务站，社工站为社区居民提供多种免费服务，因此她经常到社工站组织的"四点半课堂"完成家庭作业。

（三）困境情况

1. 学习方面

由于小怡是被隔代养育，奶奶没有能力辅导其家庭作业，当遇到一些比较难的题目时就无法完成。小怡年龄较小，还没有养成良好的学习习惯，在做作业时经常会注意力不集中。当她遇到不会做的题目的时候，就会盯着题目发呆，不会主动向其他人寻求帮助，这导致她做作业的时候拖拖拉拉，效率很低。

2. 生活方面

奶奶因为要同时照顾两个小孩的生活，并且两个小孩的年龄都比较小，自理能力很差，这就导致奶奶有时无法同时兼顾两个孩子的照料需求。小怡的独立意识缺乏，生活上的琐事都需要奶奶替自己完成。她写作业的时候，奶奶要喂她吃东西，写完作业之后，也需要奶奶帮助她整理文具盒、收拾书包等。

3. 人际交往方面

小怡年龄尚小，对人际交往还没有一个具体的概念。在学校的时候她不会主动与其他小朋友接触，与同学之间不太熟悉；周末的时候，也基本不参与周边同龄小朋友的活动。小怡在人际交往方面的经验有限，不知道如何交朋友，内心感到孤独。

4. 亲子关系方面

小怡的父亲和母亲因为工作原因需要长期待在工作的地方，陪伴她的时间较少，导致亲子之间的沟通机会较少，也产生了一些矛盾。母亲在周末时会回家陪伴小怡，母亲在学习方面管教严格，除监督小怡完成作业外，还会给她布置一些额外的家庭作业，导致她可自由支配的时间较少，而小怡希望有更多时间可以自由玩耍，所以她对母亲的安排多有抱怨。

二、个案服务方案设计

（一）服务目标

培养小怡独立的意识和能力；协助她学习沟通表达，激发主动交友的积极性；协助她应对自己面对的困难，促进良好亲子关系的发展。

（二）理论依据

本案例以危机介入理念为指导。危机介入模式是一种具体的工作方法，通常涉及两个方面：一是减轻危机事件的负面影响，二是利用危机事件帮助服务对象，解决目前面临的现实问题，同时提升服务对象适应环境的能力。危机介入模式采取的是一种心理、社会相结合的服务策略，将服务对象的内部心理调整与外部资源连接整合在一起，针对服务对象危机的消除提供直接有效的服务。在服务的开始阶段，社工进行第一次会谈时要收集服务对象的基本资料，并将会谈集中在正在经历的危机事件上。因此要搞清楚服务对象最大的问题是什么，找出真正的问题。依据服务对象的问题设置具体的目标。然后基于核心问题，社工与服务对象达成服务协议。在危机介入的开始阶段，工作目标是取得服务对象的信任，与其建立牢固的专业关系。当服务对象的观念有所转变时，可以通过布置任务让其培养自主决定的能力。在中间阶段，社工要进一步收集资料，加深对服务对象的认识，让服务对象通过倾诉降低焦虑感，修正他们自己对于问题的认识，然后与服务对象一起探索解决问题的方法。这时，社工要做服务对象的榜样，通过示范作用教会服务对象如何解决问题。同时，也可以通过布置作业，引发服务对象的思考，换个角度看问题，从而引发行动的改变。在危机介入的最后阶段，可以回顾个案初始阶段双方协议的事项执行得如何，达到了什么目标。之后可以提醒服务对象结束专业关系的时刻到了，与其一起回顾已经取得的进步，鼓励他积极地面对今后的生活。

（三）服务计划

第一，社工引导小怡回顾她人际交往过程中不愉快的经历，并尝试解决导致不愉快经历的问题，提升她处理人际关系问题的能力。向小怡介绍社工站组织的小组活动，指出参与活动既可以结交到新朋友，又可以从中了解到人际交往的相关知识。以社工站组织的儿童人际交往小组活动为学习的契机，推动她积极参与，并掌握人际交往的技巧。鼓励小怡完成家庭作业后参加"四点半课堂"中各类互动性较高的活动，让她在参与活动的过程中逐渐增强人际交往的能力，积累人际交往的经验，丰富课余生活。

第二，借助社区的"四点半课堂"，解决小怡作业无人辅导的问题，对她在完成作业过程中表现出来的偏差行为给予指正。对小怡的作业完成情况进行分析，发现她学习较差的科目，并针对该科目进行专题辅导，经常与她分享交流不同的学习方法。

第三，了解小怡家庭的基本情况特别是她和父母的相处方式，通过角色扮演的方式让小怡学会与父母换位思考，并与她分享增强亲子沟通交流的技巧，削弱家庭沟通不畅的障碍。

三、个案辅导过程

（一）第一次会谈纪要

1. 目标

与小怡初步建立专业关系，取得她的信任，了解她的基本情况。

2. 主要内容

为了获得小怡的接纳与信任，社工与她的初次接触是从谈论自身爱好开始的。小怡在交谈中说到自己喜欢听歌、跳绳和结交朋友，而且自己有很多朋友，但是有些时候与这些朋友相处的状态不是很理想。随着交流的深入，社工进一步的了解到，小怡的父母因为工作的原因不能经常陪伴在她身边，所以她的日常生活都由奶奶负责照顾。而奶奶平时需要照顾的不止小怡，还有她的妹妹。谈到学习方面的情况时，小怡说自己的学习能力一般，考试成绩好的话，妈妈就会奖励自己。当社工问到小怡现在面临哪些困扰时，她回答说，妈妈在周末会给自己布置很多课外作业，自己很想出去与朋友一起玩耍，有一些自己的时间，但是很多时候课外作业都无法完成，更别提做自己喜欢的事情了。此外，由于奶奶没有办法辅导她的功课，每天放学后小怡都需要奶奶和妹妹陪自己到社工站写作业，感觉很麻烦她们。在与小怡的交流中，社工感受到了小怡在面对社工时的拘谨，很多问题都不太愿意与社工进一步地交流，当问到一些她不愿意回答的问题的时候，她往往都以微笑来代替回答。本次会谈中收集到的资料比较有限。

（二）第二次会谈纪要

1. 目标

巩固与小怡的专业关系，提升她的人际交往能力，丰富她的课余生活。

2. 主要内容

在上一次的会谈中了解到，小怡喜欢交朋友，但是与朋友相处的状态不怎么理想，所以本次会谈主要从人际交往入手。社工通过游戏的方式开始本次辅导，首先让小怡在一张白纸上画出自己手掌的轮廓，并在手指上写下自己的长处与短处。通过这个小游戏让她探索自己的长处与短处，从而对自己有明确的自我认知。以此为基础，可以减少人际交往过程中出现的摩擦，更好地维持关系。通过与小怡的交流，社工了解到她在学校和社区都有自己的朋友，但是最近与学校里的几个朋友相处得不太融洽，导致她有些伤心。社工向小怡解释，在结交朋友的过程中遇到这些问题都是正常的，不必过度伤心，要积极地对待这些问题。社工引导小怡回顾了与朋友相处不融洽的原因，从而发现要么是因为误解导致她与朋友之间产生了矛盾，要么是她或对方的缺点导致原本要好的朋友关系出现裂痕。之后，社工让小怡尝试想象一下，怎样做可以避免这些不顺利，当她说出一些做法合理时，社工给予了及时的鼓励与肯定，并鼓励她在接下来与朋友交往的时候尝试这样做；当她说出的方法不恰当或不够完善时社工给予了优化的建议。在会谈接近尾声时，社工向小怡介绍社工站在周末会开展儿童成长兴趣小组，在这里她可以结交到更多的朋友。社工站最近正在开展儿童人际交往主题的小组活动，在活动中服务对象可以学习人际交往的方法与技巧，并且能够对自己有更进一步的了解。小怡表示对这个活动很感兴趣，在征得妈妈的同意后会来参与。

（三）第三次会谈纪要

1. 目标

巩固案主小怡的人际交往能力，丰富她的人际交往的经验和课余生活。

2.主要内容

在四点半课堂结束后，小怡与社区的同伴通过下五子棋的方式交友，在下棋的过程中提升了自身与他人交往的能力。刚开始时，小怡向社工表示自己不会下五子棋，然后社工与她一边下棋，一边讲解下棋的方法。两个回合之后，小怡掌握了下五子棋的基本方法。在社工的鼓励下，她主动邀约"四点半课堂"中的同伴下五子棋，小朋友们争先恐后地想和小怡切磋棋艺。刚开始小怡连输了几局，但是她慢慢地熟悉了对方的棋路之后，逐渐开始赢棋。在下五子棋的过程中，小朋友们相互交流着发生的趣事，有说有笑，通过下棋，小怡认识了越来越多的小朋友，增进了彼此之间的亲密度。在之前的会谈中，小怡提到自己平时喜欢听歌和体育运动，最喜欢的体育项目是跳绳，所以社工邀约她一起进行跳绳比赛，并与她分享了之前社工站开展的各种类型的活动的照片。在看照片的过程中，小怡很开心并不断询问一些关于小组活动的问题。随后社工分享了一些自己喜欢的歌曲，让小怡体会到即使是简单的聆听音乐，也可以是与人交往的一种良好方法。

（四）第四次会谈纪要

1.目标

对小怡完成作业过程中的偏差行为给予正向引导；对她完成的作业情况进行总结，归纳出她掌握得较差的科目，并针对该科目进行专题辅导，提升她完成作业的效率。

2.主要内容

社工在与小怡的交流中了解到，她周一至周五都由奶奶照顾，奶奶每天接她放学之后，都会陪同她到社工站开展的"四点半课堂"完成当天的家庭作业，周末妈妈会回家辅导她完成作业，所以社工与小怡在"四点半课堂"中接触最多。社工检查小怡在"四点半课堂"中的作业完成情况时发现，她的数学作业中"看钟表写时间"的题目基本都空着，她告诉社工自己不会看钟表计算时间。所以社工决定在本次服务中，针对钟表问题开展一期专题辅导，社工先教小怡怎么看钟表，并巩固了一些有关时间的基础知识，并出了一些题让她做。看到她学会了之后，社工找出了小怡的数学练习册上与钟表有关的错题，让她根据社工的讲解纠正了错题，并告诉她此种类型题目的解答思路是类似的。通过前段时间的观察，社工发现小怡在完成作业的过程中会有发呆、与他人聊天、吃零食的现象，没有将注意力完全集中到作业上，所以做作业的速度比较慢。在本次服务过程中，当她出现这些现象时，社工都会给予提醒，敦促她把注意力集中到作业上。社工提醒小怡，在做作业时发生这些"开小差"的行为会在很大程度上影响作业完成的效率，长此以往一旦形成不良的习惯就很难纠正。小怡表示接受社工的建议，并表示在今后做作业时会改正。除此之外，社工观察到小怡在遇到不会做的题目时，往往不会主动地向他人寻求帮助解决问题，而是自己冥思苦想，这也造成她完成作业的低效率。社工鼓励她，遇到不会做的题目时，要善于向其他人寻求帮助。

（五）第五次会谈纪要

1. 目标

尝试让小怡学习与父母沟通，促进她与父母之间的相互理解，一定程度上缓和亲子关系。

2. 主要内容

小怡在会谈开始前告诉社工，通过上次的辅导她已经能够独立完成与钟表有关的数学题了，并开心地向社工展示了一张考了一百分的数学试卷。社工询问她为什么周末没有来参加小组活动，小怡回答是因为要做课外作业妈妈不让她来。根据小怡的表述可以了解到，妈妈在周末会在家里陪伴她，但是对她的要求很高，并布置了一些额外的家庭作业。爸爸因为工作原因经常在各地奔波，所以她与爸爸接触的时间并不多，平时相处时间最长的就是奶奶和妹妹。在会谈的开始阶段，社工和小怡分享了各自与父母之间发生的有趣的事情，在整个过程中她的脸上始终洋溢着幸福的笑容，并表示自己很喜欢爸爸妈妈。之后社工让小怡想象自己正在扮演父母的角色：假如自己是妈妈，每天会在小吃店里做什么事情；假如自己是爸爸，每天怎样往返于各个地方运输货物。她通过自己的想象向社工表述了假如自己是父母每天需要做的事情，虽然因为年龄较小、认知范围有限，小怡所表述的内容比较简单，但是她在一定程度上理解了父母工作的艰辛，也理解了父母不能长时间陪伴在自己身边的原因。社工向小怡表示，当我们有想对父母说的话时，我们可以大胆地表达或者写信，并与她分享了自己与父母是怎样通过写信交流的故事。因为小怡父母的工作原因，社工很难与小怡的父母进行直接的联系，于是首先与她的奶奶进行了沟通，并建议奶奶将社工说的内容转达给父母。家长应该把小怡看成一个独立的个体，以平等的身份与她相处，积极营造良好的家庭氛围。小怡与父母见面的机会比较少，导致沟通的机会也比较少，然而在有限的相处时间中，父母应该倾听她的想法，加强父母与孩子的沟通，他们的关系才会逐渐变好。社工最后向奶奶介绍了社工站周末开展的小组活动并邀请他们来参加亲子互动活动，奶奶表示会将这些内容转达给小怡的父母，有空也会多来参加活动。

（六）第六次会谈纪要

1. 目标

丰富小怡的生活经验，提升她的自理能力。

2. 主要内容

社工通过观察看到小怡的奶奶经常会帮她整理书包、喂食物等，奶奶也向社工表示同时照顾两个小孩的生活起居还是比较困难的，在照顾小怡的时候来不及看管小怡的妹妹。所以本次会谈主要是提升小怡的自理能力，从而减轻奶奶照管孩子的负担。在会谈开始时，社工让小怡回顾奶奶一天的生活，并询问了她的感受。根据小怡的回顾，奶奶一整天几乎都在照顾妹妹和自己，所以自己觉得奶奶很辛苦。因为小怡在四点半课堂做作业时比较依赖奶奶，做完作业奶奶会帮忙整理，但还是经常会把学习用品遗忘在社工站，所以社工给小怡提出了一些建议，让她尝试自己整理作业和学习用品，逐步形成"自己的事情自己做"的意识。小怡最终比较认可此建议，并表示在今后会自己试着整理。之后社工选择性地向小怡披露自己的亲身经历，向她讲述了自己妹妹出生以后在一、二年级的时候是怎样做的，比如会自己洗漱、整理自己的个人卫生，会自己洗一些简单的衣物。社工与小怡一起梳理出一份自己可以做的事情的清单，并希望在自己已经完成的事情后面打勾，建议小怡在今后的生活中也要做到没有打勾的事情，直至所有事情都打勾。小怡对社工布置的作业表示认同，并表示自己会努力完成清单上的所有事情。最后社工提前告知小怡，还有一次会谈整个个案辅导就要结束了。

（七）第七次会谈纪要

1. 目标

与小怡共同回顾整个个案服务的过程，巩固她在这个过程中的改变；引导案主处理好离别情绪，结案。

2. 主要内容

社工检查了小怡结束上次会谈后完成作业的情况，看到清单上又多了两个勾，社工对她的进步给予了鼓励，并建议她仍然要继续完成清单上的事情，她也答应社工一定会完成。社工先与小怡的奶奶进行了交流，奶奶表示这段时间以来，小怡在家里会主动帮助自己照顾妹妹，会自己洗洗袜子、帮着拿碗筷等，感觉她像是变了一个人似的。社工与小怡一起回顾、梳理了整个个案服务的过程，她表示自己做作业的速度变快了很多，并且已经知道怎样看钟表，所有钟表类的数学题再也不会困扰自己了，奶奶还给自己买了一个小闹钟，现在终于可以自己看时间了。小怡还说到自己虽然在幼儿园就学会穿衣服了，但是现在还学会了做很多的事情，奶奶还经常夸自己，感觉很开心；自己感觉在社工站与社工和小朋友一起做活动很开心，所以要继续交更多的朋友；自己在社区也交到了很多朋友，向学校的好朋友道歉后又重归于好了，现在也知道了一些交朋友的小诀窍，所以和朋友相处得更好了。社工对于小怡在个案辅导中的成长表示鼓励与赞赏，并希望她把服务过程中学到的东西运用到实际生活中，并一直保持下去。最后，社工与小怡探讨结案事宜，因为她的困境得到了缓解，且能积极地应对生活中的困境，所以社工告知对方辅导到此结束。

四、个案成效

在七次个案辅导之后，社工通过客观观察和小怡的主观反映，最终感受到了小怡在各方面的成长。在人际交往方面，小怡认识到人际交往的过程并不是一帆风顺的，遇到摩擦是正常现象。小怡在社工的引导下对自己有了较明确的认知，包括性格、兴趣、脾气等，这样在自我认知的前提下，能够学习处理人际关系的方法，更好地避免、减少摩擦。通过与社工互动，小怡表示自己积累了人际沟通的经验，通过认识更多的朋友参与了多种多样的活动，丰富了自己的课外生活。在学习方面，小怡意识到了自己在做作业的过程中会有不好的习惯，在社工的建议下她及时做出了调整，改变了自己不好的习惯。在遇到不会做的题目时，她也会主动向他人求助，大大提高了完成作业的效率。在亲子关系方面，小怡通过换位思考，理解了父母工作的艰辛，理解了父母不能长期陪伴自己的原因，她尝试通过写信的方式与父母进行沟通，亲子之间能够互相尊重与理解，亲子关系逐步融洽。在自理能力方面，小怡能够理解奶奶照顾自己和妹妹的艰辛，于是她尝试自己整理学习用品，尽量做到自己的事情自己做，尽自己所能学着照顾自己，一定程度上减轻了奶奶照顾孩子的负担。

五、服务反思

在整个个案服务的过程中，社工将理论知识与实践服务相结合，既巩固了理论知识的掌握程度又积累了丰富的实践经验，促进了自己工作能力的提升。但是对于一些问题的处理还不到位，一些个案技巧的运用仍显生疏，社工巧妙地运用了影响性技巧和支持性技巧，但是对于引导性技巧的运用还比较少。社工在案主偏离话题或者宽泛讨论的时候应当进行收窄，但是在本次服务的过程中，社工多次被案主引入与会谈主题关联度不大的谈话之中，没有利用摘要、澄清等技巧及时地将会谈目标聚焦。社工需要不断提升自己，在会谈服务过程中锻炼。

在服务计划的实施过程中，社工在不同的阶段往往扮演着不同的专业角色，以促使案主发生积极的改变。但是社工没有处理好案主改变与父母支持之间的关系，父母支持与改变本应是案主改变的重要影响因素，由于案主父母忙于生计，联系起来比较困难，社工也存在一定的畏难情绪，就没有主动与案主父母进行沟通，造成了协调不畅的后果。

第二章 小组工作案例

第一节 社交小达人——留守儿童人际交往能力提升小组

一、小组基本资料

（一）小组背景

为落实党的二十大精神，进一步贯彻民政部、财政部、国务院扶贫办《关于支持社会工作专业力量参与脱贫攻坚的指导意见》（民发〔2017〕119号）中提出的"实施社会工作教育对口扶贫计划"要求，全国社会工作专业学位研究生教育指导委员会、中国社会工作教育协会已于2017年12月联合启动"中国社会工作教育百校对口扶贫计划"，鼓励高校社会工作专业师生深入贫困地区，利用专业知识精准扶贫。

在多方努力下，2018年由保山学院和云南其他高校联合而成的团队成功申报社会工作对口扶贫服务示范项目，在项目中保山学院负责针对施甸县五村社区开展服务工作。通过前期对该社区留守儿童的调查，保山学院师生团队发现他们具有一些共性特征及问题需要去面对。比如在安全方面，留守儿童的安全意识薄弱，家务劳动、户外活动过程中容易受伤；在教育方面，学校教育重成绩忽视个人，家庭教育重养轻教，这些都造成留守儿童关爱的缺失；在情感方面，留守儿童的亲子关系淡漠，处理人际关系问题的能力较弱，经常表现出无助感。基于前期调研，为进一步发挥保山学院社会工作专业师生的优势，团队决定利用暑期开展留守儿童陪伴服务。

保山学院项目执行团队共21人，包括教师5人，大学生志愿者16人。通过前期对所有志愿者进行的培训和团队建设，团队成员了解了项目的基本情况，掌握了开展服务的基本能力，并形成较强的凝聚力。项目地选为国家扶贫开发重点县——施甸县，项目主要实施地位于五村，该村基础设施薄弱，种植业产量低，导致经济发展长期滞后，是深度贫困村。由于五村常年外出务工人数众多，留守儿童及其家庭的问题也较为突出。据前期调查，该村小学共有在校学生615人，其中112名儿童的家长长期在外地打工。从社会支持视角来看，父母的外出对于儿童原有的家庭支持体系起到了破坏作用，使儿童在成长过程中无法得到足够的照顾，很多正常的需求无法得到满足。通过需求评估，项目团队计划通过人际关系提升小组改善留守儿童与家人及同伴的交往关系，提升他们的人际交往能力，帮助他们获得支持，最终提升他们的抗逆力。

（二）组员介绍

五村小学有大量留守儿童，项目前期通过自愿报名的形式招募成员，之后工作人员进行了筛选。本次留守儿童人际交往小组成员不全部是留守儿童，人数定为 20 人，包括留守儿童 15 人，非留守儿童 5 人。以留守儿童为主，但是不给留守儿童贴标签，这个过程中不区别对待任何一个儿童，通过留守儿童和非留守儿童之间的交流，增强留守儿童的人际交往能力。

（三）小组设计

结合留守儿童内心封闭、渴望认识新朋友、缺乏人际交往知识的特点，小组方案重点在为其增能。本次人际交往小组分为五节活动，分别为"相互认识，形成初步了解""信任与合作""自我探索与认知改变""沟通行为训练""华丽转身，展望未来"，其中"自我探索与认知改变""沟通行为训练"各开展了两次活动。每一节小组活动设计都具有针对性，尝试通过互动游戏、情景模拟、角色扮演等形式达到小组目标。

二、理论指导

（一）增能理论

增能理论作为社会工作理论之一，起源于 20 世纪 70 年代。"增能"一词最早出现在美国学者芭芭拉·所罗门于 1976 年所著的《黑人的增强权能：被压迫社区里的社会工作》一书中。增能又称"充权""赋权"等，美国《社会工作词典》中把增能定义为：通过直接或间接的介入，帮助个人或群体提高自身的、与他人之间的、与社会之间的沟通和协调能力，从而达到改善他们自身生存状态的目的。在社会工作领域中，社会工作者运用增能理论帮助案主增强自身对于自己能力的肯定，增强案主对于自身所处环境的掌控力，以帮助个人挖掘潜能，获得更好的成长。增能理论注重从三个层次进行增能：个体层次的增能，人际层面的增能，社会参与层次的增能。所谓个体层次增能是指，个体得以控制自身生活的能力以及对所处环境的融合与影响能力，包括实际控制能力和心理控制能力两个方面。

从增能理论来看，人的潜能是可以不断激发的，经过有效互动，可以不断促进人的成长，增强应对问题的能力。留守儿童是有能力的，经过有效的互动，其人际交往能力可以不断增强，他们自身存在的人际交往问题也能够得到解决。社会工作者采用专业的工作方法，与留守儿童建立良好的关系，帮助他们摆脱环境中的障碍，在有效的互动中增强人际交往能力，进而实现助人自助。

（二）留守儿童人际交往小组实现增能的可行性

此次留守儿童人际交往能力提升小组在增能理论的指导下，有利于根据留守儿童的实际需求，结合留守儿童成长阶段的生理、心理及社会互动的特点，通过对知识、经验、资源的整合，协助留守儿童提升自我认知的能力，做出理性的正向的自我评价，促进他们不断激发自己的潜能，在理解自我、接纳自我方面不断发展，增强良好行为的表达，探索解决问题的有效方法。鼓励留守儿童在小组活动中积极互动，提高参与感，通过学习社交技能，获得对于自身生活的掌握力，增强解决问题的自信心，从而提高他们应对社会挑战的能力。

具体来说，本次小组活动旨在通过小组互动的过程，推动留守儿童学会接纳组员差异、妥善处理冲突、提升沟通能力，并通过小组活动反思自己以往不良的交往行为，巩固已有的良好互动行为，积累正面经验。此次人际交往能力提升小组运用增能理论作为指导，在小组设计和实施过程中帮助留守儿童在个人层面、人际层面实现增能，帮助个体更好地融入群体生活，提升个人对生活的实际控制能力和心理上的控制能力，提升在人际关系中解决问题的能力，进而提升个体的抗逆力。最终帮助留守儿童实现自我肯定，在同伴关系中获得掌控力，进而增强对自我生活的掌控力。

三、小组过程

（一）第一节活动：相互认识，初步了解

1. 本节目标

组员之间相互认识，帮助小组成员融入小组，消除组员的孤独感和组员之间的陌生感。加强组员之间的相互了解，初步认识本次小组的目标，培养大家对于小组的归属感。

2. 本节流程与内容

小组成员的初次见面和自我介绍很重要，这是组员们初次认识、相互了解的开始，但是怎么打破常规让组员们放下紧张的心情，轻松快乐地相互认识，是活动开始时要注意的。因此，小组工作者专门设计了一系列的互动活动，首先小组工作者向组员介绍了自己，并详细介绍了此次小组活动的背景、时间安排等相关情况。接下来，为了缓解组员的紧张情绪，小组工作者带领组员做了"水果蹲"的热身游戏，以便调动组员的积极性，活跃小组内的气氛。水果蹲游戏的流程如下：首先根据参与人数进行分组，让每组成员想一个水果名作为自己小组的名字，之后各个组分别报告自己的小组名称，每个组都要记住其他组的名称，在游戏过程中某个小组先蹲两次，之后齐声喊出接下来要蹲的小组的名字，被喊到的小组就接力下蹲，以此类推。活动一开始组员还比较拘束，都不敢大声呼喊，但通过社工的鼓励，组员为了获得胜利纷纷加快速度

和节奏，使得游戏进入高潮，这一过程充分释放了组员的紧张情绪。游戏结束后，落败的小组表示队伍没有发挥好，如果有机会下次会做得更好。接下来，为了促进组员的互相了解，小组工作者引导大家做了自我介绍。在这一环节中组员们相互认识，彼此了解了基本的信息，工作者也鼓励组员主动沟通，增加互动，认识更多的朋友。为促进组员们进一步的相互了解，之后开展了名为"心脏病"的主题游戏。在游戏中，工作者将参与者分为两组，两组面对面坐好，每个组员被随机分配一个号码牌，之后工作者随机说出一个号码，拿着相应号码牌的组员要立刻站起来，看对应组站起来的是谁，并快速说出他的名字，没说出他人名字的人要主动询问他人，之后又随机说出一个号码，使得游戏继续。游戏过后，通过分组讨论的形式引导组员制定了小组规则，大家纷纷表示对规则的认可，并承诺在后续的活动中积极遵守。最后，工作者对于组员有关小组活动存在的困惑进行了解答，在简单评估了大家对本节活动的感受后，第一节小组活动落下了帷幕。

工作者事后反思：游戏和活动在注重趣味性的同时，还要注重组员的感受分享，这样组员才会获得自己被其他人关注的良好感觉。小组规则的订立，让组员对于小组有了归属感，也让他们意识到小组每一个目标的实现，都需要其他组员的支持、配合。小组活动的目的之一就是鼓励组员参与、体验，之后相互分享交流，而不是一味地由工作者进行填鸭式的灌输。组员通过第一节活动已经有了初步的体验，并推动着全体组员形成团体观念，注重集体参与。

（二）第二节活动：信任与合作

1. 本节目标

信任感的培养和合作精神的培养是人际交往中的重要内容，对于儿童健康发展具有重要意义。通过本节小组活动培养儿童之间的信任感和合作精神，通过建立信任感推动小组成员间良好关系的发展，提升组员人际交往的信心。

2. 本节流程与内容

小组工作者在帮助组员建立信任、培养合作过程中做了两方面的工作，一方面引导组员分享过往人际关系中的挫折体验，通过自我分析、组员交流、社工提示等方式帮助其分析原因，并进行正向鼓励；另一方面在组员互动的基础上，让组员理解信任和沟通的重要性，提升组员之间的联结感，让组员在小组中的体验到安全感。之后，开展了"妙手巧解千千结"和"你画我猜"的游戏，组员在参与之后的分享环节表示"妙手巧解千千结"这个游戏太难了，根本解不开，猜字的游戏比较简答。小组工作者邀请组员分享他们解不开手结的原因，组员说是游戏过程中大家表现得杂乱无章，没有办法统一行动，也有组员表达是因为没有人来指导。工作者通过示范，让组员在听从指挥、相互配合下成功解开了手结，借此机会，工作者强调在人际交往中，学会"倾听"和"表达"很重要。在活动中如果大家能安静下来，听一个人指挥，并能听明白他表达的意思，而负责指挥的那个人也能组织好语言，清楚地把自己的想法传递给大家，获得游戏的胜利并不是难事。最后，工作者将游戏经验延伸到大家的人际交往中，每个人的人际交往都有必要像游戏过程所展示的一样，既要会"听"又要会"说"。

（三）第三节活动：自我探索与认知改变

1. 本节目标

对于留守儿童而言，很容易陷入到"别人比我强"、"别人有父母照顾而我没有"的失落情绪里，产生自卑心理。本节活动旨在帮助组员加强对自我的全面了解，建立正确的自我认知，接纳自我的全部，肯定自我，以此为基础寻求自我改变和突破。

2. 本节流程与内容

发掘每个人的优点是本节小组活动的重点，小组工作者设计了一个叫做"带高帽"的游戏。大家围圈而坐，工作者在圆圈中央放一把椅子，每个组员都有一次机会坐到椅子上担任"主角"，外围的组员要轮流真诚地说出坐在椅子上的组员的优点。在这个过程中，中间被称赞的人需要仔细聆听每一位组员的赞美，同时说出哪些是自己能够觉察到并认同的优点，哪些是自己之前没有意识到的优点，被称赞者对于优点有疑惑的，可以询问其他组员为什么会认为自己具有这项优点，以此增强组员之间的交流，并加强组员对于其他成员称赞的认同感。对于被称赞者不知道的优点，发现者要到圆圈中央给他（她）戴一次"高帽子"，直到每个人都说出了别人的优点并对优点做了相关的评价即为结束。大家感觉这个游戏很有趣，都想去尝试一下，但是等他们坐到圈中椅子上的时候，又显得有些紧张。工作者在这个过程中引导大家先放松下来，等大家都平静之后，再对座椅上的同学表达自己的赞美。游戏过程中所有组员都感觉到了来自他人的支持，并发现了自己原本没有意识到的优点。

（四）第四节活动：沟通行为训练

1. 本节目标

通过有针对性的行为训练，组员可以学习人际沟通技巧，增强人际交往的能力，学会处理人际沟通中的问题，提升社会适应性，从而提升对于生活的掌控力和自信心。

2. 本节流程与内容

小组工作者设计了一系列的沟通行为训练来改善孩子们在社会交往方面的不适应及不正确行为。一种是情景模拟活动。工作者准备了一些卡片，并在上面写下一些日常生活中组员们经常遇到的情况，如"当你遇到教师时""当你在食堂打饭时""当你与同学发生矛盾时"等情境，之后邀请组员展示当遇到这些情境时，他们应该怎么做。工作者将参与者分成四组，每个组随机抽取一张情境卡之后，各个组经由组员讨论将所抽取到的情境表演出来。在整个表演过程中，各组成员都积极表现自己，呈现对情境的理解，表演环节结束之后，工作者对组员们的表现进行了鼓励与肯定，重点分析了大家在情境之中的积极社交行为，并针对不良的行为表现进行了纠正。

另外一种形式是主题游戏。工作者先给小组成员发放白纸，之后让大家跟随工作者的口令折纸，折几次后让小组成员撕出某一种形状。在"撕纸"这个游戏的过程中，小组成员一开始比较疑惑，疑惑为什么要折纸、为什么要撕纸，更为疑惑的是大家撕出的形状都不太一样。经过工作者的讲解，大家明白了，形状不一样是因为每个人的思维是不一样的，因此每个人不能只从自己的角度审视问题，要尊重多元差异性。而后开展"对不起，我做错了"的游戏。以往大家习惯听从命令，按照要求去做，但是在本游戏中小组成员需要依据工作者的口令，做出与口令相反的动作，如工作者说举起右手，小组成员则需要将左手举起来。出错的成员需要站到队列前大声向全体小组成员说"对不起，我做错了"，并表演一个小才艺。在游戏过程中，小组成员刚开始表现得非常紧张，担心会出错。但整体来看，小组成员的参与积极性还是很高的，哪怕做错了，也能够勇敢的在全体小组成员面前说出"对不起，我做错了"。

在轻松愉悦的氛围中，工作者引导组员分享通过情境模拟和主题游戏学到了什么，并进行引申，与大家探讨在的生活中，特别是人际交往中，人们应该如何去做。小组成员纷纷表示通过本节活动，能够学会换位思考，能够站在别人的角度看待问题；也明白了在一些情境当中，自己应该如何去做，以维持良好的人际关系。

（五）第五节活动：华丽转身，展望未来

1. 本节目标

回顾小组活动，分享收获；鼓励组员将在小组中收获的经验在日常生活中进行实践，真正提升自己的人际交往能力。

2. 本节流程与内容

在小组的结束阶段，对之前学习到的知识和技巧进行巩固非常重要，组员将学习到的知识应用到日常生活场景中，是将小组活动与日常生活进行联接的必要步骤。首先邀请组员进行自我成长的分享，小组工作者一一进行回应，帮助组员回顾，让他们了解自己在小组活动进程中有哪些改变，学习了哪些新的知识，人际交往方面有哪些提升。为了深化大家对自己改变的认识，工作者将小组成员的名字分别写在纸条上，将这些纸条打乱放在一个盒子里，让每一个组员到盒子里随机抽取一张纸条。被抽取的纸条上的名字要暂时保密，由抽取该纸条的成员对纸条主人公的外貌、性格及在小组中的表现进行描述，听完描述之后，让其他组员猜出纸条上的组员是谁。大家经过几天的相处都比较熟悉了，组员们大多都能猜出纸条的主人公是谁。之后，组员依次用赞美的语言表达纸条上的成员在整个小组过程中的进步或者他的改变。通过此环节，

巩固了组员们正面的、积极的情绪体验，消除了负面的、消极的情绪体验，也巩固了小组工作过程中的收获。在小组的最后阶段，工作者发给每人一张白纸、一支笔，让组员们在白纸上写出自己的收获及今后努力的方向。在所有组员都写好后，工作者引导大家将纸叠成纸飞机，并围成圆圈放飞纸飞机。每个组员就近拾取一个纸飞机，分享该纸飞机上所写的收获，大家鼓掌给予纸飞机的主人鼓励。

四、小组反思

（一）服务初期需关注专业关系的建立

在小组形成初期，组员间在自我介绍和游戏中增进了对彼此的了解，工作者通过与组员的互动、游戏与组员逐步熟识，建立了良好的关系。建立信任感是小组工作顺利开展的首要任务，信任关系建立之后，组员才能没有后顾之忧，从而真诚地表达自己的想法，使工作者能更好地了解组员参加小组的体验感及对工作者带领小组的感受。

（二）小组服务的开展要关注每节活动目标的达成情况

在设计小组活动时要关注总目标和分目标的整体性和阶段性，在实施过程中也需要关注每节活动的开展是否达成了该节目标，围绕总目标的设计，做好过程性反思，将每节活动视为总目标达成的阶段性任务。动态化调整是小组工作持续开展的重要手段。小组工作开展过程中，小组矛盾和冲突的存在可能影响小组目标的达成。工作者应根据组员的表现对活动设计进行动态化调整，并根据组员反馈进行反思改进，以满足小组成员在不同阶段的不同需求。

（三）人际交往的技巧需要在活动中理解与运用

小组活动让留守儿童了解了与人交往的很多技巧，同时留守儿童基本的人际交往能力也得到了提升。小组活动通过游戏互动和分享环节让组员明白了文明礼貌在人际交往中的重要性，大部分组员学会了怎样在人际交往中尊重他人。通过解手结的游戏，组员深刻认识到在沟通中"倾听"和"表达"的重要性。工作者不断引导小组成员对"人际关系"有更进一步的认识，鼓励小组成员学会换位思考，在遇到问题时能够自觉地站在别人的角度来看待问题。在小组活动过程中，工作者向组员一遍又一遍强调要学会安静地听别人说话，大家要互相配合。工作者与组员之间的互动既是教育的过程又是实践的过程。

（四）小组活动中需要激发儿童的参与热情，提升儿童的自信心

小组活动中需要不断激发组员参加活动的积极性，通过不同活动的分享环节，邀请组员大胆地说出来，训练他们的表达能力。同时也通过小组的动力激发大家的参与热情，儿童在活动中感受到自己被接纳、被尊重，提升他们的自信心和抗逆力。

（五）为组员增能需持续整个小组活动过程

在每次的破冰游戏中，工作者都会鼓励组员积极参与，鼓励组员为了获得游戏的胜利而努力。在小组活动中，工作者鼓励组员积极发言，运用眼神、手势等增强组员的信心，给予比较害羞的组员特别关注，主动为他们争取发声的机会。一方面工作者为组员增能，另一方面组员的互动也促进彼此之间的相互增能，实现了组员在相互了解、熟悉基础之上的能力提升。

第二节　逆风飞翔——农村儿童抗逆力提升小组

一、小组背景

随着经济水平的不断提高，我国社会的主要矛盾也从人民日益增长的物质文化需要与落后的社会生产之间的矛盾转化为人民对美好生活的需要同发展的不平衡不充分之间的矛盾。伴随城市化进程的加快，城镇吸纳劳动力的趋势愈发明显，越来越多的农民有了外出务工的机会，在提升收入的同时，面临的一个困境是他们在外务工期间自己无法照料孩子，普遍的做法是将孩子交给家里的老人抚养，这就导致孩子与父母之间出现隔阂。

优势视角认为每个人都有自己解决问题的能力与资源，并具有在困难中生存下来的抗逆力。抗逆力强调的是人们在面对困难与逆境时拥有战胜压力与困境的能力，通过自身的努力与外部的引导，能够在逆境中激发自身潜能，形成应对困难的能力。审视农村儿童的成长历程，如果只从"问题视角"出发，往往会给儿童贴上负面的标签，不利于他们的发展。因而，需要将"问题视角"与"优势视角"相结合，在发现农村儿童所存在的问题的同时，更要注重了解发掘农村儿童自身的资源与优势。

结合 S 县 W 小学的具体情况，对 W 小学部分学生进行"抗逆力"测量，通过测量结果分析影响这部分儿童抗逆力的关键性因素，并有针对性地开展抗逆力提升小组，以此发掘小组成员的内在优势与外部资源，激发儿童的自身潜能，提升其解决困难与面对逆境的能力。将抗逆力理论与小组工作实务相结合，探讨小组工作介入农村儿童抗逆力提升的优势，开展有效的社会工作服务。

二、小组设计

（一）W 小学基本情况

W 小学位于 S 县 W 社区，2010 年在上级领导及社会各界爱心人士的关心和支持下，搬迁到了新校园，学校占地面积 24272 平方米，建筑面积 11047 平方米。2011 年 8 月学校初具规模后，先后整合了五所学校，实现了集中办学、教育资源共享。现有 18 个教学班，在校学生 630 人，其中 236 名寄宿生，属于半寄宿制学校。

（二）问题界定

俗话说"对症下药"，只有找到问题的所在，才能制定适合且有效的解决方案。社工团队将所承接项目的主要服务点放在了 W 小学，在前期评估需求时，通过与 W 小学教师的沟通，并与小学生接触了解，对学生们所存在的问题进行梳理，评估出了潜在的需求。我们发现 W 小学的同学们最为明显的问题如下：

第一，人际关系糟糕。部分学生在人际交往方面存在不足，他们与其他同学相处时往往会做出一些伤害或不尊重他人的行为，但是他们自己却意识不到问题，久而久之，他们就会被别的同学嫌弃甚至孤立。这些同学越想与他人交往，越会做出一些适得其反的行为，形成恶性循环，影响到他们的人际关系。

第二，学习动力不强。部分学生对于学习的重要性没有认识，用教师们的话来说就是学习"漫无目的"，他们不知道为什么要学习，在平时的学习中缺乏动力，造成成绩不理想。

第三，行为习惯不良。部分学生在行为举止方面表现不佳，如卫生习惯较差、言谈举止不礼貌等，教师经常批评教育，但是学生们对于批评总是充耳不闻，不能正确认识自己的错误行为，也不能及时改正。

第四，自信心缺乏。小学阶段的儿童看重教师的评价，在乎同学对自己的看法，在面对比自己优秀的同学时，会表现出羡慕。他们没有正确的自我认知，就会产生自卑心理，对自我价值产生怀疑。

（三）小组方案确定

小组准备期也叫小组筹备期，在此阶段社会工作者的任务就是制订小组工作计划，招募组员，是为小组活动顺利开展做准备的阶段。

1. 小组组员的招募和筛选

在前期评估整体需求的基础上，为提升部分学生的自信心，特拟定开展抗逆力提升小组。通过与 W 小学各班主任的交流，班主任帮助社工进行宣传招募。由于报名人数太多，经与班主任了解报名学生的具体情况，结合报名对象的意愿，同时也为保证小组工作的成效，最终从报名对象中筛选出 12 名学生，他们都来自三、四、五年级，其中留守儿童 7 人，普通儿童 5 人。

2. 小组工作目标的制定

在确定小组成员之后，社工组织大家召开了简短的交流会，了解他们内心真实的想法及对即将开展小组的期待，最终确定的小组目标如下：

第一，引导组员正确的自我认知，帮助他们提升人际交往能力。

第二，帮助组员认识勇气、激发勇气，提升组员的自信。

第三，帮助组员提升学习的动力，规划自己的未来。

3.制定小组工作方案

结合社工的工作时间和学校的作息制度，经与学校沟通，将小组活动的开展时间确定为每周二、周四下午的第三节课。围绕小组目标，社工设计了6节活动，每节活动环环相扣、层层递进。

三、小组实施步骤

（一）小组初期

在小组活动初期，无论是社工与组员，还是组员与组员之间都还比较陌生，所以在该阶段以相互认识、相互熟悉为主要任务。本小组初期的活动共设计了两节，第一节是社工与组员的初次见面，为了活跃气氛增加吸引力，游戏活动较多。第二节围绕小组的具体目标来设计，以组员正确的自我认识作为切入点，为后期活动奠定基础。

1.第一节小组活动

活动时间：2019年5月7日，16:30—17:20

活动地点：W小学活动室

活动人数：12人

活动目标：促进组员之间相互认识和了解，建立初步的信任关系；引发个人参加小组活动的兴趣，共同制定小组规则。

表2-1 第一节小组活动流程表

时长	目标	名称	内容
5分钟	让小组成员互相认识；初步了解小组	初相识	组员自我介绍，社工对小组内容进行阐述
10分钟	活跃气氛	热身游戏：桃花朵朵开	成员以圆圈形式站列，社工发出数字口令，成员按指定的数字组队
10分钟	制定小组规则	我们的约定	社工引导组员制定小组规则
10分钟	使组员之间相互有初步的了解	五指山	将组员分组，各组成员在大白纸上用不同颜色的笔画下自己的手型，并在手型上写下自己的名字、爱好、个性和欣赏的品质

续表

时长	目标	名称	内容
10 分钟	让组员了解倾听的重要性，学会尊重他人	耳边传话	将组员分成两组，社工给出一句话，从第一位组员依次往下传，过程中只能说一次，再由最后一位组员说出自己所听到的
5 分钟	分享活动收获与体会	总结与分享	启发组员回顾活动，加深活动记忆

活动具体过程：

社工在活动开始前已经将活动场地布置整齐，组员们在好奇心的驱使下提前到达活动室，但难掩羞涩的神情。活动开始，大家就坐，在座位的选择上组员们是男女生各自集中于一个区域，中间相隔的距离比较远。很明显，在小学高年级阶段，孩子们表现出性别意识，在座位的选择上刻意与异性保持一定的距离。社工作为小组活动中的推动者，在注意到这个现象之后，主动坐在了中间的空位上，尝试与组员拉近关系，同时化解大家在座位选择上的尴尬。

为了活跃气氛，社工带领组员一起做热身游戏"桃花朵朵开"，在欢快的游戏节奏中，大家逐渐消除了第一次活动的紧张与羞涩。游戏过后，社工便引导组员一起制定小组规则。为调动组员的积极性，在制定规则过程中，社工给予每位组员发言的机会，并尊重他们所提出的内容。为更好地践行小组规则，大家商量出了违反规则之后需要接受的惩罚措施。

事实证明，有新意的自我介绍更容易引起组员的兴趣。组员们一听要以画画的方式进行自我介绍，都很踊跃，在组员们画完之后，社工邀请大家介绍自己的"手掌"，每位组员都聚精会神地听他人的介绍。在"耳边传话"环节，一开始传话不成功，原因是部分等待的组员在交头接耳，在轮到自己听所要传的内容的时候也没有认真听，这样的表现与组员平时的行为习惯有着很大的关联。就此，社工又扮演起了教育者的角色，在为组员解释了不尊重他人会带来的不良影响后，又和组员们一起回顾了小组规则，从倾听他人讲话开始，帮助组员们逐渐养成良好的行为习惯。

活动结束后，社工简单评估之后认为本节活动的预定目标基本达成。组员和社工建立了良好的关系，活动结束后还争相与社工进行交流，表现出对社工的喜爱。在活动中，除了主持的社工以外，其他两名社工都加入到了小组中，与组员们一起做游戏，逐渐消除了首次见面的尴尬，拉近了双方的距离。

2. 第二节小组活动

活动时间：2019 年 5 月 9 日，16:30—17:20

活动地点：W 小学活动室

活动人数：12 人

活动目标：引导组员形成正确的自我认知，帮助他们建立自信。

表 2-2　第二节小组活动流程表

时长	目标	名称	内容
5 分钟	巩固活动效果	回顾上节活动	回顾上节活动
10 分钟	活跃气氛，互相熟悉	热身游戏：我是小厨师	组员围坐成圆圈状，并按照放少于总人数一人的数量放凳子，通过游戏口令抢凳子，没有抢到凳子的成员充当下一轮主持人，以此类推
30 分钟	引导组员正确认识自己	制作纸飞机	社工将准备好的卡纸和签字笔分发给组员，组员们需要在卡纸上写下名字、爱好、优点和缺点，并在卡纸的背后画自己的肖像画，完成后，把卡纸折成纸飞机，在社工喊完口令后放飞，之后每位组员随机捡起一个纸飞机分享其中的内容
5 分钟	分享活动收获与体会	总结与分享	总结与分享

活动具体过程：

此次活动前，小组成员还是早早地到达了活动室。社工在活动开始前，就将上节活动中大家一起制定的小组规则贴在了活动室醒目的位置，目的是让组员意识到规则的严肃性和有效性。在"我是小厨师"的游戏中，除了锻炼组员的反应能力，也考验了组员的灵敏度，有一位组员在游戏时经常由于动作慢抢不到凳子，进而产生了沮丧的情绪。之后，该组员开始消极地对待游戏，认为自己不可能抢到凳子，社工及时发现了游戏过程中该组员的羞怯表现，并通过鼓励的方式支持他，告诉他在抢凳子之前，可以先观察好自己想去抢占的凳子，再有所行动，成功率会高很多。在社工的鼓励和点拨之下，该组员通过努力，成功地抢到了凳子，虽然只是在简单游戏中获得了胜利，但是他表露出来的开心仍然感染了社工。

在制作纸飞机的沟通环节，小组成员们在一次次分享中逐渐褪去羞涩，建立起了相互之间的信任，社工细心地发现每个组员的个性，多次使用了鼓励的技巧，带领组员为小组其他成员所具备的优点喝彩，也与组员一起交流如何改善自己已然觉察出来的缺点。

回顾本节活动，特别是大家画自画像、制作纸飞机的过程，有些组员在写自己的优点时难以下笔，但在写缺点时速度却很快，这个现象引起了社工的注意。通过询问，部分组员表示，自己学习成绩不好，朋友也不多，没什么优点可写。这时组员们在人际交往方面的问题及缺乏自信的弊端就明显表露出来了。针对这个问题，社工运用举例的方法，为组员做了示范，"比如有的同学，虽然学习成绩不好，但是他非常乐意帮助别人，经常帮助其他同学，乐于助人就是他的优点"。在社工的引导下，组员们开始意识到每个人都有优点，便埋头聚精会神地写起来。在分享环节，虽然有的组员的优点不是很明显，社工仍然引导大家对其报以热烈的掌声，鼓励组员能够全面的认识自我、肯定自我。

（二）小组中期

小组初期的任务完成之后，就进入了小组工作的中期转折阶段，在小组中期，组员的关系开始走向紧密，当然，小组也会出现一些矛盾、冲突。在此阶段，社会工作者的重点是用专业的辅导协调处理小组中存在的冲突，促进小组的良性发展。小组中期包括两节活动。

1. 第三节小组活动

活动时间：2019 年 5 月 14 日，16:30—17:20

活动地点：W 小学活动室

活动人数：12 人

活动目标：引导组员认识梦想，帮助他们了解实现梦想往往要经历坎坷，通过活动让他们感受实现梦想的快乐。

表 2-3　第三节小组活动流程表

时长	目标	名称	内容
5 分钟	巩固活动效果	回顾	回顾上节活动
10 分钟	活跃气氛，将组员固定的位置打散	热身游戏：大风吹	所有人围成一个圆圈就坐，游戏过程中通过主持人口令抢凳子
10 分钟	引导组员认识梦想、分享梦想	"梦想"分享	让组员分享自己的梦想，组员间相互交流梦想对自己的意义
20 分钟	让组员了解实现梦想所需经历的坎坷，初步感受实现梦想的快乐	制作梦想树	组员将自己的梦想写在便利贴上，然后经过社工预先设置好的障碍，成功将自己的梦想贴在梦想树上
5 分钟	分享活动收获与体会	总结与分享	总结与分享

活动具体过程：

经过前两节活动，虽然组员们都比较熟悉了，但由于组员处于性别意识的敏感阶段，在活动座位的选择上还是有着非常明显的男女界限，为了打破这个局面，社工带领组员玩大风吹的游戏，有意识地将组员的座位岔开，为接下来的活动分组做准备。分享环节，大家十分羞涩地说出自己的梦想，但每个人都收获了热烈的掌声。

在制作梦想树时，组员们很认真地将自己的梦想和自我激励的话语写在了事先准备好的便利贴上，之后在过障碍的时候，组员们互相帮助，很快就完成了游戏任务。

社工看到一个平时不太说话的男生，多次帮助了其他组员，大家都为他的助人行为鼓掌，而他只是害羞地笑了笑。组员们在活动过程中的互帮互助是梦想树快速制作完成的关键因素，既让组员体会到了在他人帮助之下梦想成真的快乐，也拉近了组员之间的距离，促进小组动力的形成。

在分享梦想的时候，有位组员的梦想是当医生，社工在不知情的情况下询问了缘由，这位组员说因为自己去世的爷爷就是一名医生，她希望能和爷爷一样帮助病人，说完就开始哭泣。社工意识到该组员的情绪低落，于是将活动暂停下来，此时组员们的目光都注视着她，社工便由此启发其他的组员思考自己梦想的起源。为了不影响整个小组的氛围，同时也能兼顾该组员的情绪，另外两名协作社工对这位组员进行了安慰，主持的社工则带领组员继续回到活动中。很显然，小组发展到目前的阶段，组员之间的关系较为深入，从其他组员对哭泣组员的关心和安慰这些细节里面，能够体会到小组凝聚力的增长。

2. 第四节小组活动

活动时间：2019 年 5 月 16 日，16：30—15：20

活动地点：W 小学活动室

活动人数：12 人

活动目标：引导组员进行人生规划，设置不同成长阶段的梦想。

表 2-4　第四节小组活动流程表

时长	目标	名称	内容
5 分钟	巩固活动效果	回顾上节活动	回顾上节活动
10 分钟	活跃气氛	热身游戏：水果蹲	让组员分成四组，通过游戏考验组员的反应能力和团队协作能力
25 分钟	引导组员尝试人生规划，并在规划中明确不同的梦想	梦想生命线	将自己的生命历程画成一条直线，在直线上标注出不同的刻度，社工引导组员将不同人生阶段的梦想标注在对应的人生坐标上
5 分钟	让组员们感受放飞梦想的快乐以及对梦想的美好憧憬	放飞梦想	组员们将写有自己的"梦想生命线"的 A4 纸折成纸飞机，得到社工的口令后，组员一起放飞纸飞机
5 分钟	分享活动收获与体会	总结与分享	回顾本小组的活动内容，社工进行总结，并对组员给予祝福

活动具体过程：

每次活动前的热身游戏都能营造轻松的氛围，通过水果蹲的游戏，男生与女生之间的互动增多了。通过"梦想生命线"的游戏，组员初步认识了人生规划，同时也让他们明白了要实现梦想必须通过日积月累，没有谁的梦想实现是一蹴而就的。有了梦想就要敢于明确目标，目标确定之后就要付诸行动，只有朝着梦想的方向脚踏实地的不断努力，才能接近梦想、实现梦想。从优势视角审视，每个孩子都有无限的潜能，而社工作为使能者与支持者，在小组活动中需要充分引导组员看到自身的可能性，并给予他们无条件的鼓励，帮助他们树立信心、增强勇气。

在完成了自己的"梦想生命线"后，组员们再次书写自己的梦想，然后折成纸飞机放飞天际，部分组员不会折纸飞机，其他组员开始热心帮忙，此时小组的氛围已是其乐融融。组员们一起放飞的不仅是纸飞机，其中承载的更是组员们的成长和对梦想的憧憬。

社工讲解"梦想生命线"时，由于组员之前没有接触过该类型的游戏，起初大家都不明白其中的含义，对此，社工以自身的成长经验为例，一边告诉组员应该怎么画，一边讲解"梦想生命线"所包含的意义。在社工详细的解读中，组员们逐渐理解，开始创作自己的"梦想生命线"。本节小组预设的目标圆满达成，在多次相处中，组员之间的关系、组员与社工之间的关系也逐渐亲密。但社工也注意到，部分组员参与活动的热情有所减退，特别是不理解活动的规则时，他们往往表现出不耐烦、缺乏参与的积极性。

（三）小组后期

第五节小组活动：

活动时间：2019 年 5 月 21 日，16:30—17:20

活动地点：W 小学活动室

活动人数：12 人

活动目标：让组员明白与他人协作、团队合作的重要性；引导组员学会赞美他人，帮助他们建立良好的人际关系。

表 2-5　第五节小组活动流程表

时长	目标	名称	内容
5 分钟	巩固活动效果	回顾上节活动	回顾上节活动
10 分钟	活跃气氛	热身游戏：口香糖	通过游戏，让组员增加适当的肢体接触，减轻组员之间的距离感
15 分钟	让组员了解团队的重要性	游戏"过河拆桥"	组员分成小组进行比赛，体验团队合作
15 分钟	学会赞美他人	游戏"糖衣炮弹"	通过组员间的互相赞美，提升组员的自我成就感，体会赞美他人时自己收获的快乐
5 分钟	分享活动收获与体会	总结与分享	组员分享活动收获及感受

活动具体过程：

开展"过河拆桥"游戏时，社工将组员分为两组，然后依次进行比赛。比赛过程中，第一个小组的成员由于之前没有沟通过，直接进入了竞争的氛围之中，他们互相催促，都希望能够节约时间，结果适得其反，造成后续组员出现紧张情绪，反而延缓了任务完成的时间。第二个小组的成员吸取了第一组的教训，他们首先开展了沟通，协商出一个大家都觉得可行的方法，之后有条不紊地进行游戏，成员之间还不时地互相鼓励，最终赢得了比赛的胜利。社工安慰了失败方的小组成员，并运用澄清的小组工作技巧，引导组员找出了比赛失败的原因。

此时的小组已处于成熟阶段，组员们不仅更加团结，也更加珍惜彼此。在比赛过后，社工给每人发了纸和笔，希望组员们在纸上写下对小组中某三个人的赞美，然后将"赞美"送出去。这一步骤是希望组员能够仔细地发现别人的闪光点，表达对他人的赞美，与此同时让大家体会，给予他人赞美的时候往往也会受到他人的肯定，能够拉近人与人之间的距离，促进良好关系的建立。

前四次小组活动中涉及团队合作的游戏较少，本节的"过河拆桥"游戏是对团队协作的考验，两个小组的表现形成了鲜明的对比。社工将两个小组成功与失败的经验分享出来，引导大家共同解读、学习，给组员们留下了深刻的印象。让大家明白了，与人合作是促进个体成长的重要因素；真诚地赞美他人，往往也会得到对方的肯定，有利于良好关系的建立与发展。

（四）小组结束期

五节小组活动之后，整个小组活动接近尾声，这也意味着小组即将结束，这一阶段组员们的情绪有了较为明显的变化，社工要理解此阶段的组员，帮助他们疏导产生的负性情绪，巩固已有的成长。

第六节活动：

活动时间：2019 年 5 月 25 日，16:30—17:20

活动场地：W 小学活动室

活动人数：12 人

活动目标：对组员在整个小组过程中的表现给予肯定和鼓励，巩固已有的改变，协助组员处理离别情绪。

表 2-6　第六节小组活动流程表

时长	目标	名称	内容
20 分钟	巩固活动效果	回顾	社工带领组员一起回顾之前的活动
15 分钟	加强组员之间的默契感	游戏"眉目传情"	通过组员之间肢体语言的互动，传递词语，培养大家的默契

续表

时长	目标	名称	内容
10分钟	表达对彼此的祝福	活动"祝福语"	在纸上写下对伙伴的祝福，折成不同的形状或者物品相互赠送，表达祝愿
5分钟	处理离别情绪	笑着说再见	感谢组员的相互陪伴，社工鼓励大家带着小组中的学习经验踏上自己新的征程

活动具体过程：

本节活动是整个小组的最后一次活动，社工首先带领组员们回顾了之前的五次活动。相较于小组初期而言，组员们已然没有了彼时的害羞、胆怯，都落落大方地分享了自己的收获。之后，社工和组员们一起开展了"眉目传情"的游戏，将组员分成两组，每组派出一位组员作为代表，将自己看到的成语用肢体语言表达出来，让自己小组的成员来猜。由于组员之间已经较为熟络，大家玩得不亦乐乎。最后，社工给每一位组员发放纸和笔，邀请大家写上自己的祝福，送给其他小伙伴。在祝福声中，社工肯定大家的积极改变与相互陪伴，鼓励大家带着已经学习到的经验投入到新的成长征程之中。

本节活动主要以回顾往期活动，巩固已有改变为主要目的，并没有安排太多新的活动，因此小组氛围较为轻松，几个活动的设计也主要是为离别所做的铺垫。在分享成长和互送祝福的环节，组员们都非常活跃，能够明显看出他们的成长。社工最后也表达了对每位组员的祝福，期待他们在以后遇到困难的时候，可以回想起大家一起面对困难的经历，从而增强解决问题的勇气。

四、小组评估与反思

（一）目标达成情况

对小组活动效果的评估最直接的方法就是对小组活动的目标达成情况进行评估。通过 W 小学"提升抗逆力"小组的开展，发现每节活动均能达到预期的效果。小组初期的目标是引导组员建立正确的自我认识，增强自信，通过两节活动，组员们都看到了自己身上的闪光点，也学会了如何自我提升。小组中期的目标是引导组员认识梦想，确定人生规划，通过两节互动，社工引导他们分享自己的梦想，并对自己的成长开展规划。小组后期的目标是引导组员学会尊重他人，通过团队合作完成任务，第五节活动较好地完成了这一目标。

（二）组员成长情况

部分组员在参与小组活动的初期，比较腼腆，遇到分享环节就躲在其他组员后面，表现得非常紧张。到第三节小组活动的时候，这部分组员已经有了明显的进步，能够在社工的鼓励之下进行简要的分享。部分组员初期表现得非常不自信，看不到自己的优点，通过参与式的活动，特别是得到其他组员的肯定与赞美之后，他们开始越来越开朗，并逐步建立起自信。小组中有几个比较调皮的男生，在小组初期让社工比较头疼，他们要么破坏小组的秩序，要么与其他组员有一些小的摩擦。通过有针对性的小组活动的开展，这几个男生也悄然发生了变化，开始学会如何尊重他人，如何与他人融洽相处，并与其他组员建立了良好的友谊关系。

但是社工也发现小组中仍有一些遗憾的地方，个别组员的抗逆力提升不太明显，比如组员中有一个男生，学习成绩不好，在班级上与其他同学的关系也不好，他却非常活跃，想要与其他同学一起玩耍，但是经常被拒绝。在小组活动中他表现得也很活跃，但是最终评估下来他的行为并未有太大的改善。

总体而言，本次小组活动开展得非常顺利，绝大部分组员的表现都是朝着预期的方向去发展的，他们增强了自信，有了正确的自我认知；他们感受了梦想的力量，进行了人生成长的规划；他们体验了合作的乐趣，与其他组员建立起友谊关系。

（三）社工在不同阶段的表现及反思

1. 筹备阶段

小组活动在筹备阶段的工作主要涉及以下几个方面：①小组计划书的设计与撰写；②小组成员的招募；③小组活动实施的准备。

在此阶段，小组计划书的设计与撰写是非常重要的，是具体执行工作的依据。为保证服务的质量，在策划小组方案时，几位社工集思广益，并多次讨论，经过三次修改之后最终确定了小组的方案。由于本小组的对象是儿童，为吸引他们的兴趣，大部分小组的互动是以游戏的形式开展的，希望他们在参与、体验中有所收获。

小组成员的招募是与 W 小学的教师们沟通之后进行的，由于学生们对于社工是干什么的并不清楚，通过教师帮忙招募的形式，特别是推荐一些适合参与的学生，将招募的成效大大提升，同时也向广大师生宣传了本次小组活动。

由于小组活动开展的时间要依据 W 小学的正常上课时间来协调，导致部分节次的活动间隔时间长了一些。在新的小组活动开始时，社工带领组员回顾上次内容的时候，很多组员已经忘记了，也导致部分活动之间相互衔接的效果打了折扣。再开展类似活动的时候，对于小组聚会的频率需要进一步斟酌。再就是，在筹备阶段，社工在部分活动用品的采买问题上考虑得不周全，甚至有所遗漏，影响了活动的开展。

2. 介入阶段

在小组活动初期，虽然制定了小组规则，但因为游戏活动设计得比较多，还是会造成活动秩序的混乱，社工不得不花费较多的时间来维持秩序。在以后的活动中，可以将小组规则进一步明确，并邀请组员作为小组规则是否执行的监督员，让社工将主要精力聚焦于活动实施上，以保证活动成效。在小组服务过程中，社工扮演的角色应该是多样化的，但是鉴于小组成员是小学生，且他们将社工无形当中当作了教师角色，社工也有意无意地扮演起了教师角色，对于推动组员之间的相互支持是有一定影响的。

在小组活动中，社工有意识地运用到了大量的小组工作技巧，其中倾听和鼓励以及澄清是用到最多的技巧，确实在推动小组深入、帮助小组成员增强自信等方面起到了很好的作用。但面对一些突发意外情况时，社工的经验仍比较有限，甚至会表现出一定的慌乱，需要在实践过程中不断提升该方面的能力。本小组活动的开展是三位社工共同负责的，大家之间的交流与配合也至关重要。由于前期三人沟通较少，小组活动的开展并没有达到预期的效果。后期意识到该方面的问题之后，三位社工就小组具体流程、各自的责任分工等不断进行商讨，配合起来明显更加顺畅，活动效果也有所好转。

3. 结束阶段

在最后一节小组活动中，组员们都对社工表达了感谢之情，并与社工们合照留念。活动结束后，社工们依然在 W 小学开展服务，无形中缓解了小组结束的伤感。在日常工作中，偶有该小组的成员来到办公室与社工交流一番，社工也鼓励他们有需要可以前来寻求帮助。

第三节 联通你我——桥村小学教师沟通小组

一、小组缘起

人际沟通是人们社会生活的重要内容之一，自我的发展、心理的调试、信息的沟通，各种不同层次需求的满足以及人际关系的协调，都离不开人际沟通。每个人都希望善于沟通，都希望通过沟通建立良好的关系，这些良好的关系可以使个人在温馨怡人的环境中愉快的学习、生活和工作。

在学校场域中开展社会工作，一般都是针对学生开展各种活动，以此促进学生的身心发展。但是学生是在学校环境中成长的，如果只是单纯地从学生的角度出发开展社会工作服务，就会忽视外在环境对他们的影响，教师群体就是对学生产生直接影响的外在因素。虽然教师的文化水平较高，在某个领域具有专长，但对于如何与领导、同事、朋友、学生等不同的群体进行良好的沟通，不少教师还存在一定的压力与困惑。由于沟通的不畅，可能会导致教师日常工作时心情不愉快，而师生间的不良沟通，甚至会影响到教学效果。

我们设计的这个小组就是针对教师群体开展的，希望推动教师在小组活动过程中认识自我和他人，了解和学习人际沟通的原则、理念和技巧，体验人际沟通的方方面面，通过与组员之间的良好互动，提高自己在人际沟通方面的能力，特别是提高与学生高效良性沟通的能力，增强教学的自信心。

二、理论架构

（一）需要层次理论

根据马斯洛的需求层次论，如果个人生理和安全的需要都得到满足了，那么就会出现感情、友谊和归属的需要，如渴望父母、朋友等对自己表现爱护和关怀、温暖、信任等。个人还渴望自己有所归宿，被人承认和认同，成为集体中的一员。教师在工作中也有提升沟通能力、提升工作成效的需求。在沟通小组的服务宗旨和理念中，我们强调以服务对象的需求为中心，以人为本。在小组服务活动的始终，我们都将致力于营造一个安全、信任、融洽的小组气氛，推动组员之间、组员与工作者之间相互尊重。社工也会积极贯彻小组活动的尊重、保密等原则，协助组员发掘自身潜能，并对他们的改变给予支持和鼓励，以增强其自信心，使得他们实现自我能力的提升。在小组活动中，社工希望引导小组成员学习、理解和把握人际沟通的相关理论，加深对自我的认识，改正自身人际沟通中存在的缺点，通过学习掌握一些人际沟通的技巧。言行是人际沟通的重要手段，既通过言、情、姿、行等达到交往的目的。通过小组活动的体验与练习，让组员学习具体的"言行"的技巧，不断完善自我，学会与人沟通，改善自己的人际关系，特别是为融洽的师生关系奠定基础。

（二）人际沟通理论

作为传播学的核心概念，沟通原译自英语 communication，从翻译角度又译为传达、传染、交换、交流、交往、交际、沟通等。国内一般有 3 种译法，即交流、沟通、传播。人类是需要沟通的，沟通是形成人际关系的手段。人们通过沟通与周围的社会环境相联系，而社会是由人们相互沟通所维持的关系组成的网。沟通就像血液流经人的心血管系统一样流过社会系统，为整个有机体服务。

沟通能力指沟通者所具备的能胜任沟通工作的优良的主观条件。简言之，人际沟通的能力指一个人与他人有效地进行信息沟通的能力，包括外在技巧和内在动因。各行各业，无论你从事什么职业，沟通都是我们工作中所必须的。与人打交道，发展不同的人际关系，从事各类社会互动需要沟通的能力；与家人、朋友甚至陌生人相处，也需要具备一定的沟通能力。

人际沟通的类型，按照不同的分类标准，可以划分为不同的类型。按照对媒介的依赖程度可分为直接沟通和间接沟通；按照沟通所使用的符号形式，可以分为语言沟通与非语言沟通；按照沟通的组织程度可以分为正式沟通与非正式沟通；从沟通信息有无反馈的角度看，人际沟通还可以分为单向沟通、双向沟通。

我们设计的"沟通小组"主要从沟通所必须具备的条件的角度出发，关注信息源、信息传递者、信息的传递过程、信息的接收者等维度，并重视非语言沟通、双向沟通等具体的表现形式。

（三）任务中心理论

任务中心理论认为人有解决问题的能力和潜力，个人通过接受专业服务，可以增强解决问题的信心，并且学习一些应对方法和技巧，个人可以将这些方法和技巧转化为自身能力，以面对日后发生的相类似的问题或者其他新问题。任务中心理论还认为对于与他人建立社会关系，个人在事先总会抱有一定的期望，而当这种期望与实际情况不符时，个人会感到不满。

我们即将开展的小组的核心任务就是提升组员的沟通能力，让组员掌握一定的技巧和方法，能够应付当下或者未来的问题。从核心任务出发，我们会根据不同的沟通技巧，来设计各种活动，以达到最终的目的。

三、小组基本信息

（一）小组目标

总目标：提高组员的人际沟通能力，发掘自身潜能，建立和改善人际关系。

具体目标：

1.引导组员认识人际沟通的重要性，从而为寻求良好人际沟通进行积极的自我探索和行为改变。

2.积极学习各种沟通交往的技巧，在活动过程中改善组员的沟通交流。

3.鼓励组员积极地进行人际沟通，在此过程中学习、反思、提高和成长。

4.引导组员把人际沟通的技巧和方法运用到与学生沟通的过程中，为建立良好的师生关系奠定基础。

（二）小组特征

1.性质：封闭式发展性小组

2.节数：4节

3.对象：桥村小学15名年轻教师

4.时间：每周五下午4点至5点

5.地点：桥村小学三楼活动室

四、小组过程及反思日志

（一）第一节活动

1.目标

第一，与教师们建立联系，推动教师组员了解活动的目的，对活动产生兴趣，有继续参加活动的意愿。

第二，推动教师初步认识沟通的内涵，产生思想上的触动，让他们认识到沟通是一个复杂的互动的过程，影响沟通的障碍有很多，只有消除这些障碍才能获得有效沟通。

2.活动的具体程序和内容

表2-7　第一节活动内容表

时长	内容及操作过程	目的	工作者的角色	物资准备
5分钟	自我介绍： 由主持人开场说明小组概况，工作人员和教师轮流进行自我介绍	说明来意，相互认识	主持人	姓名卡片20张
15分钟	我说你画： 将教师分成2人一组。尽量让教师自由组合，彼此熟悉的话做这个活动更有意义，如果教师不主动分组，则由主持人引导分组。每一组分两轮开展活动。第一轮：由一位教师口头表达，另一位按表达的内容画图，不许提问。第二轮既可以表达也可以提问，画出同样的图	了解单向沟通影响沟通效果，对沟通中的障碍产生感性认识	组织者 协调者	画笔、硬纸板
15分钟	活动分享： 选取表达者和画图者共4名教师进行分享，谈谈活动感想。主持人总结分享，引发教师对沟通中可能产生的种种障碍的思考	引发思考，为下一步做准备	引导者	无
15分钟	模拟沟通的全过程： 主持人用展示板演示沟通过程，组员按照沟通的过程进行即兴呈现，之后主持人简短总结分享	直观感受沟通的全过程	讲解者	展示板

时长	内容及操作过程	目的	工作者的角色	物资准备
5分钟	订立小组规则： 保密；手机调至静音或者震动状态；活动中尽量不要离去；尊重他人，注意聆听等	形成小组规范	引导者	硬纸板
5分钟	评估： 一句话总结本次活动的感受	了解大家的满意度	评估者	无

3. 活动反思日志

11月14日，我们到桥村小学进行了第一次实践，我们组织的是关于教师的沟通小组。由于是第一次服务，大家出发得比较早，并希望与该小学的领导进行面对面的交流。在会议室中，我们整个工作团队的4人听取了校长和德育主任对于小组工作的期望，同时也进一步探讨了即将开始的沟通小组的方案。当得知参加小组的共有17名教师时，作为第一次担任活动主持人的我还是有点吃惊，他们年龄跟我们差不多，我担心自己没办法掌控全场。但是，已经没有退路了，我们团队4人经过一番探讨，把活动中可能产生的问题和细节又仔细地琢磨了一下，并及时调整了部分内容，以更符合17名小组成员的人数配置。

经历了漫长的等待，终于在下午5点15分左右，几名教师走入了我们的活动场地，我的心顿时紧张了起来。随着教师们的陆续到来，其他协助者不断催促我开始，我却一直说等等其他教师，其实自己是害怕开始，害怕面对一群教师的目光。但是，躲始终不是办法，来了7名教师之后，我们开始了第一次小组活动。由于时间比较晚了，好几位教师说他们还有自己的事情要做，我们决定把原来准备的1个小时的活动压缩为40分钟左右，以免影响双方的关系和第一印象。开场白是提前设计好的，环视眼前的几位教师，大部分是以和蔼亲切的目光注视着自己，此刻我悬着的心开始松弛下来。紧接着，我介绍我们小组的名称、总的目标、沟通的概念、引入游戏，整个过程进行得比较流畅，但我自己觉得还是有点紧张，导致沟通概念的解释和游戏的带领环节有点慌乱。在随后的环节中，又有几名教师加入到小组活动中来，本来我自己不知道如何处理这样的突发情况，督导的出现缓解了我的压力，她让所有的成员参与了一个小游戏，之后结束了第一节活动。

回顾第一节的活动，总的来说收获颇丰。首先，我对教师参与活动的态度有了改观，原来认为他们对我们的活动可能会不屑一顾，但是在主持活动的过程中我发现，他们积极参与活动，并且态度很真诚。我记得一位年长的教师一直微笑地注视着我，给了我很大的勇气；还有一位男教师，把我们活动时展示的沟通过程的图片都记录到他的笔记本上。其次，通过简短的观察，我发现男教师与女教师对待活动的热情有所不同，女教师比较活跃一点。同时，年轻的与年长的教师对活动的热情也略有不同，年轻的更加活跃，也比较愿意参加我们的游戏环节。谈到不足之处，我觉得这次的活动时间比较仓促，没有很好地建立起关系，大家都是匆匆忙忙地参加了活动，也缺少分享的时间来表达他们的心声。第二，我们事先准备的许多环节没有开展，特别是我们的小组规范没有订立，这可能会影响以后小组活动的进程。

反思整个活动，我们在以后的小组活动之前，还要一如既往地详细拟定小组计划，并考虑到不同年龄层次教师的特点。同时，应该抱着积极乐观的态度开展小组活动，相信教师们对我们会有比较良好的态度。

万里长征，我们刚刚迈出了第一步，相信我们会向着胜利的曙光前进。

（二）第二节活动

1. 目标

第一，进一步与教师们建立关系，让教师们了解活动目的，对活动产生兴趣，有继续参加活动的意愿。

第二，从沟通的"编码"出发，从人们容易出错的地方着手，引发教师们对这个环节的思考，并注意自己的编码行为。

2. 活动的具体程序和内容

表 2-8　第二节活动内容表

时长	内容及操作过程	目的	工作者的角色	物资准备
3分钟	补充自我介绍，再次说明来意；肯定我们上次的成果	明确小组目标和本节目标；肯定活动效果	鼓励者	无
5分钟	主持人提出4项小组规范，并和所有的组员进行讨论，最终通过民主决定的小组规范	保证小组活动顺利进行，充分赋权	组织者协调者	大白纸1张
30分钟	活动"变形虫"：首先，把组员分成两个组；第二，每个组用10分钟来策划；第三，两个组按照规则进行活动展示	在活动中体验"编码"，调动情绪	组织者	绳子
15分钟	活动分享：总结经验和教训，引导组员思考编码的重要性，表达自己的直观感受	强化编码环节，引发组员思考	协调者	展示板
5分钟	评估：对小组工作员的建议和对活动的看法	了解大家的满意度	聆听者	无

3. 活动反思日志

11 月 21 日，我们按照计划到桥村小学开展第二节小组活动，由于上次已经大概了解了组员的基本情况，所以这次活动前大家的心情还是比较舒畅的。

大约下午四点的时候，教师们陆续到来，十分钟后到了 15 位教师，主持人宣布活动开始。由于我自己在本节活动中担任观察员，在督导的提醒下，我坐到了教师们中间，以此获取更多的小组进程的信息。主持人首先重新申明我们的主题，然后制定小组规则。接下来，开始画图活动，起初计划中确定的是"变形虫"的游戏，但是由于道具的原因，我们临时选择了备用的画图活动。按照活动规则，首先把组员分成两个组，由于只有 14 名教师参加，我们 3 名工作员和督导也参与了这个活动，整个活动大概进行了 25 分钟，之后大家就活动内容分享了 15 分钟。最后，我们听取了教师们对沟通小组活动的期望，并对本节活动进行了简单的评估，整节活动持续了一个小时的时间。

和我做主持人的情况类似，这次的主持人小辉同样有点紧张，对活动主题的解释不是很清楚。在制定小组规则过程中，由于想尽快制定出可行的方案，教师们没有向我们预想的那样积极的参与，基本是以我们建议的几条内容作为小组规范。不过，在确定小组活动开始的时间时，教师们给出了他们的建议，最后确定为 4 点开始，5 点结束。在"画图活动"中，由于很多参与者不理解活动的确切规则和目的，导致组员在整个活动的进程中显得比较迷茫和困惑。我直接参与了第二小组，过程中教师们大张旗鼓地作弊，违反规则，以追求活动结果。据我观察，另一个小组，由于活动规则理解得较好，进行得还是比较顺利，比我参与的小组更加规范。在活动结束后的分享环节，主持人简明地介绍了此项活动的目的，但是由于主持人紧张导致解释得不是很到位，造成了组员对活动主题的不理解甚至误解。教师们分享的积极性值得肯定，但是他们分享的内容总是局限于活动本身，没有将其升华，没有提升到我们预期的高度。还有一点就是，教师们的分享时间很短，总是两三句话，导致组员相互交流学习的效果不明显，没有达到最终目标。在最后评估的环节，教师们充分肯定了通过游戏来体验、学习沟通的方式，很多教师也建议我们通过游戏和活动给他们提供一些交流沟通的技巧，让他们真正掌握一些方法。

纵观整个活动，我觉得这次活动的形式和内容是值得肯定的，但是活动的目标没有达到，主要是由于活动后的分享环节没有达到预设的目标。寻找本节活动不理想的原因，教师们积极参与活动值得肯定，但是我们作为工作人员难辞其咎。首先，临时更改游戏，其他组员对备选游戏不是很熟悉，在整个活动中无法帮助主持人。其次，主持人的紧张和对此次活动主题的把握不到位，导致带领活动时出现混乱，让很多组员在整个过程中处于混沌的状态。第三，其他工作人员没有积极配合主持人，由于是观察员，我自己对这次活动准备不是很充分，在主持人紧张时没有协助其推进小组进程。最后，我觉得我们所有的工作人员，对小组工作的技巧和方法掌握得不牢固，在活动后我又重新学习了《小组工作》中的领导技巧，发现我们遇到的问题，课本上已经提供了很好的解决方法，如摘要、澄清、对质等技巧。但是我们把这些技巧都抛之脑后，只是凭感觉在开展小组活动，所以温习已经学过的知识十分有必要。

虽然这次活动我自己不是很满意，但是我觉得发现自己的问题，也是值得庆幸的，这样可以更好的改进，为接下来的活动奠定基础。在"长征"的路上，我们还是要多背上一些"知识"的行囊，武装头脑，重装前行。

（三）第三节活动

1. 目标

第一，向教师们介绍传递信息进行有效沟通的技巧。

第二，通过案例、情景表演、游戏互动等方式，推动教师们认识并掌握不同类型的沟通所涉及的具体技巧。

2. 活动的具体程序和内容

表2-7　第三节活动内容表

时长	内容及操作过程	目的	工作者的角色	物资准备
5分钟	讲解： 介绍本节活动的整体架构，引出本节活动的主题——传递者有效沟通的技巧	引出主题	讲解者	无
10分钟	游戏： 通过"大风吹小风吹"热身游戏，活跃现场气氛，同时暗中打破组员座位的固定格局，也将工作者分别插入到组员中去	活跃气氛；打破组员固定的座位	主持人	凳子
20分钟	介绍沟通的三个方向：向上沟通、向下沟通、水平沟通。 向上沟通：社工就"教师和校长商讨秋游交通工具"的情景进行表演，请组员点评两次情景出现不同结果的原因，向组员介绍其中体现的向上沟通的技巧，例如，永远不要替你的上级做决定；向上级提供回答、建议时至少要提供2～3个，最好附上你的个人见解，以供上级参考等	通过情景表演、举例讲解等方式向组员介绍传递者在不同沟通情景中，应采用哪些沟通技巧使沟通更有效、更顺畅	讲解者	卡片制作、材料准备、购买奖品等

续表

时长	内容及操作过程	目的	工作者的角色	物资准备
20分钟	向下沟通：因教师对这方面经验较丰富，就不多做讲解了。 水平沟通：通过主持人叙述关于同级沟通的小故事（教师因急需打印考卷与打印室教师进行沟通），向组员展示水平沟通中应用的技巧，例如，体谅他人、双赢原则、尊重感谢等			
20分钟	游戏互动："我说你猜" 向组员展示信息（动物、成语、景观等），由组员表达，一人在有限时间内进行猜测，猜测正确最多的组获胜。通过组员互动沟通细节，向组员讲解活动中组员沟通的不足和应用的技巧，例如，语言简洁明了、体谅他人、双赢原则等	通过游戏，使组员亲身体会有效沟通技巧的运用，了解自身沟通时的不足	主持人、引导者	游戏词汇
10分钟	组员对本次活动的分享（感受、技巧学习等）。最后向组员发放沟通技巧小卡片，加深组员对活动中展现的技巧的认识	巩固本节活动成效	聆听者	卡片

3. 活动反思日志

11月28日，小组工作人员到桥村小学开展第三节小组活动。在准备这次活动过程中，我们遇到了很多麻烦，首先，由于大家有分歧，活动的主题一直没有确定，经过两次团队讨论，最终决定把主题定位在信息传递者的技巧。其次，是选择什么游戏、活动来阐释本节主题。由于前两次，我们的游戏规则都不让小组成员说话，这次我们决定必须有言语的沟通，但是查阅了很多资料就是找不到合适的游戏，最后决定用"狼人杀"游戏来解释沟通的技巧，当我们把活动计划发给督导之后，她觉得我们的游戏过于复杂，与主题也不是很相符。团队成员展开了第三次讨论，就在大家一筹莫展的时候，社工小红提议说："要不就来猜词吧，这就是很好的沟通游戏啊。"这个建议我们都高度赞同，并设计了一些词语。

由于前两次的活动有些挫败感，我们把这次活动的成功与否看的很重要。活动开始前，大家的信心还不是很足，都有些顾虑，怕把这次活动搞砸了。到了桥村小学之后，我们等了20分钟，活动室的门也没有开，最后有教师告知说临时换了活动的场地，着实让我们郁闷了一把，还好我们的情绪没有太大的波动。一切准备妥当，4点

10 分第三节活动正式开始了。这次的开始环节，我们吸取了前两次的教训，首先玩了一个简单的热身游戏，之前我觉得这个游戏的效果不会很好，但组员们玩起来之后，效果出奇得好，充分调动了小组的气氛。主持人把我们这节活动的主题告诉了组员，并把主题写到了黑板上，让大家加深印象。接下来，是我们设计的情景表演，虽然表演时间比预计得要长，但是效果还不错。当组员对我们表演场景中的沟通问题进行回应时，有一位教师说得很深刻，理解了我们想要表达的内容。之后，主持人为了引发组员们的思考，利用故事分享的形式来引导。由于一直是抽象讲解，有几个组员表现出了不耐烦的样子。讨论环节结束之后，立马进入了"我说你猜"的环节。在这个环节，所有组员的参与都很积极，两个人一组，充分地展示各自沟通的小策略，统计结果显示，最多的一组在 90 秒的时间里猜对了 10 个词语。在活动的最后环节，我们颁发了奖品，并让组员以一句话点评的方式对我们的活动进行了简单的评估，在 5 点 15 分的时候结束活动。

纵观整个活动，我们觉得还是比较成功的，对于前两次而言已经有很大的进步。首先，社工团队之间的配合默契了很多，在主持人紧张的时候，其他工作人员会及时进行补充，避免了场面的尴尬；语言教导与游戏启发的方式相结合，让小组氛围很融洽；整个小组的架构更加清晰，让组员有所收获。

但是，活动中还是有很多不足之处的。主持人在过程中表现得还是比较紧张，语速有点快，让组员有点应接不暇的感觉；前面的讨论环节，组员们只是几个人在分享，没有调动整个小组的活力，有的组员很被动，只是被邀请时才发言；总之，社工对于带领小组的技巧的把握仍有待提高。

不管怎样，我们四个人对本节活动还是比较满意的，但是这也对下次的活动提出了挑战，我们希望更好地完成下节活动的任务。万里长征，到了战役的中途，我们才刚刚尝到一点点胜利的滋味，但是要想取得整个战役的胜利，我们还要准备枪支弹药和过硬的实力才行。

（四）第四节活动

1. 目标

第一，讲解沟通中反馈的技巧，主要突出双向沟通和同理心。

第二，营造融洽的氛围，在融洽的氛围中处理离别情绪。

2.活动的具体程序和内容：

表 2-10 第四节活动内容表

时长	内容及操作过程	目的	工作者的角色	物资准备
2 分钟	主持人说明本节活动的主题和大体流程	帮助组员形成整体印象	主持人	板书
10 分钟	热身游戏"意乱情迷"	活跃现场气氛	指导者	无
5 分钟	讲解有关反馈的技巧：重点突出"同理心"，同时回顾前几次的活动主题	具体阐释技巧，便于组员接受	引导者	板书
25 分钟	游戏"移花接木"	在游戏中学习沟通技巧，特别是向上沟通与向下沟通	带领者	纸牌
5 分钟	填写评估问卷	对整个小组进行整体评估	指导者	调查问卷
10 分钟	放松游戏"妙手巧解千千结"	营造轻松氛围，综合体验沟通技巧	带领者	无
5 分钟	重申这是最后一次活动，工作人员和组员分享收获	分享收获	引导者	无
5 分钟	集体合影，离别	处理离别情绪	指导者	相机

3.活动反思日志

这是最后一次活动了，为了给这次的小组活动画上一个完美的句号，社工团队进行了充分的准备。和第一次一样，我做主持人。

教师们陆陆续续的到来，最后来的一位教师拿了一些水果分给大家吃，她还有些不舍地问我们这是不是最后一次活动。在大家吃完水果之后，4 点 10 分我们的活动正式开始。首先，我向组员介绍了这次活动的主题和大体的流程。接着是热身游戏"意乱情迷"，这个游戏有点竞赛的味道，随着游戏的展开，组员们的情绪也被调动了起来。游戏过后，讲解沟通过程中反馈的技巧，包括同理心、正面反馈、建设性反馈等，我用比较简练的语言把要讲解的要点结合现实生活中的例子进行了阐述，并对前几次活动的主题进行了回顾。因为是最后一次活动，我们综合所有的沟通技巧设计了"移花接木"的游戏，让组员在游戏的过程中体验沟通的技巧，简单的分享过后，我们发放了设计的问卷，对我们小组的活动进行整体的评估。之后，我们又玩了一个"妙手巧解千千结"的游戏，使得全体组员的热情达到了高潮。最后，我代表社工团队对教师们的参与表示了感谢，并希望他们将所学内容付诸在师生沟通的情境中。

这次是我第二次当主持人，由于有第一次的经验和后面几节的观察学习，这次我觉得自己不再紧张，可以进行全局的把握，但是对于临场反应能力的把握还是有所欠缺，有的时候不能很准确地表示出自己的意思。从整体上讲，最后一次活动还是比较成功的，目标也基本达到。由于是最后一次，我们的侧重点稍微有所倾斜，以游戏为主、讲解为辅的方式，让组员在轻松的氛围中结束小组活动。刚开始的热身游戏，可能是有点太简单了，效果没有前两次好，但组员们玩得还是很开心。我觉得有不足之处的是问卷的填写，在最后收上来的 15 份问卷中，有 6 份没有填写最后一道主观题，感觉部分组员对问卷的重视程度不够。不过，从问卷的结果来看，组员对涉及小组过程中所讲解的沟通技巧的题目，答案基本都是正确的，这充分说明他们通过参加小组活动，收获了具体的沟通的知识和技巧。

最后的照片定格了最后这节活动，也定格了我们整个小组的活动。从刚开始带领小组的紧张和羞涩，到现在的大大方方，我感觉自己在整个小组的活动过程中，收获的不仅仅是开展小组的技巧和方法，还提升了语言能力，锻炼了团队合作能力等。前面我一直拿"万里长征"来比喻我们开展小组活动的过程，虽然现在长征已经结束了，但是我们的"战斗"还不会结束，因为值得我们去思考的东西还有很多，我们只是取得了局部的胜利，这不值得我们得意忘形。我们仍旧需要昂首向前，为全面提高个人的知识水平和实务能力奠定基础。

五、小组总结反思

伴随着相机的咔嚓声，我们联通小组的记忆就留在了最后的合影中。经过四次活动，社工团队的实践就结束了。挥手作别桥村小学的那一刻，心中竟然涌起一份不舍，觉得自己在慢慢地进入状态，就这样离开，未免有点遗憾。

经历了与桥村小学师生的秋游，之后大家纷纷讨论设计小组主题，我们四人团队选择的是成立教师的沟通方面的小组。

在小组准备阶段，我们的目标不是很明确，只是想要设计沟通的主题，但是四个人谁都没有特别清晰的思路。但是无论怎样，我们还是认真设计了第一次活动，由于一些客观原因，活动被压缩成 40 多分钟，这也导致第一次活动没有取得预期的效果。第二次小组活动虽然装备时间很充分，但由于我们自身的原因，一方面是游戏活动的设计没有调动组员的积极性；另一方面，由于主持人紧张，部分内容阐释得也不是很清晰，这样第二次活动也基本宣告失败。我们小组四个人把第三次活动看得格外重要，觉得这次必须要把活动设计恰当，经过几次修改之后，最终的效果远远超出了我们之前的预料，组员也对我们产生了认同。有了这次成功的经验，我们把剩下的活动同样设计得有模有样，基本都达到了预计目标。

这是我自己第一次完整地组织一个系列的小组活动，感觉收获很大。从学校社会工作要求的目标出发，结合小组工作的技巧是实务开展的基础，在发觉开展小组的时候有困难，每每翻阅学习过的书籍，基本都能找到很好的解决方法，让我第一次觉得课本上的知识是那么有用。而且，通过小组活动的开展，我的确实也体验到了小组的动力、组员的沟通等在课本上学习到却领会不了的内容。总体来说，我对自己的这次实践只能打60分，也就是说刚刚及格。首先我觉得自己对沟通知识掌握得并不全面，很多内容都是临时学习，之后又去讲解，自己也不熟悉相关内容。还有就是由于紧张、不自信等原因，导致小组的前两次活动效果一直不理想。最后，自己带领小组的能力虽有提升，但是距离自己的理想目标还有很大的差距。不过，值得安慰的是，通过我们最后一次问卷评估的结果显示，组员对我们所开展的活动比较认同，并收获了一些沟通技巧，表示出对小组活动的极大兴趣。这次实践中值得反思的一点是，到底教师们有没有沟通方面的需求。这个主题是我们讨论出来的，是我们自己觉得组员有这样的需求，后面我们评估他们的需求时，他们也没有表示反对，于是小组活动似乎就顺理成章地开展下来了。但是他们参与小组的动机是什么，是迫于学校的压力，还是自愿。据我了解他们是被分到我们组的，也就是说他们是在完成任务，这样的小组活动到底是满足了学校想让教师们改变的要求，还是真正地从教师角色出发而开展工作，这不是从简单的问卷评估中就能够获得的。但是，在后期我们还是欣喜地看到教师对我们小组活动的一些认同，这从后期活动开展的过程及最后一次的评估中都可以显示出来。

站在学校社会工作本土化的角度来审视我们这次的活动，又有一番不同的风景。根据前期了解的情况，学校社会工作主要在学生群体中开展工作，我知道的一些社工机构所开展的学校社会工作服务也只是针对学生的。但是，我们这次的实践活动不仅仅涉及学生，我们的组员还包括了教师和家长，由于我们组织的是教师的小组，对我们所开辟的领域感受颇深。我觉得学校社会工作应该以学生为主，同时以教师和家长为辅，再兼顾学校所在的社区，这样就把学生工作放到了一个整体的系统中，而不是孤立地对待学生的问题。从我们开展的小组活动看，我觉得教师群体还是有多方面需求的，特别是压力方面，虽然我们开展的是沟通小组，在教师们分享时，他们经常会说释放了压力，或者说我们的活动让他们的心情放松愉快等。考虑到现实中学校考核的结果导向，我觉得教师背负的压力比较大，以后可以针对教师的这方面需求开展一些工作。

目前，大众对于社会工作的重要性普遍认识不足，在学校社会工作领域同样如此。社会工作已经逐步地被更多的政府部门所认可，相关单位也出台了不少支持社会工作发展的政策，在学校场景中，面对学生、教师、家长等不同的群体，学校社会工作者都是大有可为的，相信随着教育系统对学生心理、人际等方面的重视，不远的将来，学校社会工作会从制度层面嵌入教育系统，成为配合教师队伍的重要角色。

第四节　我就是我，不一样的烟火——自我意识培养小组

一、小组背景

自我意识是指个体对自己身心状态以及自己与客观世界关系的认识。自我意识是人的心理从幼稚走向成熟的标志，在人格的形成、发展等方面都具有积极的作用。自我意识包括自我认知、自我体验、自我调控，是人类所特有的。从四五岁到青春期前的整个阶段，是个体自我意识成型并且不断扩大的时期。儿童的自我意识表现出强烈的社会认同取向，他们对自己的评价主要受到父母等周围人的影响，来自社会对自己的认可程度，帮助儿童客观地认识自己，明确自己当前的社会角色，提高自我效能感，能帮助他们提高自觉性、自控力。良好的自我意识可以作为个体成长过程中的核心动能，对自我认识有非常大的推动作用，能够帮助人更好地成长。

通过前期调研了解到，中村小学的孩子几乎都是留守儿童，中村四面环山、气候恶劣，特殊的环境条件使得村庄农作物种植收入较低，大多数青壮年劳动力选择外出务工。这里的留守儿童几乎都是从幼儿时期就没有父母陪伴在身边，当他们逐渐长大进入青春期，自我意识迅速发展，但是却没有人能够给予他们良好的引导。这就导致这些留守儿童学业欠佳，甚至在心理、情绪、行为等方面出现一些不良表现，最常见的有自我认识偏激，自我评价过高；缺乏自尊自信，自我体验感消极，价值感低；自我控制能力低，不能约束自身行为，养成不良习惯。通过开展自我意识培养小组，希望增强留守儿童的自我认识，通过团体活动学习正确的自我评价，通过团队沟通与榜样示范，增强个体自我效能感。

二、理论架构

本小组主要以米德的"符号互动理论"、库利的"镜中我理论"和"社会学习理论"作为理论支撑。

第一，"自我"是米德的符号互动理论的核心概念。米德认为自我是正在行动的有机体，而不单单是接受刺激并对刺激作出反应的"被动的容器"。自我是一个社会过程，一个自我互动的过程。在这个过程中，行动者将其在行动情境中所遭遇到的事物显示给自己，并通过解释这些事物来组织行动。通过自我的指导，行动可以被停止、抑制、放弃、恢复、推迟、强化、取消、改变或重新导向。米德认为人类个体总是不

断进行反思，进行自我控制，当人在互动环境中掌握了符号语言，人才有了思想，能够看到客观的自己，进而有了自我意识。小组为组员提供了交往的平台，组员们在小组环境中产生互动行为，通过有引导有目的的互动，对组员形成良性刺激，达到帮助组员培养自我意识的目的。

第二，镜中我理论认为，人的行为很大程度上取决于对自我的认识，而这种认识主要是通过与他人的社会互动形成的。他人对自己的评价、态度等，是反映自我的一面"镜子"，个人会通过这面"镜子"审视自己。通俗的理解就是我们可以通过别人的评价来反观自己，我们可以看到自己的言谈举止等是否合适，是否需要修正。小组是一个微型社会的缩影，小组内呈现的密切的互动和相互之间真实的反馈，可以帮助组员们感知到更多信息，建立更客观的自我意识。

第三，社会学习理论强调人的认知、行为和社会环境的交互作用，人是积极的、能动的，对环境的刺激可以进行有选择的反应，并且把所选择的刺激进行组织并转化。社会学习理论认为观察和模仿是学习的重要过程，在学习的过程中，人的认知是非常重要的，认知对学习的过程中具有特别的调节作用。小组活动能够给参加者营造一个良好的互动环境，使他们在活动中通过观察、模仿获得新的认知，并产生积极的自我评价。

三、目标及目的

目标：培养组员的自我意识，明确自身社会角色，提高自我价值感和自我效能感；明晰自我形象，增强自觉性和自控力，促进组员健康成长。

目的：

1.帮助组员认识"外在我"、"心理我"、"社会我"的区别，改善负面的自我评价，接纳自我。

2.通过提升组员自我认识能力，学会欣赏自己，建立自信心，增强自我效能感。

3.通过榜样示范效应，提升组员自我价值感，培养自律意识。

四、服务对象

中村小学四年级学生

五、小组特征

性质：成长性小组

招募方法：请学校德育主任帮助协调；与四年级班主任沟通帮助安排。

小组节数：四节

活动地点：校园内的儿童之家

六、小组过程

（一）第一活动：认识我自己

1. 活动目标

（1）与组员建立初步的专业关系。

（2）营造融洽的小组氛围，为后续活动的开展奠定基础。

（3）帮助组员了解从不同的角度审视会有不同的自我形象，通过外部评价可以认识不同的自己，推动组员正确地认识自己。

2. 活动流程

表 2-11　第一节活动流程表

时长	活动主题	活动目标	活动内容	所需材料
10 分钟	自我介绍	以轻松的方式让大家相互认识	社工问候组员并进行自我介绍，之后引导大家进行互动； 组员在场地内随意走动，在这一过程中与自己遇到的每个人打招呼，并向对方进行自我介绍，这一过程持续 5 分钟； 计时结束，组员与当时正在互动的人组成一个小组，之后社工要求两位组员互相介绍对方	无
5 分钟	制定小组规范	制定共同遵守的规范，明确小组规则	组员们以头脑风暴的方式讨论并制定出小组规范，社工做好记录	大白纸
10 分钟	造句游戏	引导组员进入关于自我意识的主题	社工邀请每个组员分别以"我"字开头造句，分别是"我"是谁；"我"来自哪里；"我"现在的心情；"我"是一个什么样性格的人；"我"最近一个星期的小目标。	写好句子的大白纸
10 分钟	目光炯炯	了解他人眼中自己的样子	社工邀请已经组成小队的组员，两两对视，相互观察对方的特点，然后和对方说说自己认为自己是一个什么样的人； 之后说一说自己眼中的对方，有什么外貌特点、脾气性格等。	无
15 分钟	神笔马良	了解自己在他人心中会是什么样的	根据"目光炯炯"中的观察，组员保持原来的两两组合，画出对方的样子。	大白纸、水彩笔

续表

时长	活动主题	活动目标	活动内容	所需材料
5 分钟	说说看	认识别人眼中的我	社工邀请组员分享自己的绘画成果,并且简单地解释说明,对方为什么会这样被呈现出来	无
5 分钟	总结分享	总结活动,强化组员对主题的认识	社工结合主题总结整个活动,引导大家简单了解自我认识的概念; 结合主题谈谈自己关于参与活动的体验	无

3. 活动记录与反思

表 2-12 第一节活动记录与反思表

工作人员	杨小雪、甫小琳、张小泽、冯小桥	记录员	冯小桥
工作人员的表现记录(正面行为"√",负面行为"0")			

工作人员	服务情况简介	正 / 负面行为
杨小雪	认真主持活动,引导活动顺利开展	√
甫小琳	积极配合小组活动,与组员一起绘制"人像画"	√
张小泽	维持活动秩序,协助活动顺利开展	√
冯小桥	协助活动开展,收集影像资料	√
服务对象的表现记录(正面行为"√",负面行为"0")		
服务对象	参与活动情况	正 / 负面行为
刘小颖	在画"人像画"时,会鼓励其他同伴	√
刘小高	绘画认真,色彩搭配协调	√
双小茗	活动后半段四次乱跑,扰乱活动秩序	○
李小安	缺乏自信,不敢将自己画的画展示出来	○

4. 活动评估

表 2-14 第一节活动评估表

评估项目 \ 达成效果	很差	较差	一般	较好	很好	情况说明
物资准备				√		材料准备充足
本节主题设计				√		根据服务对象的喜好来设计,符合服务对象的需求

续表

评估项目＼达成效果	很差	较差	一般	较好	很好	情况说明
现场气氛				√		组员积极主动，比较活跃
流程的执行					√	按照原计划实施，未有突发状况
目标的达成				√		目标基本达成，活动效果好
服务对象的反馈				√		积极分享，表示喜欢这样愉悦的活动氛围

5. 活动反思与总结

表 2-14　第一节活动反思与总结表

> 　　首先在组员与社工自我介绍相互认识后，通过头脑风暴的形式，整理出小组活动规范，便于维持良好的活动秩序，为小组的顺利开展奠定了基础；其次，通过小游戏"我是谁"来引出自我意识的主题，随后组员两两组合，画出对方的样子，以此来了解自己在他人心中的样子，将枯燥的内容融合在趣味性游戏中，吸引了组员的注意力；最后，认识对方眼中的我，就是让对方解释说明为什么对方在自己的画里是这个样子，引导组员分享，社工进行总结才更有说服力。
> 　　通过"人像画"的方式来开展本次活动，符合主题内容的同时，满足了组员喜好画画的需求，激发了组员参与活动的积极性，且在这一过程中，促进了组员之间的交流与互动，加深了对自我的认识，有利于达到活动的目标。对于缺乏自信心的组员，社工需要耐心地引导其参与，鼓励他们勇敢表达自己；而对于活泼好动的组员，社工需要不断强调小组规范，以便维持良好的活动秩序，保证活动顺利开展。

（二）第二节活动：接纳我自己

1. 活动目标

（1）使组员能够认识到自己与众不同，并且有自身独特的价值。

（2）帮助组员建立自信，能够接纳自己、欣赏自己。

（3）提升组员的自我评价，帮助他们给自己设置更高的目标，增强自我效能感。

2. 活动流程

表 2-15　第二节活动流程表

时长	活动主题	活动目标	活动内容	所需材料
5 分钟	回顾与本节主题说明	承上启下	社工问候所有组员，回顾上节活动内容；说明本节活动的主题；回顾小组规范，强调活动中所有组员要积极遵守	无

续表

时长	活动主题	活动目标	活动内容	所需材料
5分钟	理财高手	引导组员进入主题,引领大家体验自身价值感	社工邀请大家抽签(社工提前准备好的标注了5角、1元的小纸片),看抽到的是写有多少钱的纸片,自己就扮演多少钱的角色; 社工随机说出一个数字,例如3元5角,所有同学尽可能拼在一起,组成3元5角,不能够再继续拼成这个数字的剩余的同学来指定下一个数字,要求所指定的数字要在1元到5元之间; 重复三到四次,游戏结束,社工进行总结:无论是1元的、5角的都有它不同的价值,没有1元的凑不成大额数字,没有五角的也凑不出来零钱,这和人的价值一样,无论我们是什么样的角色,都有自身的价值	小纸片
15分钟	我们的大森林	认识自己在不同环境中的角色和价值	把组员分成6人一队,小队合作,画出一幅大森林:每个人只能选择一个能够代表自己的或者自己喜欢的森林中的物品画在大白纸上	大白纸、水彩笔、马克笔
10分钟	绘画分享	认识自己的价值,让组员认识自己对团队的作用	每个小队分享自己队的成果,每位组员谈谈自己为什么会画这一个物品; 主持人最后进行总结:每一个物品都有自己不同于其他物品的价值,都是独特的,都是有自己的作用的	无
15分钟	优点大轰炸	深化认识每个人都是独特的,每个人都有自己的价值,每个人都有值得肯定的地方	大家在纸条上写至少两个自己的优点; 然后为小队的每个成员写上至少一个优点,并将纸条贴在该成员背后; 在所有人填写完毕后,大家摘下背后的纸条,看看是否和自己的认知一致	小纸条若干
10分钟	活动分享	升华主题,让组员看到他人对自己的肯定	请组员思考:自己刚刚得到的夸赞是否真实?通过得到的夸赞和自己对自己的评价进行比较,你发现了什么? 之后社工邀请组员进行分享	无

时长	活动主题	活动目标	活动内容	所需材料
5分钟	总结分享	鼓励组员发现自己的优点，提高自我评价，努力成为更好的自己	深化主题，社工进行总结：无论你现在是怎样的一个人，你都有自己的存在价值，都可以尽可能地利用自己的价值做你认为更有意义的事	无

3. 活动记录与反思

表2-16　第二节活动记录与反思表

工作人员	张小泽、甫小琳、杨小雪、冯小桥		记录员	张小泽
工作人员的表现记录（正面行为"√"，负面行为"O"）				
工作人员	服务情况简介		正/负面行为	
杨小雪	组员不懂的地方认真讲解，有激情地主持活动		√	
甫小琳	认真协助主持人开展活动，提醒主持人活动的时间分配		√	
张小泽	活动过程中采集照片，并做活动记录		√	
冯小桥	协助主持人严明纪律，维持秩序		√	
服务对象的表现记录（正面行为"√"，负面行为"O"）				
服务对象	参与活动情况		正/负面行为	
杨小平	认真参与活动，积极分享		√	
杨小香	活动中不懂就问，遵守活动规则		√	
双小兰	全程认真参与，活动结束后还帮助社工整理场地		√	
张小飞	思想开小差，经常打扰其他组员		O	

4. 活动评估

表2-17　第二节活动评估表

达成效果 \ 评估项目	很差	较差	一般	较好	很好	情况说明
物资准备				√		物资能够提前准备好，为避免突发情况，特意多准备了几份材料
本节主题设计				√		符合该年龄段组员的需要
现场气氛					√	组员发言分享都很积极，氛围活跃
流程的执行					√	按计划执行
目标的达成				√		让大部分组员都认识到接纳自我的重要性
服务对象的反馈				√		服务对象的反馈很好，都表示对活动感兴趣

5. 活动反思与总结

表2-18　第二节活动反思与总结表

> 回顾本节活动的开展，首先从组员的表现看，大部分组员都非常认真地参与活动，比如积极发言、细致分享他人优点等；其次，整节活动都按照计划完成，时间上刚好是一节课的时间，没有耽误接下来的课程教学；最后，组员都表示对本节活动很感兴趣，结束时有很多组员询问下一节活动是什么时候开展。总的来说，整节活动完成度很高，但是仍然有问题存在。第一点，"自我意识"这个词对四年级的学生来说仍比较陌生，社工花了较长的时间去解释，但是仍然有组员不明白；第二点，在介绍一些较为复杂的活动规则时，有一部分组员理解不了，导致在分享环节，他们分享的内容和大家有些不同。造成组员不明白活动规则的原因除了自身理解力之外，活动负责社工的讲解能力是核心因素，在后续活动筹备阶段，需进一步提升社工对活动的驾驭能力。

（三）第三节活动：做更好的自己

1. 活动目标

（1）帮助组员更清楚地认识到自己生活的情境中什么是可以掌控的，什么是无法掌控的，学会掌控自己能够控制的，同时也不必因为自己不能控制的事情而产生消极情绪。

（2）帮助组员更好地演绎自己的社会角色，提升他们塑造自己角色形象的意识，鼓励他们不断完善自我，成为理想中的自己。

2. 活动流程

表2-19　第三节活动流程表

时长	活动主题	活动目标	活动内容	所需材料
5分钟	回顾与主题介绍	承上启下，巩固上节内容，介绍本节主题	社工问候组员，回顾前两节活动，介绍本节活动主题；回顾小组活动规范，强调纪律	无
6分钟	我叫轻轻	感受规则对自身行为的控制，感受不同角色设定下自身行为的选择	主持人邀请四名组员自愿上台，其中两名扮演老狼，一名扮演鳄鱼，一名扮演小绵羊。情境设定：小绵羊家里没水了，小绵羊必须穿过有老狼的森林，来到有鳄鱼的小溪边打水，小绵羊只有轻轻地不发出任何声音才能穿过两只老狼身边，只有不在鳄鱼正面才不会被鳄鱼发现，否则就会被老狼或者鳄鱼吃掉。只有成功穿过森林，到小溪边打到水才算成功	情境卡片

续表

时长	活动主题	活动目标	活动内容	所需材料
3分钟	报数分组	分组以便于后续活动的开展	社工邀请大家按照1、2、3的顺序依次轮流报数,报1的分为一队,报2的分为二队,报3的分为三队,每个小队围坐一张桌子	无
18分钟	情境圆圈图	认识自己周围可控和不可控的因素	社工给每个队分发材料,材料中设置了一个特定的情境(例如,课堂、操场、食堂、宿舍等); 组员根据所获得的材料,由小队讨论之后在同心圆纸上进行注释,在内圆中写出可控因素,在外圆中写出不可控因素	情境卡片、同心圆卡片
7分钟	活动分享	讨论面对不可控因素的应对策略	每个小队分享自己所制作出的圆圈图,说说自己在两个圆圈里为什么会有这样的分配,以及在面对这些因素时,我们应该怎么做,社工最后进行总结	无
10分钟	我是谁	促进组员能够明确自己的社会角色	社工邀请大家在分发的小纸条上,写出自己的5—10个角色,可以是生理角色(如儿子、女儿等)、社会角色(朋友、学生等)	小卡纸
8分钟	活动分享	帮助组员认识到自己所承担角色的行为规范	社工邀请大家分享自己的角色有哪些,并说说自己作为这个角色,应该有怎样的表现	无
5分钟	总结分享	回归主题,探讨如何做更好的自己	社工最后总结:无论你身处什么环境,作为什么角色,你都要有尽可能把这个角色演绎到最好的能力	无

3. 活动记录与反思

表2-20 第三节活动记录与反思表

工作人员	杨小雪、冯小桥、甫小琳、张小泽		记录员	甫小琳
工作人员的表现记录(正面行为"√",负面行为"O")				
工作人员	服务情况简介			正/负面行为
杨小雪	流程清楚、主持流畅,准确传达了活动主题			√

甫小琳	作为协助者参与到活动中，主动拉近与组员的距离	√
张小泽	拍摄活动中所需要的照片	√
冯小桥	对活动流程不清晰，扰乱主持人的进程安排	○
服务对象的表现记录（正面行为"√"，负面行为"○"）		
服务对象	参与活动情况	正/负面行为
张小程	表现积极，主动活跃气氛	√
张小建	主动分享自己的理想，鼓励其他组员	√
张小微	主动协助社工维持秩序	√
刘小果	在社工的鼓励下分享自己小队的成果	√

4. 活动评估

表 2-21 第三节活动评估表

达成效果 评估项目	很差	较差	一般	较好	很好	情况说明
物资准备				√		提前准备好活动所用的材料
本节主题设计				√		根据组员年龄阶段和发展需求，有针对性地设计主题活动
现场气氛					√	气氛活跃，并且很有秩序
流程的执行				√		活动流程按照原定计划进行
目标的达成				√		目标基本达成，组员在认识自我的过程中，积极展现自己
服务对象的反馈					√	参与活动的服务对象反馈正向

5. 活动反思与总结

表 2-22 第三节活动反思与总结表

这是第三次开展四年级学生的自我意识小组活动，活动呈现的效果要比上一次好很多，整体活动井然有序，组员的参与度都很高。一方面以组员喜欢的情境游戏作为开场活动，活跃了气氛，调动了组员的积极性，为后续活动做了良好的铺垫，并且组员非常配合，理解能力很强；另一方面，社工协作组织到位，整节活动设计合理，在开展活动时能够顺畅地进行各个环节的过渡和衔接。组员意识到，参加活动不是简单地做游戏，而是由游戏联系到自己身上，促进自己成长。

（四）第四节活动：我长大了

1.活动目标

（1）帮助组员了解自己所承担的社会角色，明确自己角色所应有的表现，进行自我塑造、自我管理，更好地扮演自己的角色。

（2）意识到自己在不断成长，相信通过努力自己会成长得更好，提升自我效能感。

2.活动流程

表2-23 第四节活动流程表

时长	活动主题	活动目标	活动内容	所需材料
5分钟	回顾与开场	回顾前面三节内容，介绍本节主题	社工带领组员回顾上几次活动，巩固原有内容；说明本次活动的主题；回顾小组规范，强调小组秩序	无
8分钟	动物蹲	活跃气氛	主持人拿出提前准备好的动物卡片，每个组员任意抽取一张；主持人叙述游戏规则：当主持人发出例如"小兔子蹲"的指令后，抽到"小兔子"卡片的组员立刻下蹲两次，没有及时反应的组员被淘汰，以此类推，直至剩下一种动物角色	动物小卡片
15分钟	生命线	明确成长历程中自己会承担不同角色，简单地展望未来	邀请大家思考之后，画出自己成长的轨迹，在大白纸上画出一条直线代表自己生命的长度，标注自己当下的年龄节点，记录给自己造成重大影响的事件的时间节点；再画出未来二十年可能会经历的重要事件及时间节点（例如，上学、工作、离开家去远处、实现了自己的理想等）	大白纸、马克笔
10分钟	活动分享	通过分享，意识到自己的成长	社工邀请大家分享自己的生命线，并说一说自己的成长（可以从小时候不会做的，现在会做的；或者是小时候没有的，现在有了的这些方面进行分享），社工可以适当的进行自我披露。	无

续表

时长	活动主题	活动目标	活动内容	所需材料
15分钟	纸飞机	鼓励大家相信自己能够有更好的未来	社工给每人发一张A4纸，大家分别在纸上写出自己十年内的愿望，之后将A4纸折成纸飞机；社工邀请大家围成圆圈，放飞自己的纸飞机	大白纸、水彩笔
10分钟	总结分享	回归主题，总结活动，进行告别	社工对组员表示肯定，鼓励组员努力学习，向着未来更好的自己出发	无

3. 活动记录与反思

表2-24　第四节活动记录与反思表

工作人员	杨小雪、冯小桥、甫小琳、张小泽	记录员	甫小琳
工作人员的表现记录（正面行为"√"，负面行为"O"）			
工作人员	服务情况简介	正/负面行为	
杨小雪	主持过程顺畅，表达清晰，语气温和	√	
冯小桥	主动协助活动开展	√	
甫小琳	拍摄照片，主动向组员讲解活动规则	√	
张小泽	配合主持人开展活动，维持小组内的秩序	√	
服务对象的表现记录（正面行为"√"，负面行为"O"）			
服务对象	参与活动情况	正/负面行为	
刘小高	认真配合社工开展活动，协助社工维持小组秩序	√	
张小果	安静，配合社工开展活动	√	
双小贤	自律能力较差，影响活动开展	O	
段小雪	态度端正，遇到问题会及时向社工反应	√	
高小宇	情绪过于激动，难以控制	O	

4. 活动评估

表2-25　第四节活动评估表

评估项目 \ 达成效果	很差	较差	一般	较好	很好	情况说明
物资准备					√	提前一天准备好活动所用材料，进行排练
本节主题设计				√		根据组员年龄阶段，有针对性地设计主题

续表

评估项目＼达成效果	很差	较差	一般	较好	很好	情况说明
现场气氛					√	活动气氛相当活跃，组员积极配合
流程的执行				√		活动流程按照原计划进行，时间把控恰当
目标的达成				√		目标基本达成，组员分享自己的梦想，意识到努力学习才会有光明的未来
服务对象的反馈				√		参与活动很开心，没有特别的负面反馈

5. 活动反思与总结

表2-26　第四节活动反思与总结表

本节活动是第四节小组活动，也是最后一节活动。社工和组员已经建立起融洽的专业关系，所以活动开始时不用刻意活跃气氛，能够很自然地进行下去。活动开展过程中，在"生命线"的游戏时，刚开始组员不是很理解游戏规则，社工重新介绍了一遍，并邀请协助社工示范了一次，效果较好。 　　整体活动的效果不错，组员认识到自己所承担的社会角色，并且分享了自己的梦想。社工给予他们正向鼓励，有助于增强组员的自信心，进一步提升组员的自我效能感。负责社工和协助社工表现得都很好，配合默契，一起面对活动中遇到的挑战。在宣布本小组活动结束时，有几个组员明显表现出不舍情绪，社工告诉他们，后续还有其他活动，可以根据自身兴趣和需要参加，一定程度上缓解了离别情绪。

七、小组总结

（一）小组价值理念的有效践行

第一，互助。在小组中，随着组员彼此之间的关系越来越深厚，他们之间会自然发展出互助性关系，会关注彼此并推动小组深入发展。在中村小学开展的此次小组活动中，组员们建立起基本的信任关系后，通过互动讨论彼此共同关心的话题，他们发现自己身上的问题并不只是自己才有，存在普遍性，从而减轻了自我标签的负面情绪。大家相互交流遇到问题时的应对策略，从其他组员经验中汲取营养。当然小组工作者也需要激发组员互助、合作的意识，既推动小组目标实现，也促进个体成长。

第二，尊重。鉴于人人平等的原则，每个组员都应该受到尊重，社工应该相信组员有改变的能力和潜能。在本次小组活动开展过程中，小组工作者能够积极引导组员之间相互欣赏，让组员感受到自己的想法有人倾听，从而得到关注。

第三，民主参与和决策。小组工作者充分营造平等、尊重、舒适的氛围，调动组员的参与积极性。前期小组规范的制定、中期案例讨论、后期的合作解决问题等，不同节次的小组活动都有意识地为组员参与创造条件，并充分倾听、吸收组员的意见，一定程度上保证了决策的民主。

（二）小组活动开展过程中的挑战

第一，小组组员的筛选问题。

在小组筹备阶段组员的招募过程中，小组工作者认为组员应该是自愿参与，而且不想将任何一个表达过参与意愿的学生拒之门外。因此，组员并没有经过特别筛选，只要报名参与的最后都被纳入进来。殊不知，组员个体特征、行为表现都会影响到小组活动的整体效果，甄选组员也是双方互相澄清的过程。报名者有权知道小组的目标、活动形式等，小组工作者也有责任确定其是否适合参加小组，以避免造成对其他组员的伤害，影响整体效果。

第二，对于一些特殊组员的干预。

回顾本次小组活动，社工发现，个别组员过于积极，无时无刻不在想着表现自己，经常打断其他组员的发言，希望博得关注；个别组员参与活动比较被动，过于沉默，基本听不到他们的表达。这样，组员之间的互动有时候会失去平衡，沉默的组员容易受到垄断性组员的压力，经常会被压制甚至攻击。这种情况下，小组工作者应该及时制止，小心地对待小组中比较沉默、退缩的组员，不能放任某些组员过于强势，支持和鼓励所有组员平等地参与到小组活动过程中。

第五节 护航成长——小学生安全教育小组

一、小组背景

随着我国农村中小学布局调整的不断深入，学生对寄宿制学校的需求也越来越明显，寄宿生也从小学高年级向低年级开始延伸，甚至部分幼儿园也出现了寄宿现象。寄宿儿童由于年龄较小，往往独立生活能力较差，这使得他们在寄宿制的学校生活中面临一些困境，如他们与父母沟通交流较少导致情感支持缺乏、安全意识薄弱、卫生习惯差、学习动力不足等。

垭村距离乡政府所在地 13 公里，距县城 35 公里，面积 12.68 平方公里。垭村 2021 年末有 590 户 2516 人，其中男性 1245 人，女性 1271 人，适龄儿童 368 人。该村人多地少，主要经济来源是种植烟叶、甘蔗以及外出务工。垭村有一所小学，共有学生 317 人，其中男生 154 人，女生 163 人，该小学是寄宿制学校，除特殊情况外，学校要求学生都在校住宿。学校周一至周五上课，晚上七点到九点有晚自习，周末放假两天，周日晚自习前要求返校。

社工通过观察发现，垭村小学的寄宿儿童普遍缺乏安全意识，他们对平常在校园学习、生活中面临的安全隐患并不清楚。一方面，寄宿儿童能够从家庭获得的安全知识非常有限，许多家长自身都欠缺安全意识，所掌握的应对危险的知识少之又少，自身安全意识薄弱；另一方面，学校虽然能够给学生提供一些安全教育，但主要集中在地震、火灾等灾害的应对，并没有结合学生的实际情况考虑到学习生活中的安全隐患，导致学生能够获得的安全知识较为单一。了解到这些情况后，社工利用课余时间深入到不同年级的学生宿舍进行了走访，发现垭村小学的儿童在预判危险的发生、危险过程中的应对能力以及生活中的自我保护意识都比较薄弱，哪怕了解一些浅层次的安全知识，也没有能力去处理危机情况。他们自身多次表达希望社工通过活动的形式，帮助他们全方位地学习安全知识和技能，尽量减少危险的发生，如果发生危险可以知道采取什么措施做到自我保护。社工们了解到这些需求后，征得垭村小学教师的同意，决定从校园安全教育作为切入点，首先带领学生对校园安全隐患进行大排查，从儿童视角审视校园中可能存在的安全隐患。之后，开展安全教育小组，通过较为系统的小组活动，帮助垭村小学寄宿儿童掌握一定的安全知识和技能，提升他们的安全意识。

二、小组基本信息

（一）小组名称

护航成长——小学生安全教育小组

（二）小组目标

帮助垭村小学寄宿儿童增强安全意识，学习安全知识和技能，能够在今后的校园生活中健康快乐的成长。

（三）小组特征

性质：教育类小组

节数：四节

时间：下午5：40至6：50

地点：儿童之家活动室

人数：12人

（四）招募方法

第一，班级宣传。向各个班主任说明我们要做的小组活动的主题以及活动目标，请班主任帮助我们在班级进行宣传；第二，宿舍宣传。进入学生宿舍宣传并进行招募；第三，同伴带动。鼓励前期报名的组员带动身边的小伙伴参加活动。

（五）预计困难及解决

表 2-27　小组预计困难及解决方案表

预计困难	解决方案
小组成员人数不够	再次与学校教师进行沟通，进班级宣传；晚自习后到访学生宿舍并鼓励学生现场报名
小组成员不固定	小组初期制定小组规范，并且希望每个小组成员都能全程参加四节小组活动；为鼓励大家的积极性，每节活动结束时对表现优秀的小组成员进行奖励
小组进行过程中大部分组员不喜欢设计的活动	一是在活动设计时充分考虑组员的年龄特点，将活动设计得丰富多彩；二是每节活动时准备一些备选活动，可以根据组员的反应进行临时调整
报名人数较多	按照报名顺序以及对潜在组员的评估，综合考虑选择最适合的 12 名组员；鼓励其余未入选的儿童参与社工开展的其他类型的活动。

（六）评估方法

第一，参与观察。小组工作者全程参与到小组活动当中，并在活动过程中通过观察组员的投入程度（发言情况、积极性等）进行评估；第二，组员分享。在小组活动过程中以及每一节活动结束后，通过组员的分享和反馈进行评估。

三、小组流程

（一）第一节活动：校园活动安全

目标：引导组员学习校园活动安全知识，增强组员校园活动安全意识，提升学生在校园中的自我保护能力。

表 2-28　第一节活动方案表

时长	目标	内容	所需物资
5 分钟	帮助组员互相认识；帮助组员对小组活动形式有初步了解	主持人介绍小组的主题和目标；重点介绍本节活动的目的与流程；组员与社工依次进行自我介绍	无
15 分钟	活跃小组气氛，调动组员参与活动的积极性，为后续的活动做铺垫	游戏："喜怒哀乐"传表情	写有"怒火中烧、风情万种"等表情成语的字条；答案目录表

时长	目标	内容	所需物资
10分钟	引导大家从儿童视角审视校园安全隐患	将组员分成4人一队； 之后每个小队讨论同一个主题的内容——校园中存在的安全隐患； 大家都要发表自己的观点，由一名组员记录并在下一个环节分享交流	大白纸、记号笔
20分钟	引导组员学习校园活动安全知识，提升活动安全意识	每个小队依次派出代表分享讨论结果； 将大家共同提及的内容制作成为《校园活动安全守则》	现场制作《校园活动安全守则》PPT
5分钟	巩固校园活动安全意识，并鼓励组员进行同伴教育	由主持人引导组员在《校园活动安全守则》中增加合适的内容； 邀请组员在小组结束后与自己的同学、朋友分享守则中的注意事项	无
5分钟	鼓励小组成员参加下节活动	对活动过程中表现好的组员进行口头表扬并预告下一节活动的内容和时间	无

（二）第二节活动：消防安全

目标：帮助组员认识火灾的危险性，学习如何预防火灾，掌握应对火灾的方法。

表2-29　第二节活动方案表

时间	目标	内容	所需物资
5分钟	巩固上一节活动中学习的校园活动安全知识，引出本节活动的主题	回顾上一节活动的重点内容； 介绍本节小组活动的主题	《校园活动安全守则》PPT
10分钟	了解导致火灾发生的因素	头脑风暴： 根据自己的理解，自由表达"什么导致火灾的发生"	大白纸

续表

时间	目标	内容	所需物资
15 分钟	了解火灾发生后应采取的措施，帮助组员学习正确应对火灾的方法	消防安全知识大比拼	50 道相关题目
20 分钟	帮助组员根据学习的消防知识，在模拟情境中转化为应对能力	情景模拟： 火灾来临时，我该怎么做	预设模拟情境的纸条
15 分钟	巩固本节内容； 简要评估小组成效	总结本节学习的消防知识，分享学习心得； 鼓励组员继续参与接下来的小组活动	无

（三）第三节活动：交通安全

目标：引导组员了解、分析垭村小学门口存在的交通安全隐患，增强组员的交通安全意识。

表 2-30　第三节活动方案表

时间	目标	内容	所需物资
5 分钟	巩固第二节小组活动学习的消防安全知识，介绍本节活动的主题	回顾之前活动中的重点内容； 介绍本节小组活动的内容	无
10 分钟	引出本节活动的主题，在游戏中强化儿童的交通安全意识	游戏："红灯停，绿灯行"	无
15 分钟	通过案例教学引发组员思考	由主持人播放交通意外的视频，邀请组员分享视频案例中当事人的哪些行为需要改进	搜集整理好的视频资料
20 分钟	帮助组员了解身边的交通安全隐患，并商讨应对措施	把组员分成 4 人一队，就垭村小学门口的交通情况进行讨论，找出可能存在的安全隐患； 引导组员集体探讨为减少交通意外，自己应该如何去做	无
10 分钟	通过简单易懂的口诀，帮助组员快速牢记交通规则	共同学习《交通安全规则拍手歌》	《交通安全规则拍手歌》的视频资料

续表

时间	目标	内容	所需物资
5分钟	总结本节活动； 进行简要评估	主持人总结本节活动大家集体讨论的成果； 邀请组员进行参与活动之后的感受分享； 预告下一节活动是安全教育小组活动的最后一节活动	无

（四）第四节活动：人身安全

目标：帮助组员了解人贩子拐骗儿童的手段，学会预防被拐骗以及被拐骗后的自救方法。

表2-31　第四节活动方案表

时长	目标	内容	所需物资
5分钟	巩固上一节学习的交通安全的内容，引出本节活动的主题	引导组员回忆上一节活动大家讨论学习的成果； 介绍本节小组活动的内容	无
10分钟	活跃小组氛围，鼓励组员积极参与到活动中。	小游戏："五角一块"	无
15分钟	通过情景模拟，引导组员了解人贩子的拐骗手段	情境模拟：演绎不同情境之中的拐骗	搜集整理好的拐骗情境
15分钟	引导组员交流如何应对拐骗	组员分享情境模拟中没有出现的自己还能想到的其他情境； 引导组员交流当处于上述情境中时，自己如何应对	无
10分钟	整体总结回顾； 强化所学内容	主持人引导组员对所有的四节活动进行整体的回顾和总结； 鼓励组员将所学内容应用到日常生活中； 宣布小组结束	无

四、小组发展过程

（一）小组初期：订立契约

为了让组员真实地展现自我，小组工作者秉持着尊重、接纳、不批判的态度，与组员一起订立小组契约，内容包括：学会聆听、学会分享、主动发言、按照社工的要求去做、互帮互助、不追逐打闹、保持活动场地的卫生。小组契约的订立，使得组员勇于承担、相互监督，共同推动小组的顺畅发展，并对小组产生归属感。

（二）小组中期：冲突解决

小组发展进入中期后，组员的自我意识和权力控制意识逐步增强。在第二节消防安全的情景模拟活动部分，大部分组员表现得十分积极，但是通过小组工作者的观察，小组中依然存在沉默的组员，沉默的原因是部分组员个人的性格内向、被动。同时小组中出现垄断者，他们急于发表自身观点，经常打断其他组员的发言，或者急于否定其他组员的观点，过于积极地表现自我，受到了其他组员的指责。组员之间由于权力争夺和对问题的看法不一样，导致了矛盾和冲突。

因此，小组工作者及时暂停了这一环节，让组员们围成一圈，商量如何有效地进行分组讨论与情景模拟，让每位组员都能够表现自我。小组工作者运用包容、冷静、理性的态度，采用提问、分享、焦点回归等方法引导组员共同化解矛盾和冲突。最后大家达成一致意见，在分享环节组员可以轮流有序地进行发言，每个组员要尊重他人的表达，从他人的角度理解不同发言内容背后的意义，拓展自身视野。对于某一组员因为表达错误被其他组员指责的情况，小组工作者也要适时地引导组员，对组员说明在日常生活中每个人都可能犯错，犯错并不可怕，重要的是从错误中有所学习，因此错误就是一个自身成长的契机。大家不要害怕犯错误，也不能揪着组员的一些错误不放，应该将重心放到已有的收获上面。

（三）小组后期：巩固成果

1. 了解并处理组员有关小组结束的情绪和感受

小组工作者要处理好自己的情绪，同时要帮助组员接受小组结束的事实，做好结束小组的准备。一方面要鼓励组员充分表达自己的感受，释放自己的情绪，提升组员下一次面对类似分离的应对能力；另一方面要引导组员认识到小组结束的积极意义，并能够妥善安排离开小组后的生活，能够在日常生活中运用本次小组学习到的知识和技能。

2. 评估和总结小组活动成效

小组工作者总结本次小组活动，通过大家活动过程中的表现以及每节活动之后的反馈，小组活动推动组员学习到了四个方面的安全知识，并掌握了一定的安全技能，安全意识提升明显，小组目标较好的达成。为巩固小组成果，小组工作者为全程参与小组的成员颁发小奖品，并鼓励组员将小组过程中学习到的知识传递给他人，并将所学技能应用到生活中，增强独立生活的信心。

五、小组技巧反思

（一）小组工作者与组员的沟通

良好的沟通是小组工作的动力源。根据本次小组过程中社工和组员的交往经验，我们发现在活动刚开始时，组员对我们的定位是"教师"，我们反复强调自己是"社工姐姐/哥哥"，但是在活动过程中，依然有部分组员会称呼我们为"教师"。在中国文化中，教师与学生的关系更多趋向的是权威与服从的关系，而这种关系，带来的结果就是组员对小组工作者指令的期待，他们总是期待小组工作者告诉他们答案，而不是自己想办法寻找答案。

（二）小组游戏活动设计的反思

在小组过程中，在每一节活动的开始阶段，小组工作者往往会选择一些比较有趣的破冰游戏活跃气氛，促使组员尽快融入到小组中，并且适时地引出活动主题。但很多时候，小组工作者过于注重破冰游戏这一形式，而忽视了游戏背后的逻辑和目标，反而使得破冰游戏没有达到预期目的或者引发了没有预料到的后果。

在第四节小组中，工作者设计了游戏"五毛一块"，游戏规则很简单，女生是"五毛"，男生是"一块"，组员们围成圆圈顺时针走动，当工作者喊出"几块几毛"的时候，组员需要尽快地组合成工作者喊出的数字，落单的、没有组合成该数字的组员则被淘汰。小组观察员发现，这个本意是希望组员轻松的游戏，让组员们表现得很紧张，生怕自己落单被淘汰，但是随着游戏的进行，总有人会被淘汰，被排斥在下一轮游戏之外。那么如果访问那些被淘汰的组员，在意识到自己被淘汰的时刻，他们是怎样的感受？是否体验到了被排斥的挫败感？所以在设计各个活动环节时，小组工作者应该全面思考，争取发挥活动的正向作用，将负面影响降到最低。

（三）小组工作者奖励行为的反思

在小组活动过程中，小组工作者对表现良好的组员给予了口头表扬，并偶有小礼品的奖励。表扬和奖励不仅仅是小组工作者对组员给予肯定的一种方式，通过奖励行为，小组工作者可以引导组员思考自己的什么行为可以得到奖励，这个行为为什么好。这样既可以强化获得奖励的组员不断重复被肯定的行为，又能够发挥其榜样示范作用，鼓励其他组员从他们身上学习。奖励的意义不仅仅是让组员感受获得表扬和奖品的喜悦，更是小组工作者鼓励组员规范自身行为和引导组员相互学习的有效方法。

第六节 勇闯"唯胜岛"——卫生习惯养成小组

一、小组背景

小学阶段的儿童处于身心发展的关键时期，正在养成生活习惯，但是学校更多关注的是他们学习成绩如何，在生活习惯方面鲜有专门的教育。在家庭方面，要么是家长忙于生计无暇顾及，要么是家长同样没有良好行为习惯的意识，甚至给子女做出不良的示范。儿童时期的行为习惯处于塑造期，儿童的模仿能力很强，容易受到外界环境的影响。教师、家长或者是其他周围群众的一些行为会对孩子产生影响，如随地吐痰、随手乱扔垃圾等不良行为会被孩子直接模仿，长此以往，儿童的不良行为习惯就会根深蒂固难以改变。

二、需求呈现

营村小学高年级（4—6年级）学生有四个班，共145人，其中女生69人，男生76人，年龄集中在9—13岁。按照年级情况来看，四年级有44人，五年级有43人，六年级有58人。社工对145名学生进行卫生习惯的问卷调查，内容涉及个人基本情况、个人卫生习惯、公共卫生习惯、饮食卫生习惯和心理卫生习惯几个方面，共27个问题。在进行问卷调查的过程中，出现学生对问卷题目不理解、忘记填写等问题，社工会及时进行解释与提醒，以便学生高质量完成问卷。问卷总共发放144份（在调查过程中，1名学生临时生病就医，没有参与问卷填写），回收144份，有效问卷133份，有效率92.4%。通过对回收的问卷进行分析，可以发现整体上女生的卫生习惯略好于男生，六年级学生的卫生习惯略好于其他两个年级。三个年级的学生大都在个人卫生、饮食卫生、公共卫生等方面存在不良表现。

（一）没有良好的睡眠习惯

在对良好睡眠习惯的调查中，39.8%的人表示能够按时睡觉、起床，四年级的学生占比最多，有23人；57.9%的人表示"有时不能做到"，六年级的学生占比最多，有34人；2.3%的人选择"不能做到"，四至六年级各有1人。从数据中可以发现，有一半以上的人没有良好的睡眠习惯，四年级学生情况相对六年级较好，四年级学生所面临的各方面压力较小。六年级学生由于面临升学压力，课业繁重，再加上他们自我独立意识逐渐增强，对父母管教的服从力度减弱但是自控能力又不足，导致睡眠习惯相对较差。

表 2-32　能否按时睡觉、起床

年级	能否按时睡觉、起床的人数			合计
	能	不能	有时不能	
四年级	23	1	17	41
	17.3%	0.8%	12.8%	30.8%
五年级	13	1	26	40
	9.8%	0.8%	19.5%	30.1%
六年级	17	1	34	52
	12.8%	0.8%	25.6%	39.1%
合计	53	3	77	133
	39.8%	2.3%	57.9%	100.0%

（二）不注意用眼卫生

在眼睛发痒或者有异物进入导致眼睛不舒服的情况下，大部分人的第一反应是用手揉眼睛，且在这之前不会注意到手是否干净，是否接触过不卫生的东西。在接受调查的四至六年级学生中，64.66% 的人选择了"眼睛进东西时直接用手揉"。从数据中可以看出，大部分人都不注意用眼卫生，这对于小学生来说是很不好的习惯。处于这个阶段的学生好动、爱玩，手上常常带有很多细菌，用手揉眼睛容易对眼睛造成伤害。教师、家长虽对此有过提醒、教育，但大部分人没有认识到此不良行为的危害，甚至形成了习惯。

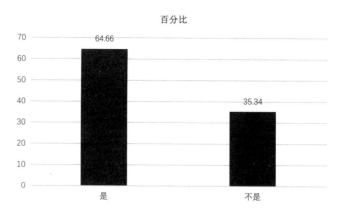

图 2-1　眼睛进东西时是否直接用手揉

（三）饮食卫生得不到保障

通过分析问卷，发现有 66.2% 的人会在路边摊购买食物或在小卖部购买零食，在购买食物的时候，有 24.1% 的人不会注意查看保质期。学校周围有许多家卖小吃的店铺，在上下学时段也会有临时摆出的摊点，这些就成为学生零食的主要来源，但大多都是没有卫生保障的。部分家庭经济条件较好，给孩子的零花钱较多，使得他们在路边摊、小卖部等摊点的消费较多。过多的依赖零食，导致学生们的正常饮食规律被破坏，调查显示有35.3%的学生不能按时吃三餐，存在不良的饮食习惯。

表2-33 饮食卫生调查结果

结果 问题	是	不是	合计
是否经常购买路边摊或小卖部里的零食	88	45	133
	66.20%	33.80%	100%
买食物是否会注意包装袋上的保质期	101	32	133
	75.90%	24.10%	100%
一日三餐是否按时吃	86	47	133
	64.70%	35.30%	100%

（四）公共卫生意识差

学生在学校内，受到校规的约束、教师的监督，不会乱丢垃圾，能够爱护学校卫生，但在学校之外的表现却不尽如人意。在调查中，对于"在家里或街上是否会乱扔果皮纸屑"一题，41.4%的人选择"从不乱扔"，54.9%的人选择"大多数时候不"，仍有3.8%的人选择"常乱扔"。对于"看到别人乱扔垃圾或者在地上发现脏物时能否主动捡起"一题，28.6%的人表示"会赶快捡起来"，63.2%的人表示"有时会捡起来"，8.3%的人"会装作没看见"。数据说明还有部分人存在公共卫生意识差的现象。作为小学生，他们受外界他人行为的影响比较大，当他们看到路上的行人有人乱丢垃圾，不注意公共卫生，比较容易受到负面影响，引发他们的不良行为。

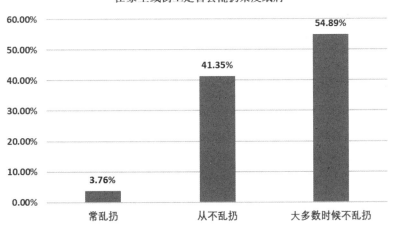

在家里或街上是否会乱扔果皮纸屑

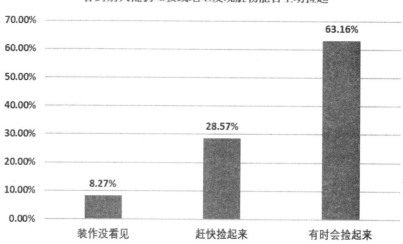

图 2-2 公共卫生习惯调查

三、小组理论指导

（一）社会学习理论

社会学习理论是由美国心理学家班杜拉提出的，该理论强调人们通过观察和模仿他人的行为就可以获得改变，形成新的行为方式。在小组活动中，每个组员都会分享自己的经验、想法，也会表现出多样化的行为，其他组员就可以进行观察，进一步地模仿和学习。班杜拉还强调在学习过程中认知的重要性，对人的尊严和能动性给予了充分的肯定。在小组活动中，组员可以根据自己的观察和对他人行为的模仿，改变自身认知，进而推动自身行为的转变。当然在这个过程中，社工需要对组员充满信心，相信组员可以通过观察、模仿和学习获得改变。

（二）优势视角理论

"优势视角"是一种关注人的内在力量和优势资源的视角。"优势视角"将关注点聚焦在案主自身的能力和优势上，社会工作者立足于发现案主的资源，发挥其优势，调动案主的主体性，协助他们达到自己的目标。在小组活动中，每个组员都是一个积极的能动主体，拥有自己的优势和资源，社工需要帮助组员认识到自身所拥有的这些优势和资源，并因势利导地发挥其价值。

（三）"镜中我"理论

"镜中我"理论是由美国社会学家库利提出来的，他强调在与他人的互动过程中，我们通过感知他人对我们的评价，从而建立起我们的自我意识、自我形象和自我评价，他人犹如一面"镜子"，我们正是从他人这面"镜子"中发现我们自己。在小组活动中，其他组员就是自己的一面"镜子"，组员通过与他人的互动，可以感知到他人对自己的态度、看法，从而判断自己的行为是否合适，这推动组员树立正确的自我意识、自我形象和自我评价。

四、小组基本资料

（一）小组名称

勇闯"唯胜岛"——卫生习惯养成小组

（二）目标及目的

目标：帮助组员了解卫生习惯的知识，提升组员培养良好卫生习惯的意识，具备一定的卫生素养。

目的：

（1）介绍卫生习惯的基本知识，帮助组员掌握并运用。

（2）帮助组员辨识不良卫生习惯，认识不良卫生习惯的危害。

（3）培养组员养成良好的卫生习惯。

（三）服务对象

营村小学在卫生行为习惯方面存在问题，希望得到改变的四至六年级学生。

（四）小组特征

（1）小组性质：成长性小组

（2）活动节数：六节

（3）活动时间：下午 4:30—5:30

（4）活动地点：教室

（5）活动人数：6—12 人

（五）招募方法

（1）在班级内或学校宣传栏张贴活动宣传海报。

（2）走进各个班级进行宣传招募。

（3）在学校内设置报名点，接受学生报名并对学生进行初步了解，筛选合适人员参加。

（4）班主任推荐。

五、小组实施过程

（一）第一节活动：大家一起来相识

表 2-34　第一节活动方案表

活动内容	活动时间	目标	所需物资
社工首先进行自我介绍（包括姓名及在小组中的角色）； 然后带领组员做"抢凳子"（备注1）的游戏； 每轮游戏中没有抢到凳子的组员需要做自我介绍	15分钟	推动工作者与组员、组员与组员之间初步认识，建立关系； 以游戏形式活跃气氛，缓解组员间的陌生感，便于后续活动的开展	一段简短的音乐
社工向组员介绍小组的目的、内容和活动方式； 简要介绍本节活动的主题	5分钟	让组员明白小组的目的，了解小组的形式，并对组员疑问进行澄清	无
社工将组员分为2-3个小队，引导组员讨论，并在纸上写出对本小组的期望以及他们认为在小组中应该遵守的规范，之后进行分享，工作人员同时进行记录、整理形成小组规范（备注2）。 告知组员每次开展活动都会评选出表现突出的三名同学给予表彰，小队里面的同学所受到的表彰次数相加评定最后的优秀团队。 制作一个荣誉表贴在活动场地的墙上，对每一个组员的获奖情况进行记录，表现优秀的组员名字下面贴小红花，表现优秀的小队后面贴五角星	15分钟	与组员一起订立小组规范，以增强小组的凝聚力和组员对小组的归属感，为顺畅地开展小组活动打下基础； 制定奖励规则，激发组员参与活动的积极性	白纸若干 彩笔若干
社工介绍整体活动背景："唯胜岛"上发生了严重的疫情，是由于岛上居民不讲卫生导致的。现在岛主要召集有才能的人，收集解除疫情所需的"计划书""大眼睛""金扫帚""食品安全标志"四种物品，帮助"唯胜岛"解除疫情。各位参加活动的组员是岛主召集来的有才之士，现在需要接受测试（备注3），通过测试后才能踏上解救"唯胜岛"的道路	15分钟	引入小组活动主题"培养卫生习惯"，为以后活动做铺垫	展示故事背景的PPT

续表

活动内容	活动时间	目标	所需物资
社工恭喜各位组员通过测试，希望组员能顺利收集四种物品，解救"唯胜岛"； 评选表现优秀的组员并颁奖做记录	5分钟	鼓励组员，增强组员参与的积极性	小红花、五角星若干
对本节活动进行总结，并简单预告下节活动； 工作者引导组员对本节活动做出反馈，并提出改进意见	5分钟	巩固活动内容，加深组员对活动的理解； 评估活动成效	无

备注：

1. "抢凳子"游戏规则

组员围着凳子站成一圈，此时凳子数量比组员数量少一个。社工在一旁播放音乐，音乐响起时组员要围绕凳子开始转圈，音乐一停组员就要抢一个凳子并坐下，没有坐下的组员则被淘汰，每淘汰一人，减少一个凳子，反复几轮，直到最后一人获胜，每轮游戏中被淘汰的组员要进行自我介绍。

2. 小组规范内容

参加活动要准时；游戏规则要遵守；活动秩序要维持；举手发言要有序；组员分享不打断；活动中途不退出。

3. 测试规则

社工事先准备好写着词语的纸，组员轮流上来抽签，并将抽到的词语表演出来，其他组员进行猜测，猜对则表示这名组员通过测试，1分钟内没有组员猜出表示失败。所有组员通过测试才算成功，失败的组员设有"复活卡"或"求助卡"，可以申请换词语或请其他组员帮助，每人有一次重来的机会。

词语：扫地、擦窗子、吃东西、肚子痛、烧烤、喝饮料、跳舞、打篮球、游泳、金鸡独立、奥特曼、孙悟空、大猩猩、老虎、企鹅等。

（二）第二节活动：早睡早起身体好

表 2-35　第二节活动方案表

活动内容	活动时间	目标	所需物资
社工给每位组员发一张彩纸，首先请组员在纸上写出自己的名字，然后在规定时间内找其他组员签名，时间截止后交给主持人，主持人随机拿一张出来进行点名，让该组员指出所点同学是谁	10分钟	加深组员之间的相互了解	彩纸、笔若干

活动内容	活动时间	目标	所需物资
社工告知组员本节活动最终目的是获取解除疫情所需的"计划书"，希望组员能够尽力完成任务。 社工向组员讲述故事情节(备注1)，并让组员讨论该如何帮助故事中的人	15分钟	与上节活动做衔接，引入本节活动； 推动组员自己思考，让组员了解怎样才是良好的睡眠习惯，应当如何去做才能养成良好的睡眠习惯	展示故事情节的PPT
社工让组员回想自己平时是否有不好的睡眠习惯，然后邀请组员自愿分享； 工作者向组员讲解不良睡眠习惯的危害（备注2）	10分钟	让组员认识不良睡眠习惯带来的危害	无
社工对前面两个环节的内容进行总结，带领组员讨论并制定每日时间计划表； 对早上起床一直到晚上睡觉的时间做一个详细的规划，重点在于早起时间、午休时间、晚上睡觉时间的制定	15分钟	通过制定每日时间计划表，让组员知道良好睡眠习惯的养成需要有意识地去推动	大白纸、笔
社工恭喜组员完成任务，获得解除疫情所需的"计划表"；评选表现优秀的组员并颁奖做记录	5分钟	对组员进行鼓励	小红花、五角星若干
社工引导组员对本节活动做出分享；工作人员对本次活动进行总结，并简单预告下节活动主题	5分钟	巩固本节活动内容，加深组员印象，为下节活动做铺垫	无

备注：

1. 故事情节

"唯胜岛"上有一个居民叫小明，他经常在晚上和朋友出去唱歌、吃东西等，以至于他每天都是很晚才睡觉，第二天如果没有工作，他可以睡到中午十二点。如果要工作，他也只能早早地起床，但在工作的时候，他总是无精打采、打瞌睡，工作也因此受到影响，并且他还发现自己一直有黑眼圈，脸色也不好，看起来十分憔悴。对此，他感到十分苦恼。

2. 睡眠不规律的危害

影响生物钟，致使白天精力不足，上课容易打瞌睡，影响学习；睡眠不规律会导致皮肤出现粗糙、脸色偏黄、黑斑、青春痘等问题；长时间熬夜还会出现失眠、健忘、易怒、焦虑不安等精神症状。

（三）第三节活动：用眼卫生记心头

表2-36　第三节活动方案表

活动内容	活动时间	目标	所需物资
社工询问组员是否按照上节活动制定的时间计划表去执行，对做到的组员进行表扬，对没有做到的组员进行鼓励	5分钟	回顾上节活动内容，推动组员养成良好的睡眠习惯	无
社工向组员介绍本节活动背景："唯胜岛"的疫情之一是居民眼睛不好，经常发红、发炎，本次活动需要组员通过三个关卡，才能获得解除疫情所需的"大眼睛"	5分钟	引出本节活动主题	介绍活动背景的PPT
第一关："大家一起判一判"。社工给每位组员发一个手牌，一面为红色，一面为蓝色。社工给组员几个情景（备注1），让组员进行判断，认为对的举红色一面，错的举蓝色一面，并说出其中发现的问题	15分钟	让组员能够认识不良的用眼习惯	红蓝手牌若干
第二关："大家一起说一说"。将组员分成几个小队，讨论用手揉眼睛的危害（备注2），并进行分享；工作者最后补充、总结	15分钟	让组员了解用手揉眼睛的危害	无
第三关："大家一起选一选"。社工准备关于用眼卫生的知识（备注3），让组员从眼睛的角度做出选择，喜欢举红色一面，不喜欢举蓝色一面。	10分钟	让组员了解用眼卫生的相关知识，扩宽知识面	红蓝手牌若干
社工恭喜组员完成任务，获得解除疫情所需的"大眼睛"；评选表现优秀的组员并颁奖做记录	5分钟	鼓励组员积极参与活动	小红花、五角星若干
社工引导组员对本次活动做出分享；社工对本次活动进行总结，并简单介绍下节活动主题	5分钟	帮助组员回顾本节内容，加深活动印象，为下节活动做铺垫	无

备注：

1. 故事情节

情景一：小明和同学在操场上打篮球，突然吹来一阵风，有灰尘进入小明的眼睛，小明直接伸手去揉眼睛。

情景二：小红和同学在操场上打篮球，突然吹来一阵风，有灰尘进入小红的眼睛，小红不停地眨眼睛，还请其他同学将灰尘吹出。

情景三：小可最近觉得自己的眼睛十分干涩，总是痒痒的，于是他经常用手去揉眼睛，结果眼睛变得红红的。

情景四：小莉觉得自己眼睛干涩，还总是发痒，于是妈妈带她去看医生，滴了眼药水后过几天就好了。

2. 用手揉眼睛的危害

不注意手上的卫生，用手揉眼睛，容易把细菌带进眼里，导致眼睛发炎，手上的沙粒也会被揉进眼里。患有眼病的人用手揉眼睛后接触他人，会将眼病传染给他人；同样，一只眼睛患有眼病（如发红、发痒），揉过眼睛的手触碰到另一只眼也会传染。如果眼睛里有沙子等异物，用手揉眼睛反而会来回摩擦眼睛，造成眼睛损伤，严重时还会引起感染。

3. 用眼卫生相关知识

（1）每天坚持做眼保健操；（2）读书写字保持正确坐姿；（3）早睡早起，保持充足睡眠；（4）长时间用眼后眺望远方或看一看绿色植物；（5）多吃蔬菜水果，补充维生素A；（6）趴在书桌上看书。

（四）第四节活动：爱护环境小能手

表2-37　第四节活动方案表

活动内容	活动时间	目标	所需物资
社工带领组员做游戏"大风吹"（备注1），游戏输的人需要回答问题（备注2）	10分钟	回顾上节活动内容，活跃气氛	写有问题的纸条
社工告知组员本节活动需要各位组员通过努力，获得解除疫情所需的"金扫帚"；社工向组员讲述"唯胜岛"上居民发生的事情（备注3），希望组员能指出他们存在的错误	15分钟	引入本节活动主题，为后续活动做铺垫；让组员初步认识在公共卫生中的不良卫生习惯	讲述故事PPT
社工播放有关环境污染的图片、视频等，让组员进行观看，然后组员分享观看后的感受，最后由社工引导组员说出正确的做法	15分钟	让组员进一步认识到不良卫生习惯给环境带来的危害，学习如何养成良好的卫生行为习惯	有关环境污染的图片、视频
社工带领组员创作关于爱护环境、养成良好习惯的标语，并进行分享、展示	10分钟	加深组员对保护环境重要性的认识	彩纸、笔若干
社工恭喜组员完成今天的任务，获得解除疫情所需"金扫帚"；评选表现优秀的组员并颁奖做记录	5分钟	鼓励组员积极参与活动	小红花、五角星若干

活动内容	活动时间	目标	所需物资
工作人员引导组员对本次活动做出分享； 工作人员总结本次活动，并简单介绍下节活动	5分钟	帮助组员回顾本节内容，加深活动印象，为下节活动做铺垫	无

备注：

1."大风吹"游戏规则

组员们围成一圈坐下，工作者站在中间。工作者首先说"大风吹"，所有组员回应"吹什么"，工作者说出一部分组员身上具有的特征，如"吹短头发的人"等，具有该特征的组员需要离开自己的座位重新找凳子坐下。在此期间，工作者也可以抢凳子，最终没有抢到凳子的组员自动成为下一轮主持者，并回答工作者提出的问题，之后发出下一轮指令继续游戏。

2.问题

（1）个人卫生行为习惯包含哪些？

参考答案：睡觉习惯、刷牙洗脸、洗手、洗澡、换衣服、整理物品、啃笔头、揉眼睛、剪指甲、体育锻炼等。

（2）指出下面哪种行为是正确的。

A.小明从来不整理自己的房间；B.眼睛进入灰尘，小红用手揉眼睛；C.小辉饭前便后积极洗手；D.小华上体育课常常装病逃课。

（3）晚睡的危害？

参考答案：影响生物钟，致使白天精力不足、萎靡不振。致使皮肤不好，出现粗糙、脸色偏黄，长黑斑、青春痘等。致使失眠、健忘、易怒、焦虑不安等精神症状。

（4）用手揉眼睛的危害？

参考答案：容易把细菌带进眼里，导致眼睛发炎，损伤眼睛，严重时还会引起感染。

（5）不勤洗手洗澡的危害？

参考答案：容易造成疾病，导致人的抵抗力下降，免疫系统出问题。

（6）不勤于锻炼的危害？

参考答案：会导致身体免疫力下降，不能有效免疫某些疾病，危害身体健康，影响生长发育。

（7）早晚不积极刷牙的危害？

参考答案：引起口臭、长蛀牙、易致慢性咽喉炎。

3. 故事情节

故事一：小明和同学在草坪上嬉戏打闹，看见小树就去踢两脚，看见小花就将它摘下来。

故事二：小红和同学在放学路上边走边吃东西，吃完后发现附近没有垃圾桶，就随手将包装袋扔在地上。

故事三：小欧看见别人朝地上吐痰，他上前去制止，别人告诉他没有人会管，清洁工也会来打扫，又说偶尔一两次没有关系。小欧想一想感觉也对，也向别人一样随地吐痰。

故事四：小莉家附近有一家工厂，每天都会产生很多污水，工厂没有对污水进行处理，就直接排放到河里。

（五）第五节活动：健康饮食身体棒

表2-38　第五节活动方案表

活动内容	活动时间	目标	所需物资
社工带领组员做游戏"击掌传球"（备注1）	10分钟	活跃气氛，回顾上节活动内容	小皮球或其他可以传递的东西
社工介绍本节活动背景："唯胜岛"的居民小明和小红最近遇到一些事情（备注2），并且岛上其他居民也有和他们一样的问题。为此，岛主希望组员通过一系列的活动来获取解除疫情所需的"食品安全标志"，帮助居民改变现状	5分钟	引入本节活动主题，为开展本节活动做铺垫	展示故事情景的PPT
社工让组员对发生在小明和小红身上的事情进行分析，并思考如果身边的同学出现这样的情况该如何做。然后通过组员的思考和回答，社工带领组员了解有关饮食卫生、健康饮食的知识（备注3）	20分钟	让组员认识不良饮食卫生习惯的危害，学会如何正确去做；了解有关饮食卫生、健康饮食的知识，拓宽自己的知识面	无
社工带领组员朗读关于饮食健康常识的顺口溜（备注4），并让组员学习画出食品安全标志	15分钟	让组员了解基本的饮食健康常识，进一步加深组员对饮食卫生习惯的认识	纸、笔若干
社工恭喜组员完成今天的任务，获得解除疫情所需"食品安全标志"；评选表现优秀的组员并颁奖做记录	5分钟	鼓励组员积极参与活动	小红花、五角星若干

续表

活动内容	活动时间	目标	所需物资
工作者引导组员对本次活动进行分享； 工作者总结本次活动，简单介绍下节活动，并告诉组员下节活动是本次小组活动的最后一节	5分钟	帮助组员回顾本节内容，加深活动印象，为下节活动做铺垫； 提前告诉组员本次小组活动即将结束，请组员做好心理准备，调节不舍情绪	无

备注：

1. "击掌传球"游戏规则

让组员围成一个圈坐好，从任意一个组员开始，按顺时针方向传球，同时社工背对组员开始击掌，当社工掌声停下时，拿到球的组员要起来回顾上节活动所学的知识。

2. 故事情节

情景一：小明在放学回家的路上吃了路边小摊的食品，回到家中出现呕吐，肚子痛的现象。

情景二：小红和同学一起去小卖部买东西吃，没有注意看生产日期，买回去之后直接吃了。

3. 饮食健康常识

（1）食品中毒的知识：未熟透的扁豆、隔夜发酵的食物、发芽的土豆、毒蘑菇等都可能会引起食物中毒。食物中毒一般表现为腹泻、腹痛等症状，有时还会出现恶心、呕吐，发热等。中毒后反应的时间一般很短，食后几分钟就会发病，慢性的则会到几小时之后。对于短时间发病的情况，首先要多喝水，人尽量平躺，然后马上去医院接受治疗。出现呕吐症状时，多喝水能够稀释毒素，减轻胃部的不适感，但不能将毒素排出，仍要尽快就诊。对于反应时间长的，也会感到胃部不适，可以采用催吐等方法处理，不过一般建议不舒服就去看医生。

（2）饭前便后要洗手。人的双手每天都会接触各种东西，容易沾上细菌、病毒等。如果不勤于洗手，会把这些脏东西吃进口中，引起疾病。所以有"饭前便后勤洗手，不请医生开处方"的俗语。

（3）水果蔬菜要洗净。水果蔬菜在生长过程中容易接触到各种病菌、寄生虫虫卵等，采摘下来后还会有残留的农药、杀虫剂，如果不清洗干净，有可能会导致人生病，还可能出现农药中毒的情况，危害身体健康。

（4）不要随便购买、食用路边小摊上的劣质食品。这些劣质食品往往卫生质量不合格，食物来源、烹饪方式、所含配料等有可能对人体有害，且容易受到街边灰尘污染，食用会危害我们的健康。

（5）购买食品要注意查看生产日期和保质期。保质期是食品在正常条件下质量保存的期限，在保质期内的食品我们可以放心食用。但不能完全依靠保质期，毕竟食品的存放方式、环境的变化等也会影响食品的质量，导致食品提前变质。所以食品应在开封后尽快食用，避免因食品变质而影响我们的身体健康。

（6）少吃油炸食品。油炸食品尤其是路边摊上的油炸食品存在很多卫生问题，一方面是使用的油不卫生（如使用地沟油等），或是使用反复加热的油，一定程度上增加了致癌物和有害物质的含量；另一方面是经常食用油炸食品对人体有伤害，容易诱发疾病，导致肥胖、不易消化、缺乏维生素、营养不良等。

4.饮食健康常识的顺口溜

同学们，要记住，饮食健康很重要。

油炸食品方便面，不能把它当饭吃。

辛辣食品不多吃，冷饮不能当水喝。

腐烂食品切莫吃，多吃水果和蔬菜。

面食米饭为主食，切记零食莫多食。

饮食健康记心间，我的健康我做主。

（六）第六节活动：我们都是好孩子

表2-39　第六节活动方案表

活动内容	活动时间	目标	所需物资
社工介绍本节活动背景：恭喜组员成功收集解除疫情所需的四种物品，现在需要组员通过最后一关，才能彻底解除"唯胜岛"的疫情。社工带领组员进行"拼图"游戏（备注1），完成拼图后进行分享，然后将四幅图挂在表示健康的"健康树"上，预示彻底解除"唯胜岛"疫情，社工代表岛主对组员进行感谢	15分钟	引入活动主题；回顾以往活动内容，连贯整个小组活动，让组员体会到通过自己努力，一步步取得成功的感受	四幅拼图、绿色卡纸做出的树
社工与组员回首来时的路：社工将每节活动的照片、相关的物品展示出来，带领组员回顾前面所有的活动，体会组员的成长变化。给每位组员发放形状、颜色各异的卡纸，让组员写下在活动中的感想、收获，喜欢的人、物、活动环节等，并粘贴在"健康树"上，用以装饰	20分钟	社工对整个小组活动进行总结，让组员回想自己参与活动以来的感受以及学到的知识，思考在以后的生活中要怎样运用	各色卡纸、彩笔若干

活动内容	活动时间	目标	所需物资
评选本节活动表现优秀的组员并颁奖做记录；社工汇总以往活动中组员受表彰的情况，对表现优秀次数较多的组员进行表扬、颁奖，同时也鼓励其他组员，发放奖品	10分钟	对组员进行鼓励	小红花、五角星若干
组员围坐成一个圈，社工给每位组员发一张心形卡纸，每人在卡纸的左上角写上自己的名字，然后依次向左传，每位组员都写下自己对其他组员的祝福、鼓励或建议，直至卡纸传回自己手中。接着，每位组员仔细阅读他人写给自己的祝福，并与他人握手表示感谢。最后，卡纸由组员留作活动纪念	15分钟	让组员之间彼此祝福鼓励，在轻松、愉快的活动氛围中结束小组活动，以便缓解组员的离别情绪	心形卡纸、彩笔若干

备注：

"拼图"游戏规则：社工事先准备好四幅画有"计划表""大眼睛""金扫帚""食品安全标志"图案的拼图，分给每个小组，由组员进行拼图，拼出完整图案后分享、回顾这幅图所代表的活动内容。

六、小组反思

（一）小组活动设计应符合服务对象的群体特征

一方面，小学高年级段的学生随着年龄的增长，情感、爱好、兴趣、气质与性格等方面也会不断的变化，他们开始有自己的想法，独立意识逐渐发展，对未知领域探索欲望强，但也容易失去兴趣。如果活动内容设计偏理论化，或与组员身心特点不相符，会导致组员不感兴趣、参与度不高，甚至产生排斥心理。因此，小组活动设计要有针对性，要具体问题具体分析，考虑服务对象的认知水平、个性心理特征、兴趣爱好等诸多方面。所设计的活动形式上应具有多样化，内容上应与主题紧密相关，同时兼具趣味性、知识性，才能够吸引服务对象的注意力。

另一方面，小学生正处于好动、爱玩的年龄段，遇到新颖的事物容易激起兴趣，但是，这个阶段的儿童思维容易发散，活动过程中容易偏离主题。带领活动的社工与教师角色不同，要求并不严格，所以在活动过程中容易出现组员过于活跃而扰乱活动纪律，工作者却不能及时引导控制等问题。对此，社工在活动初始阶段应首先订立小组规则，并不断强调对规则的遵守；活动过程中，可以采用拍掌、适当沉默、"沟通密语"等方法吸引组员的注意力，以达到维持纪律的效果；如果遇到组员思维发散、偏离主题的情况，社工可以适当打断、积极引导，将话题引到活动主题上来。

（二）做好过程评估，推动小组目标的实现

小组活动的目标是致力于提升组员良好的卫生习惯意识，了解相关的知识，并掌握一定的方法，但在活动过程中，由于活动内容设计的侧重点不同，导致活动效果偏向意识培养或只是了解其中的某一方面，与活动目标存在一定的偏差。因此，在活动中要做好过程评估，对每节活动的完成情况做好总结，根据每节活动的效果，适当调整下一节活动的内容，以便为后续活动打好基础，推动小组活动整体目标的实现。

（三）要注意资源链接

本次小组活动的设计是为了培养组员养成良好的卫生习惯，但想要达到这一目的仅仅依靠小组活动是不足够的，还需要教师、家长的配合。在小组过程中要注意链接不同的资源，如与教师进行沟通、请求家长的协助等，推动学校、家庭，甚至是村落社区共同作用于组员，帮助他们在日常生活中巩固在小组中所学习的内容。

第七节　雏鹰翱翔——儿童团队成长小组

一、小组基本资料

雏鹰翱翔——儿童团队成长小组于 2020 年 10 月在红庙社区社工站开展，小组活动持续了一个月的时间。小组目标非常明确：第一，通过互动式的游戏，体验欢乐的小组氛围，激发组员们对自信、团结、合作、互助等美好品质的向往；第二，激发个人的潜能，提高自信心；第三，加强团队合作，促进组员们的健康成长。小组面向社区 9—12 岁儿童进行招募，通过报名筛选，最终确定 18 人成为组员，小组活动由两名专业社工开展。

二、小组理念

本小组以经验学习理论作为理论指导，经验学习理论由库伯（D.Kolb）在 20 世纪 60 年代末提出，经过不断发展，融合了多种教育思想，目前已经成为一个重要的教育理论。经验学习理论认为，人具有天生的学习能力，学习是将获得的经验转化为知识的过程。经验学习理论有几个基本观点，主要是：

（1）学习是一个过程而不是结果；

（2）学习过程源于经验获取；

（3）学习具有整体性和综合性；

（4）学习要求学习者与环境之间能够互动；

（5）学习应使知识创新。

库伯认为学习过程是四个环节的循环。首先学习者通过具体经验获得信息，再对信息进行反省和组织，然后经过抽象思维形成理论，最后积极应用理论进行实验或实践，该过程不断重复。库伯认为知识是通过对经验持续地修正而获得的，经验学习的本质是教学的交互性。经验学习强调积极地参与，能由经验总结出理论，并且应用这些理论制定决策，解决实际问题。

三、小组流程

（一）第一节活动：很高兴认识你

主题：初识小组，激发组员的参与热情。

目的：

（1）组员之间相互认识。

（2）分享对小组的期望同时澄清小组规范。

（3）让组员认识小组，激发组员持续参与小组活动的热情。

表2-40　第一节活动方案表

活动名称	时长	活动目标	活动内容	所需物资
自我介绍	10分钟	组员互相认识	给每位组员发一张贴纸，将自己的名字写在上面；并引导组员进行自我介绍	贴纸
我们的约定	10分钟	让组员对小组有初步的认识，约定小组规范	社工介绍小组的目标和活动形式；制定小组规范	大白纸
我是小厨师	10分钟	打破组员间的陌生感	组员坐着围成一个圆圈，社工担任第一任厨师。社工告知大家自己要做一道菜，并选择不同的组员扮演这道菜中的不同的食材。当食材选择完毕之后，社工喊"下锅了"，随之组员离开自己的座位重新选择凳子坐下，没有抢到凳子的组员成为下一任小厨师，继续新一轮的游戏	无

续表

活动名称	时长	活动目标	活动内容	所需物资
夹球赛跑	15 分钟	活跃小组气氛，让组员对这种体验式的游戏产生兴趣	两人一组，背对背夹住一个气球，按口令赛跑，未犯规且用时最少者获胜	气球、绳子
巧钻呼啦圈	15 分钟	让组员体验团队合作	所有组员手拉手围成一个圆圈，将呼啦圈从某一组员开始传递，组员之间的手不能松动，依靠身体动作将呼啦圈传递到下一个人，直至最后一位组员	1 个呼啦圈
小组分享	10 分钟	评估组员收获	鼓励组员说一说本节活动的感受与收获；简要介绍下节内容和活动时间	无

（二）第二节活动：我有独特的价值

主题：建立自信心。

目的：

（1）让组员正确认识自己。

（2）帮助组员建立自信，为下面几节团队活动奠定基础。

表 2-41　第二节活动方案表

活动名称	时长	活动目标	活动内容	所需物资
上节回顾	10 分钟	承上启下，增强两节活动之间的联系	邀请组员分享上次做过的活动，交流这些活动体验对自己生活的影响	签到表
晋级	10 分钟	活跃团队气氛	所有组员蹲在地上，扮演鸡蛋；之后，两两猜拳，赢的人进化成小鸡；之后赢的人进化成老鹰、凤凰，注意只能在相同角色范围内猜拳	无
启发自信	20 分钟	激发自信心。	通过 20 个问题的讨论分享，提升组员对自信心的认识	卡纸、笔

活动名称	时长	活动目标	活动内容	所需物资
超级比一比	15 分钟	在体验式的游戏中，认识到每个人都有自己的独特性，具有存在的价值，肯定自己，增强自信	将组员分成 6 人一队，进行小队之间的竞争；在每轮游戏的时候，各小队在不知道比较什么的情况之下，推选队员上场PK；主持人每轮游戏随机抽取准备好的小纸条，上面所写的内容即是本轮 PK 的内容。	写好内容的纸条
总结分享	10 分钟	了解大家的感受，及时评估	引导组员分享本节活动的感受	无

备注：

20 个启发自信的问题

（1）你认为自己做过的最成功的事情是什么？

（2）做了什么事情后，你觉得自己很厉害？

（3）如果考试不及格，你会怎么办？

（4）你最欣赏自己的什么品格？

（5）如果面前有一面镜子，对镜子里的自己说一句赞美的话。

（6）你最佩服哪一位名人？为什么？

（7）爸爸妈妈做过什么了不起的事情，让你觉得应该向他们学习？

（8）如果你很想跟一个陌生的同学交朋友，你会怎么做？

（9）你认为怎么走路可以表示出你很自信？

（10）你怎样用两句话来评价自己？

（11）在家里，你认为最高兴的事情是什么？

（12）在学校里，你认为最高兴的事情是什么？

（13）在家里，你认为最痛苦的事情是什么？

（14）在学校里，你认为最痛苦的事情是什么？

（15）你长大了，想要做什么了不起的事情？

（16）如果学校教师批评你，你会怎么想？

（17）某一天，你的好朋友不想跟你玩了，你觉得会是什么原因？

（18）某一天，大家都想跟你做朋友，你觉得会是什么原因？

（19）你认为什么样的孩子是坏孩子？

（20）你认为什么样的孩子是好孩子？

（三）第三节活动：我们是一家人

主题：团队沟通

目的：

（1）认识团队沟通的重要性。

（2）在游戏的过程中体验并学习如何通过语言与非语言的形式与他人进行沟通。

表 2-41　第三节活动方案表

活动名称	时长	活动目标	活动内容	所需物资
朗读	10分钟	通过集体朗诵的方式让组员安静下来	朗读《三字经》	签到表、《三字经》片段
超级五官	15分钟	学习用肢体语言沟通，提升肢体语言的灵活性	社工首先说明游戏规则，用吐舌头代表百位数，眨眼睛代表十位数，张嘴代表个位数；之后把组员分成两队，每队成员从头到尾进行数字传递；在规定时间内猜对多的小队获胜	秒表、数字卡片、圆珠笔
我说你猜	20分钟	考验组员的言语表达能力，磨合组员间语言沟通的协调性	社工设置四组词汇：动画人物类、食品类、动物类、带数字的成语类；将组员分成两人一组，一人负责猜词，另一人负责描述该词，以帮助队友猜对，在规定时间内猜对多的获胜	卡纸、胶带
人不可貌相	15分钟	提升组员对团队中其他人的认识，促进良性沟通	每人发一张纸一支笔，各自找一个角落，观察其他组员，并写出他们的特征；之后在小组内分享自己所写的内容，并让被描述的组员反馈是否符合自己的特点	A4纸、签字笔
总结分享	10分钟	了解大家的感受，及时评估	引导组员分享本节活动的感受	无

（四）第四节活动：众人拾柴火焰高

主题：团队合作。

目的：让组员学习合作，认识团队的力量。

表 2-43　第四节活动方案表

活动名称	时长	活动目标	活动内容	所需物资
上节回顾	10 分钟	承上启下，增强两节活动之间的联系	邀请组员分享上次做过的活动，交流这些活动体验对自己生活的影响	签到表
巧解千千结	15 分钟	让组员体会如何进行团队合作	社工先组织 6 名组员做示范，6 人面对面拉成一个圆圈，请演示者记住自己的左手、右手分别拉的是谁，辨识清楚后放开手；社工播放音乐，演示者跟随音乐自由随意地走动，音乐停，走动停，停下后原地不动，演示者伸出自己的左手、右手寻找原来拉手的伙伴，如果距离太远拉不到可以允许演示者小幅直线走动，直到可以拉手为止。拉好手后会发现演示者形成了一个人"结"，社工要求演示者在不放手的情况下解开这个结，恢复到原来的大圆圈状态。大家清楚规则后，全体组员一起参与尝试解开"手结"	音乐
合作写字	15 分钟	学习如何进行有效的合作	将组员分成两个小队，每队成员用绳子拉着一支记号笔写字	绳子、记号笔
盲人拾物	15 分钟	体验两个人合作时语言与非语言沟通的重要性	两人一组，一个组员戴上眼罩扮演盲人，另外一个组员作为引导者，帮助"盲人"走出障碍区域	眼罩
总结分享	10 分钟	了解大家的感受，及时评估	引导组员分享本节活动的感受	无

（五）第五节活动：爱拼才会赢

主题：团队竞争。

目的：让组员了解在团队中经常存在竞争，体验合作式竞争。

表2-44 第五节活动方案表

活动名称	时长	活动目标	活动内容	所需物资
上节回顾	5分钟	承上启下，增强活动之间的联系	回顾上节活动内容	签到表
朗读	10分钟	通过集体朗诵的方式让组员安静下来	朗读《论语》	《论语》片段
袋鼠运球	20分钟	体验团队竞争	设定起点与终点，将组员平均分成两队；社工一声令下，队员便将腿向后弯，以膝盖内侧夹球，从起点单脚跳至终点；如果球在中途掉落地面，必须重新开始。最后，率先运送完小皮球的一队获胜	两个小皮球
无敌风火轮	20分钟	体验合作式竞争	大家一起利用报纸和胶带制作一个可以容纳全体成员的封闭式大圆环，之后将圆环立起来，全体成员边走边滚动大圆环	报纸、胶带
回顾分享	5分钟	让组员加深团队竞争的印象	总结分享，提醒下节是最后一节小组活动	无

（六）第六节活动：优点轰炸

主题：学习赞美他人。

目的：让组员放下自主中心立场，学习尊重并赞美他人。

表2-45 第六节活动方案表

活动名称	时长	活动目标	活动内容	所需物资
上节回顾	5分钟	承上启下，增强活动之间的联系	回顾上节活动内容，分享是否将所学运用到了实际生活之中	签到表
口香糖	10分钟	活跃小组气氛	主持人喊出"口香糖"3个字，所有组员回应"粘什么"，主持人决定粘的部位和人数，比如"3个人粘左手"，需要组员立马自由组合成3人一队，并将左手贴合在一起，没有组队成功的成员成为下一任主持人	无

续表

活动名称	时长	活动目标	活动内容	所需物资
快乐投篮	15 分钟	当他人成功的时候，其他组员要学习着去赞美	将垃圾篓固定在场地的某个角落，每个组员在距离垃圾篓两米远的地方投掷乒乓球，每个人有 10 次机会	1 个垃圾篓、10 个乒乓球
优点轰炸	10 分钟	了解并赞美他人	所有人坐着围成一个圆圈，每位组员轮流坐在圆圈中间，其他组员随机说出该组员的优点，被赞美的组员要说谢谢	1 把椅子
同栽成果树	15 分钟	让组员体会到在小组的收获	每个人在贴纸上写上自己参加小组的收获，之后在组内进行分享，最后将贴纸粘贴到大白纸上	小贴纸、10 支圆珠笔、大白纸
巩固已有成长	15 分钟	评估小组成效；处理离别情绪	引导组员填写小组满意度问卷，颁发小组证书，之后合影留念	问卷，相机

四、小组活动反思

（一）第一节活动：反思情况记录

表 2-46 第一节活动反思记录表

筹备工作	1. 招募组员 2. 准备活动道具和材料 3. 布置活动现场
	建议：尽可能找到比较安静的活动场地
目标达成度	目标很好地达成，组员积极参与活动
	建议：针对儿童的特点，吸引他们参与
内容 / 形式合适度	1. 采用体验式游戏的方式，贴合了儿童易动的特点 2. 通过集体监督的力量，有效控制了场面
	建议：鼓励组员配合着进行游戏和互动
人手分工	1 名社工
	建议：需要一名社工进行协助，以便照顾到每一位组员

续表

参加者表现	组员积极参与社工设计的游戏和分享，但是比较反感说教式的小组规范；在一些需要合作的游戏环节，男女生有明显的性别意识，在两人合作的时候不喜欢自己的异性队友；部分组员注意力容易分散
	建议：对组员要多加鼓励和肯定；游戏规则要讲解清楚
工作员表现	对小组的把控能力比较好，在解释小组成立的背景过程中及后面的游戏环节，能控制全局
	建议：增强对组员的耐心，提高带领小组的技巧；各个环节时间的分配应更加合理
其他建议	有的组员没有完成家庭作业就来参加小组活动，在下次活动前检查组员的作业完成情况

（二）第二节活动：反思情况记录

表 2-47　第二节活动反思记录表

筹备工作	1. 撰写活动计划书 2. 准备活动道具和材料 3. 布置活动现场 4. 协调一名社工作为观察员，并负责拍照
	建议：道具准备要精细
目标达成度	本节主要是让组员正确认识自己，并建立自信。根据对问题的回答，他们能够正确地认识何为自信，但在建立自信方面仍有所欠缺
	建议：在以后的活动中，可以适当增多分享的环节，让他们能够主动分享自己的感受
内容／形式合适度	1. 采用体验式游戏的方式，符合儿童易动的特点 2. 通过集体监督的力量，有效控制了场面 3. 积分卡的激励措施，保证了组员的纪律性
	建议：在分组的时候尽量让原来不认识的组员一组，以增加他们之间的交流
人手分工	两名社工
	建议：一名社工主要负责，另一名社工进行协助，以便照顾到每一位组员
参加者表现	这次活动中，出现了两种极端化的表现，有 5 名组员非常遵守纪律，但是有 3 名组员很调皮，总是窃窃私语，在社工讲游戏规则的时候，影响他人的注意力
	建议：下节活动的时候，利用热身游戏的环节将比较吵闹的 3 名组员分开
工作员表现	不足：在回应组员提问的时候，没有阐释清楚 经验：时间把握较恰当
	建议：在工作准备阶段，提前做好演练，提高语言表达能力和总结归纳能力
其他建议	在小组结束的时候，可以询问组员在这几天有没有遇到困难，需不需要给予针对性的帮助

（三）第三节活动：反思情况记录

表 2-48　第三节活动反思记录表

筹备工作	1. 撰写活动计划书 2. 准备活动道具和材料 3. 布置活动现场
	建议：撰写计划书需要提前预计小组开展时可能遇到的问题，并预先设计出应对的方案
目标达成度	目标基本达到，特别是在非语言沟通的环节，组员的肢体语言非常丰富，提升了他们的想象力和模仿能力
	建议：在以后设计活动的时候，可以考虑让组员参与出题的环节，这样会极大地调动他们的积极性和参与热情
内容／形式合适度	本节的热身采用朗诵一段《三字经》的形式，而不是用原来的热身游戏，组员的反应非常热烈，有 3 名组员询问我其中的意思，他们也认识了几个不熟悉的字，并表示下节活动开始的时候，让我解释一下意思。在两人一组的"我说你猜"环节，由于是让组员自己出题来猜，他们都纷纷贡献聪明才智，发挥了他们的自主性，也在体验中锻炼了沟通能力
	建议：继续保持组员的自主性，以此增进对小组的归属感和参与度
人手分工	两名社工
	建议：做好充分的计划，合理安排活动各个环节的时间
参加者表现	由于有些组员请假，本节活动总共来了 11 个人，但是出现了两极分化的趋势。有 4 名组员非常遵守纪律，认真倾听社工讲解游戏规则；而有 3 名组员注意力不集中，甚至出现东跑西跑的现象，他们 3 人由于座位相邻相互影响，扰乱了小组的正常秩序，调皮的表现导致他们在游戏和活动的过程中不能很好地理解规则，也让其他组员特别是与他们配合的组员反感
	建议：下节活动有意识进行座位调配，让比较爱讲话的几位组员分散开来；同时加强其他组员对他们的监督作用，以此来促进小组活动顺畅进行
工作人员表现	经验：由于场地暂时不能使用，社工果断地更换场地，保证了小组正常进行；在各个环节的时间分配上根据小组活动的具体情况进行了细节调整，以使小组进程更加顺畅 不足：对于几个调皮的组员，社工处理得不是很到位，没有采取最有效的方式进行及时处理，以至于他们的行为影响到了小组的进程
	建议：社工深入了解儿童心理的特点，掌握儿童小组活动的技巧，提升对儿童小组的把握能力；不断强调小组规范，并采取一定的惩罚措施（扣除积分卡或者口头警告）来规范组员的行为
其他建议	无

（四）第四节活动：反思情况记录

表 2-49　第四节活动反思记录表

筹备工作	1. 撰写活动计划书 2. 准备活动道具和材料 3. 布置活动现场
	建议：多准备一些泡沫坐垫以防中途有迟到的组员
目标达成度	本节很好地达成了目标，特别是第一个"巧解千千结"的游戏，组员从刚开始的时候不知所措，到后来所有人出主意并顺势产生指挥者，大家共同合作完成了两次解结的任务
	建议：游戏结束后应延长组员的分享时间，引导组员积极思考
内容／形式合适度	本节活动是游戏加分享的形式，每个游戏都很受欢迎，组员非常认同这种形式
	建议：设计出受欢迎的游戏后，社工要及时引导组员分享感受
人手分工	1 名社工
	建议：做好充分计划，合理安排活动各个环节的时间
参加者表现	本节活动中女生表现乖巧，遵守纪律，仔细听游戏规则；但是男生表现较差，刘小园迟到，中途才加入，全程表现得比较沉默；王小波表现较好，但是在分组游戏中，不肯和刘小林一组，鼓励也不奏效，最后还是给他调整了分组；李小鸣是第二次参加小组活动，第一节活动中表现得非常调皮，这次也不例外，中途乱跑、随意讲话、在座位上东倒西歪、扰乱活动秩序
参加者表现	建议：这次是第一次扣除组员的积分卡，其他组员也觉得应该扣李小鸣的积分卡，都抱怨他扰乱秩序；奖励了李小俐一张积分卡，表扬她的良好表现。需要在下一节继续观察组员的表现，了解奖惩制度是否能改变组员的一些表现
工作人员表现	整个活动过程中，对时间节奏把握得不是很好，第二个游戏结束较快，后续环节基本按照计划完成，最终结束的时间比预计提前了 10 分钟
	建议：在策划方案中，设计一些备选活动
其他建议	社工需要提升儿童小组带领技巧

（五）第五节活动：反思情况记录

表 2-50　第五节活动反思记录表

筹备工作	1. 撰写活动计划书 2. 准备活动道具和材料 3. 布置活动现场
	建议：多准备一些泡沫坐垫以防中途有迟到的组员
目标达成度	本节活动的目标基本达到，设计的活动与游戏贴合了本节小组活动的目的，但是在活动过程中由于有上级领导来检查工作，一度打乱了小组活动的进程，后来临时更改了场地，才让活动开展下去
	建议：为了让小组活动流畅进行，需要提前预估可能带来影响的一些意外因素

续表

内容 / 形式 合适度	竞争性的游戏符合本节活动的目标，组员也积极地想办法提高自己小团队的成绩
	建议：引导组员进行有针对性的分享
人手分工	2 名社工
	建议：2 名社工协调好各自的任务，分工合作，完成小组活动
参加者表现	整体而言，这节活动中组员都比较遵守纪律，配合度较高；其中 1 名组员在中途想出去打羽毛球，在社工的劝导下，完整地参加了小组活动
	建议：在细节上，对组员进行鼓励
工作人员 表现	时间分配比较合理；尝试引导组员进行浅层次的互助，激发小组动力
	建议：多运用一些小组带领技巧
其他建议	学习小组带领和分享技巧

（六）第六节活动：反思情况记录

表 2-51　第六节活动反思记录表

筹备工作	1. 撰写活动计划书 2. 准备活动道具和材料 3. 布置活动现场
	建议：准备一个备用游戏或者让组员自己准备游戏
目标达成度	本节活动达到了目的，组员了解了要尊重并赞美他人；同时处理了离别情绪
	建议：在维持小组秩序方面要多运用一些技巧
内容 / 形式 合适度	游戏很受组员的欢迎，同时最后的制作成果树环节以及合影留念的环节都恰当地处理了离别的情绪
	建议：在画成果树的时候应该引导组员思考，去回味我们的小组历程。
人手分工	2 名社工
	建议：2 名社工协调好各自的任务，分工合作，完成小组活动
参加者表现	整体而言，本节活动过程中，组员都比较遵守纪律，配合度较高，但是李小鸣仍然比较调皮，牵涉了社工太多的精力，虽然李小鸣也极力地去融洽组员之间的关系，但是很多组员对其产生了厌恶情绪
	建议：对组员的表现给予肯定，但是对严重扰乱秩序的组员，应尝试着给予警告，以维持小组的活动进程
工作人员 表现	在引导组员分享的时候做得较差，特别是在共同制作成果树的环节，没有让组员对这棵树的意义进行深层次的分享
	建议：提前准备一些分享的言语以防带领小组过程中出现紧张情绪
其他建议	学习小组带领和分享技巧

五、服务效果评估

（一）评估方法

为了解小组服务成效，运用的评估方法有：第一，活动结束后询问组员意见，了解组员的感受和意见；第二，社工观察每节活动的人数和参与程度；第三，在最后一节小组活动中做调查问卷。

（二）目标达成度

本次小组通过参与式活动传递自信、合作等优秀品质，让组员了解了这些品质的重要性，组员在轻松愉悦的氛围中增强自信，并能够进行团队合作，每节目标都已经达成，总目标也较好的达成。

总体而言，组员对活动的时间安排、活动形式、工作人员的表现认同度很高，但是部分组员认为对于活动场地的安排应有所调整。通过主题性游戏的设计，在激发个人的潜能、提高自信心、加强团队合作，促进组员们的健康成长等方面很好地达到了目标。值得反思的是，在整个小组过程中，小组规范的约束作用不是很高，几位调皮的组员经常扰乱小组秩序，在一定程度上影响了小组活动的进程，社工一直在努力尝试利用各种方法进行调整，但整体情况并不理想。

（三）小组发展阶段

第一，初始阶段。组员对小组目标的认识比较模糊，组员间比较陌生，基本上是和自己熟悉的组员一起。在这一阶段，组员关系陌生是最大的问题，在游戏的过程中，社工应尽量打乱原有的座位顺序，让组员互相熟悉。同时，在每一节小组活动开始的几分钟之内，都是回顾上次小组的活动内容和这次期望达到的目标，引导组员有意识地在游戏过程中去体验如何达到这些目标。社工的工作重点是推动建立组员间信任、亲密的关系，同时澄清整个小组的目标和各节活动的具体目标。

第二，中期阶段。组员间已经相互熟悉，并对小组产生归属感，因为是开放性质的小组，在中途有组员加入进来的时候，其他组员会产生排斥感。经历了几节活动后，比较调皮的组员会受到其他组员的指责。在这一阶段社工在增加组员的归属感，同时接纳新的组员方面开展了针对性的工作；鼓励被指责的组员看到自身不足，并尽力去改变自己的行为，争取大家的认可。

第三，结束阶段。在第五节活动的时候，提前告知组员还有一节活动小组即将结束，提前处理离别情绪，并表示在最后一节会拍照留念，把照片送给每位组员。组员不愿意结束小组，仍希望与其他组员共同相处，社工鼓励他们来社工站参与其他活动。

（四）社工反思

这不是第一次针对 8—12 岁的儿童开展小组活动，2 名工作人员的表现也越来越从容，在小组中与组员共同成长，在开展小组的同时，社工也一直在总结和反思。

经验：

（1）在游戏或者相关活动结束后，正确地引领组员及时分享是十分有必要的，而且组员有时会分享出较深层次的内容。

（2）在鼓励组员时，要针对组员的具体行为进行鼓励和赞扬。

（3）在小组中要协助建立组员间的互助支持网络，引导组员相互帮助，并引导他们自己解决一些问题。

不足：

（1）在引领分享的环节，语言表达技巧欠缺。

（2）不能随意对组员有所承诺，说什么就要做到，为组员树立模仿的榜样。

（3）场地安排不能满足所有组员的期待，必要的时候可以到户外开展活动。

（4）在小组活动进程中，没有关注到每一个组员。在平衡组员关系的同时，需要照顾到个别组员的需求，引导组员自我发展。

第八节　挥动指尖，玩转世界——儿童绘画日记小组

一、小组背景

长期以来，受传统美术教育观念的影响，很多家长包括教师都会认为美术是一门普通的学科，主要看学生绘画水平如何，可能忽视了绘画教育的美育、德育功能，鲜少注意学习绘画儿童的内在表现。《幼儿园教育指导纲要》中提到"艺术是幼儿表达自己的认识和情感的重要方式，要使幼儿大胆地表现自己的情感、理解和想象"，并指出这种艺术表达是自由表达，是创造性表达。目前，国外的美术教育也不再仅仅停留在临摹这一层面，而是出现绘画与日记相结合的趋势，把形象化的符号转化为绘画符号，培养学生的语言表达能力以及绘画能力，实现两者相互促进的目的。绘画日记是儿童绘画中最生动、最鲜活，也是最具感染力的一种形式，适合 3 岁以上的儿童练习。本小组引入绘画日记这一新颖的形式，以儿童喜欢的绘画作为切入点，围绕文字表达、口头表达能力进行拓展，借助团体活动形式，锻炼参与者多方面的能力。

二、理论指导

1. 人际互动理论

互动是一个过程，是由自我互动、人际互动和社会互动组成的。人际互动专指人们在心理和行为方面的交往、交流，是社会心理学研究较多的领域，它在结构上更强调角色互动。人际互动就是人际间的相互作用。人的相互作用可能是信息、情感等心理因素的交流，也可能是行为动作的交流。小组工作的形式有助于创设人际互动的情境和氛围，在动态的过程中推动组员成长。

2. 人际需要理论

舒茨认为，每一个个体在人际互动过程中，都有三种基本的需要，即包容需要、支配需要和情感需要，三种基本需要的形成与个体的早期成长经验密切相关。这三种基本的人际需要决定了个体在人际交往中所采取的行为，以及如何描述、解释和预测他人行为。包容需要指个体想要与人接触、交往，隶属于某个群体，与他人建立并维持一种满意的相互关系的需要。支配需要指个体控制别人或被别人控制的需要，是个体在权力关系上与他人建立或维持满意人际关系的需要。情感需要指个体爱别人或被别人爱的需要，是个体在人际交往中建立并维持与他人亲密的情感联系的需要。通过开展绘画日记小组，可以使小组成员认识更多的朋友，培养并提高他们的社会交往能力，满足他们的人际需要。

3. 发展理论

发展理论的基本假设是：人有潜力做到自我了解、自我评价和自我实现；能够意识到他人的价值、评价他人，并与他人形成互动；能够意识到小组的情景，评估小组的情景，并在小组中采取行动。发展理论以人的发展为核心，关注人的社会功能的提升。通过组建小组，协助组员表达自己，并找出小组成员共同的兴趣目标，形成组员之间的互动、支持，促进组员和小组的双重发展。社会工作者扮演支持者的角色，推动小组成员通过彼此交流、经验分享等获得自我成长，达到组员发展的个体目标。同时，社会工作者在小组情境中帮助小组成员完成特定的小组任务，协助组员形成良好的互动，促使大家团结合作，实现小组发展的整体目标。

4. 互动小组模式理论

互动小组模式理论强调小组的目标在于小组成员的交互影响、共同活动、分享情感。这一模式强调人与人的交互反应关系，强调成员的互相帮助，强调个人必须从群体生活中学习。小组互动有助于个人形成良好的自我，发展健康的人格。小组成员相互依赖并承担彼此互助的责任，有助于满足他们情感交流的需要，也有助于面临相似问题的组员相互分享信息，获得心理支持。通过小组成员在小组情境中的互帮互助，彼此学习、模仿他人良好的行为，从而缓解个人的危机和问题。社会工作者是成员与小组、小组与社工机构之间的协调人，利用机构内外部资源，充分调动小组成员的积极性，在互动的过程中实现小组目标。

三、小组目标

第一，协助儿童了解绘画日记的操作步骤和流程，帮助他们探索绘画日记的意义。

第二，帮助组员学习绘画技巧，提高语言表达能力，提升人际交往能力。

四、小组特征

小组性质：发展性小组。

服务对象：彩虹社区 7—12 岁小学生。

招募方法：通过在社区张贴海报、在微信群发布通知等形式进行宣传招募。

小组节数：4 节。

小组时间：每周三晚 19:00—20:00。

五、小组过程

（一）第一节活动：我是谁

1. 本节目标

第一，组建小组，推动组员之间相互认识。

第二，初识绘画，用绘画的形式自我表达，同时向外展示。

2. 活动流程

表 2-52　第一节活动流程表

时长	活动主题	活动目标	活动内容	所需材料
5 分钟	动物园里有什么	通过简单、参与性强的热身游戏调动组员的积极性	小组成员围坐在一起，主持人问"动物园里有什么"，之后按照顺时针方向，每位组员依次说出一种动物的名字，不能重复，停顿时间不能超过 5 秒钟，说错或回答不上来的人要接受惩罚	计时器
15 分钟	我的自画像	通过自画像活动介绍自己，增进组员之间的了解	每位小组成员为自己画一幅自画像，可以是未来的自己、现实中的自己、过去的自己，然后依次向其他小组成员介绍自己的自画像，同时介绍自己的兴趣爱好、学校班级等基本情况	素描纸、铅笔、彩笔、橡皮

续表

时长	活动主题	活动目标	活动内容	所需材料
15分钟	开放式绘画	通过绘画的方式，向小组成员展示自己的兴趣爱好	根据自己最感兴趣的事情画一幅画，并配上简单的文字，随后让组员分享自己的画作，引导组员说出自己画的是什么，为什么对这件事感兴趣，以及这件事情是如何发生的等内容	素描纸、铅笔、彩笔、橡皮
10分钟	制定小组规则	共同制定小组契约，大家达成规则共识	引导小组成员表达大家应该遵守哪些规定，以便推动小组更好的进行。大家一致同意的，拟定为需要遵守的小组规范，并签字确认	大白纸、马克笔
5分钟	总结分享	评估组员对本节活动内容的喜爱程度	组员投票选出最喜欢的一幅画，获胜者可以获得一份小礼品。回顾本节活动内容，了解大家是否喜欢这样的形式，并对下节活动做预告	小礼品

（二）第二节活动：我的玩具我做主

1. 本节目标

第一，推动组员深入互动，营造团队氛围。

2. 活动流程

表2-53　第二节活动流程表

时长	活动主题	活动目标	活动内容	所需材料
5分钟	上节回顾	帮助小组成员回顾上次活动内容，强调小组规范的重要性	组员围坐成一圈，主持社工以提问式、抢答式和引导式的方式帮助小组成员回顾上次活动的内容，并再次强调上次活动中制定的小组规范	上次制定的小组规范
10分钟	大风吹	通过热身游戏，调动组员参与的积极性	小组成员围成一圈，确保每个人都坐在凳子上。主持人站立说明游戏规则，首先由主持人开始说"大风吹"，所有组员回应"吹什么"，主持人说出小组成员身上有的一些特征，比如可以说"吹戴眼镜的人"等，可以依据当时的实际情况而定。主持人说完后，所有被吹到的人即拥有这些特征的组员需要调换自己的位置，没有被吹到的组员则原地不动，这时主持人会加入抢座位的环节，所以最后会有一个组员没有位置，没有占到位置的组员将自动成为下一轮游戏的主持人	无

续表

时长	活动主题	活动目标	活动内容	所需材料
20分钟	封闭式绘画	以儿童最喜欢的玩具为话题，促进组员之间的交流，拉进组员间的距离	引导小组成员画出自己最喜欢的玩具，并配上简单的文字，随后让组员分享自己的画作，介绍玩具的名称、颜色、外形、声音、玩法等。当组员对他人的分享有困惑的时候，可以提问，鼓励大家之间相互交流	素描纸、铅笔、彩笔、橡皮、转笔刀
5分钟	总结分享	了解组员的收获；评估组员对本节活动的喜爱程度。	社工引导组员分享本次活动的收获，了解他们对于活动的感受和评价。	无

（三）第三节活动：我的社区我的家

1. 本节目标

第一，加深组员对绘画日记的了解，鼓励他们探索绘画日记的意义。

第二，引导组员画出自己眼中的社区，以此投射他们对社区的情感，鼓励他们爱护社区。

2. 活动流程

表 2-54 第三节活动流程表

时长	活动主题	活动目标	活动内容	所需材料
5分钟	上节回顾	承上启下，回顾上节内容，介绍本节主题	组员围坐成一圈，回顾上次活动的内容，社工向组员介绍绘画日记的相关概念，并介绍本次活动的基本安排	无
10分钟	接力传球	通过热身游戏，凸显团队配合的重要性	将组员分成5人一组，之后每组排成一队，每人分发一张硬卡纸，并让他们将卡纸卷成纸筒状备用。 5人分别代表1、2、3、4、5号，活动开始后，主持人将乒乓球放入1号的纸筒，由1号传给2号，1号传给2号后又排到5号后面，2号传给3号后又排到1号后面，以此类推，哪一组接力传球先抵达预设的"终点"即为获胜组，失败组将受到惩罚	卡纸、乒乓球

时长	活动主题	活动目标	活动内容	所需材料
20分钟	创意绘画	通过绘画呈现儿童眼中的社区，强化他们对社区的了解	根据自己所居住的社区环境进行创意绘画，介绍自己的社区，并配上简单的文字。随后社工引导组员根据画作描述自己画的是什么，在哪看到的景象，为什么选择这个景象以及社区给你带来什么感受等	素描纸、铅笔彩笔、橡皮、转笔刀
5分钟	总结分享	了解组员的收获；评估组员对本节活动的喜爱程度	社工引导组员分享本次活动的收获，了解他们对于活动的感受和评价，鼓励他们将自己眼中的社区与他人分享	无

（四）第四节活动：春节新气象

1. 本节目标

增加组员之间的互动交流，帮助组员明确小组活动的目的，鼓励组员坚持绘画日记。

2. 活动流程

表2-55 第四节活动流程表

时长	活动主题	活动目标	活动内容	所需材料
5分钟	上节回顾	承上启下，回顾上节内容，介绍本节主题	组员围坐成一圈，回顾上次活动的内容。社工向组员介绍绘画日记的重点，介绍本节活动的基本安排	无
10分钟	007游戏	通过热身游戏，调动组员参与的积极性	开始时一人发出声音"零"，之后任指一人，那人随即亦发出声音"零"，再任指第三个人，第三个人则发出声音"七"，并同时用手指比作开枪状任指一人，"中枪者"不发出任何声音、不作任何动作，但"中枪者"者旁边左右两人则要发出"啊"的声音，顺便扬手作投降状。反应慢或者动作出错者即被淘汰	无
20分钟	封闭式绘画	通过组织小朋友画出自己最喜欢的春节活动，增强组员对传统节日的认识与记忆	组织小组成员画出最喜欢的春节活动，并配上相关文字，随后引导组员回答以下问题：你喜欢的春节活动是什么，为什么选这个活动，以及这个活动有什么意义等问题。	素描纸、铅笔、彩笔、橡皮、转笔刀

时长	活动主题	活动目标	活动内容	所需材料
5分钟	总结分享	了解组员的收获；鼓励大家将小组活动学习的绘画日记用于日常生活	社工组织大家分享本节活动的感受；告知本节活动是最后一次，鼓励组员坚持以绘画日记的形式记录日常生活。	无

六、小组活动成效

（一）评估方法

为了解小组活动成效，社工主要采用过程评估和结果评估的方法对小组活动进行评估。

1.过程评估

在小组活动过程中，社工通过观察组员的表现，询问他们对每节活动的理解等形式进行过程监测，同时及时反思自己在带领小组时的表现，不断调整优化小组计划，使得新一节的小组活动更加贴合现实生活，更加符合组员的需求。

2.结果评估

在小组活动结束时，社工对小组活动的结果进行评估。社工结合小组的实际情况，通过组员的自我评估报告、小组目标达成表、小组满意度调查表、小组感受调查表、社工领导技巧记录表等形式，了解组员的改变情况，了解他们对社工服务的满意度，综合判断小组是否完成了预定的目标任务。

（二）小组效果

1.培养了小组成员对绘画日记的兴趣

绘画是儿童都比较喜欢的兴趣爱好，基本不受知识程度的限制，以此为基础开展小组活动，小组成员都能完成每次的活动内容。而绘画日记作为一种新颖的形式，对小组成员具有强烈的吸引力，他们了解到可以用这种形式记录生活，也可以与其他人交流，而不是简答比较谁的画作更漂亮。

2.拓展了小组成员的认知面

本次绘画日记小组，一方面让组员学习了更多的绘画技巧，另一方面是以图画作为媒介，强化了对自我的了解，并就玩具、生活的社区、中国传统节日等进行探讨交流，拓展了孩子们的知识面，并能够依托日常生活中的常见事务，在团体环境中进行互动。

3. 锻炼了小组成员的社交能力

兴趣小组不仅可以帮助成员培养兴趣爱好，还可以在小组活动的过程中，帮助组员展示自我，培养他们与人交往的能力。借助绘画日记的形式，社工鼓励组员主动表达、阐述自己的画作，无形中锻炼了组员的口头表达能力和逻辑思维能力。

七、小组反思

本次小组活动从儿童喜欢的绘画入手，结合封闭式绘画、开放式绘画、创意绘画等具体形式，既鼓励小组成员充分发挥想象力和创造力，又保证活动始终围绕一条主线进行。每一节活动的设计都能够让组员有自由发挥的空间，以有趣的方式认识自我、呈现喜欢的文具、介绍熟悉的社区、认识传统节日春节，拓展了孩子们对绘画的认识。创作绘画只是一部分，结合画作进行阐述，丰富语言表达，与他人交流是绘画日记更看重的内容。当然活动过程中也存在一定的瑕疵，由于是社工自主招募组员，在宣传中所覆盖的群体比较少，导致报名的组员多是来自居委会周边，并没有辐射到整个社区范围。此外，小组成员在年龄上差距较大，大家的理解力和表达力参差不齐，一定程度上影响了小组活动的效果，后续开展小组工作时可以考虑按照年龄层次有针对性地筛选组员。

第三章 社区工作案例

第一节 小手拉大手，亲子乐悠悠——社区亲子活动

一、活动概况

（一）活动背景

在全市创建文明城市、红庙社区创建文明社区的当下，家庭和谐与文明越来越受到重视。儿童时期是一生中发展的重要阶段，家庭关系和谐、亲子关系融洽会促进儿童的身心健康发展，然而由于红庙社区大多数家长平时工作忙且压力较大，导致亲子之间沟通的机会比较少。为让居民进一步了解社工站的服务功能，社工站借助亲子活动的形式给社区儿童和家长搭建一个共享游戏时刻、促进亲情交流的平台，特设计本次社区活动。

（二）活动目标

（1）营造亲子轻松的沟通氛围，创设亲子温情互动的机会。

（2）体验亲子活动的乐趣，增进亲子感情，提升亲子互动质量。

（三）活动对象

红庙社区儿童及家长共80人。

（四）活动时间

2020年11月21日上午9:00—11:30

（五）活动地点

红庙社区社工站

（六）工作人员分工

表3-1 工作人员分工表

人员	分工
马东东	社区活动督导
李小聪	活动方案设计、统筹；亲子活动带领
杨小玲	志愿者招募、联络、培训；活动材料采买

（七）活动注意事项

（1）请家长尽量不要开车前往，如有车辆，请自行停放到五洲广场。

（2）请家长对孩子提前进行安全教育，并确保孩子的身心条件适合户外活动。

（3）由于活动设计有跑跳等环节，请女性家长尽量不要穿裙子、高跟鞋等不适宜运动的服饰。

（4）请所有参加者遵守社工站团队的安排。

二、活动流程安排、

表 3-2 活动流程安排表

时长（分钟）	目标	内容	物资	负责人	备注
20	相互认识；了解亲子之间的熟悉程度。	游戏：乾坤大挪移。采取家长与孩子互换介绍的方式（这是我妈妈／女儿，她叫某某，她的生日是几月几日，她最喜欢），让活动参加者互相认识。	40个泡沫坐垫	李小聪、杨小玲	
20	让孩子体验照顾家长的乐趣。	游戏：我是小保姆	帽子、马甲、垃圾桶、糖果、椅子	李小聪、杨小玲	分享重点是感恩父母、理解父母。
20	家长靠感觉辨认出自己的孩子，促进亲子了解。	我是大侦探	眼罩	李小聪、杨小玲	
20	帮助家长从优势视角看待孩子。	超级比一比	预先准备好的纸条、盒子	李小聪、杨小玲	每个小队要想队名和口号。
20	增进亲子关系。	游戏：舞出旋律	2个喷绘键盘	李小聪、杨小玲	分享重点是孩子对父母的心里话。
20（备选游戏）	考验亲子之间的默契程度。	游戏：留下微笑	扑克牌、桌子、椅子	李小聪、杨小玲	
10	评估	大家围成圆圈分享活动感受；评估活动效果；邀请大家合影留念。	笔记本、吸尘器、镜梳等小礼物	李小聪、杨小玲	每对亲子都有小礼物。

备注

1. 我是小保姆

两队进行比赛，孩子站在起点，家长坐在终点，在指令下达后孩子跑到终点，为家长穿衣戴帽，然后将糖果送到家长口中，糖纸扔进垃圾桶，游戏全过程由孩子亲自完成，先完成任务者为获胜方。

2. 我是大侦探

小孩排成一队，由家长通过触摸的感觉最终确认自己的孩子（摸的时候，只能摸手部和脸部）。

3. 超级比一比

分四队进行，分队之后，每队定出自己的队名和口号，并轮流展示，以增强团队感。游戏共分 7 轮，每轮必须派不同的队员（儿童）上场，通过抽签的方式决定比一比的内容。

4. 舞出旋律

给定文字，孩子在键盘中跳出空格中想填的内容，家长则在纸条上写出自己认为孩子会写的内容，然后与孩子跳出来的相比对。

文本：

我的家很 _____

爸爸很 _____

妈妈很 _____

希望爸爸妈妈 _____

5. 留下微笑

一副扑克牌的最后一张是贴有笑脸的，用嘴吹掉上面的纸牌，剩下最后一张笑脸扑克牌。

三、活动过程记录

活动开始前，负责的社工组织大家召开动员会，进行人员分工和任务安排，期待大家各司其职，分工协作。随着参与者陆续到来，主持人组织到场的家庭签到并佩戴号码牌，带领签到完毕的家庭到指定地点休息。

活动开始，主持人首先对到场的家庭表示感谢和欢迎，并说明此次活动的目标：这次活动是为了让亲子之间增加了解，并通过我们所设计的活动加强沟通。接着主持人带领 37 户家庭开展热身游戏——手掌抓手指，游戏的主要目的是让家长和孩子进行初步的互动，充分调动他们的积极性。之后主持人让大家坐在事先准备好的泡沫坐垫上进行自我介绍，自我介绍用"乾坤大挪移"的形式开展，所有的家长都能很好地介绍子女，但是有几位小朋友不记得家长的生日。之后按照策划方案设计的活动依次进行,最后开展"舞出旋律"的游戏,大家玩得很开心。结束之后,社工引导大家围圈而坐,分享在游戏中遇到了什么困难,以及亲子之间是如何克服困难、成功完成协作任务的。最后通过问卷方式进行评估,并合影留念。

四、活动成效

本次社区活动,希望通过亲子游戏的方式去引导和影响家长的教育观念,同时引导儿童体会父母的辛酸、理解父母的付出,让双方站在同理心的角度看待对方,达到改善亲子关系的目的。从过程呈现与评估结果来看,本次社区活动达成了预期目标。

第一,通过社工精心的策划与设计,为参加本次活动的亲子营造了浓浓的温情氛围,提供了亲子互动的平台。

第二,整个活动中的每个游戏环节,亲子之间都是相互帮助、一起完成的,亲子间的交流和互动明显,父母与孩子齐心协力,欢声不断,达到了很好的活动效果。

第三,活动环节设计合理,活动内容安排紧凑,整个活动开展得比较顺畅,达成预期目标。

五、活动反思

(一)经验方面

第一,活动事前准备充分,在制定计划时考虑了较多的细节内容,并制定了应急预案,比较好的推动此次活动的顺利开展。

第二,整个社区活动各个环节设计合理,能循序渐进地通过讲解、操作、游戏、分享等内容推动活动目标的达成。

第三,工作人员数量充足,大家分工合作,能够切实关注到每对亲子,推动他们在共同完成一个任务的过程中充分互动,并且互相理解。

(二)活动不足及解决方法

第一,社工之间的协调需加强。分两个小队进行的竞争性游戏,提高了参与者的积极性,但由于各个队成员人数不统一,对游戏的理解有差异,导致游戏进程有快有慢。这就需要两名带领活动的社工进行协调,快的小队慢下来,慢的小队加快速度,以保证两队在各个环节上的公平竞争。

第二,有一位家长带了两个孩子,在"我是小保姆"游戏时有一个孩子不能参与,导致该儿童伤心落泪。吸取本次活动的教训,下次活动做好预案,如有儿童没有相匹配的家长,可由现场工作人员临时与其配合。

第三,有的环节,社工为赶时间,分享不充分。活动过后的分享环节,是画龙点睛凸显主题的环节,也是帮助参与者升华游戏活动宗旨的必然环节。如果时间不充足,可以适当减少活动数量，但要保证充分的分享时间。

第四，活动结束后，清点物资时发现数量不对。工作者活动开始前并没有专门明确物资的数量，下次活动前应先点清物资。

第二节 亲子协力，绿色传递——植物拓印工作坊

一、活动概况

（一）活动时间
2018 年 8 月 10 日，上午 9:00—11:00。

（二）活动地点
保山市仁和镇 M 小学

（三）活动目标
（1）让社区居民认识到保护环境的重要性，提升他们保护环境的意识。

（2）通过新颖的形式，让参与者体验亲子活动的乐趣，增加亲子之间的沟通，提升亲子关系的质量。

（四）人员分工
（1）主持人：马东东

（2）协作员：张小凤、徐小然、周小妤

（3）影像员：彭小洁

（4）安全员：李小聪、王小贤、杨小慧、段小辉、梅小桥

（5）指导员：梅小桥、杨小琼、起小丽、吴小收、杨小美、谭小珊、彭小洁、石小用

（五）评估方法
（1）通过参与者的主观反馈，了解他们对于活动的感受以及活动给他们带来的改变。

（2）通过活动组织者、协作人员及志愿者的参与观察，了解活动的效果，与活动的预期目标相比较，对活动作出客观的评价。

（六）注意事项
（1）原材料准备：邀请参与者自带一些叶子或者花朵颜色鲜亮的植物。摘取叶片时要注意选择那些叶脉比较突出的树叶，这样拓印的成功率会高一些。

（2）工具准备：垫板、剪刀、鹅卵石、镊子、锤子、纸巾、棉麻白手绢、素描纸，确保每对亲子拥有一套工具。用锤子或鹅卵石敲打覆盖的植物区域时，要注意不要伤到自己的手。

（3）制作过程需要提前布置场地，并准备好备用场地，以应对天气变化。

（4）活动中需要准备 30 张桌子和 60 把椅子。

（5）工作人员需在活动开始前 5 分钟组织好签到工作。

（七）应急预案

1. 指导员要对工具的使用进行具体的说明，以防人员受伤，并且准备好医疗包。如活动中出现安全问题，应及时与附近医院取得联系。

2. 对所需要的原材料要提前准备，以防不适合拓印或者做不成功的情况发生，阻碍活动开展。

3. 如有报名人员不能按时参加活动，负责人要做好协调工作，灵活调整具体方案，并且提前与协作人员商讨。

4. 活动的开展可能会受天气影响无法正常进行，所以要准备好室内场地，保障在阴雨天气情况下活动也可以顺畅进行。

二、活动流程

（一）介绍工作坊主题

参与者完成签到之后，活动正式开始。社工首先对此次工作坊主题进行介绍，本次活动是为了让大家了解环境对人类的重要性，在活动过程中体验亲子交流与互动。随着工业的迅速发展和城市人口的集中，人们在生产和生活中排放的各种污染物越来越多，污染物对人类环境的影响日趋严重，环境问题成为当今世界所面临的重大问题之一。塑料污染就是其中之一，首先，塑料垃圾利用率低不易回收；其次，塑料垃圾难以降解，无法被大自然所吸收且对土地有极大的危害。高温焚烧塑料垃圾则会分解出毒害物质，对人体造成危害。因此，本次植物拓印工作坊的活动宗旨，是让大家感受资源的合理利用给我们带来的便利，同时我们制作的物品可以部分替代常用的塑料制品，丰富日常生活。此外，通过参与式的活动可以增加亲子之间的沟通，让父母了解孩子的需求，倾听孩子的心声，让孩子感受父母的爱。

（二）热身游戏

游戏名称是手掌抓手指。惩罚由主持人根据场上具体情况来定。该游戏主要目的是活跃气氛，提升大家的参与度。

（三）分发制作工具

负责人首先把参与者分成两个大组，并说明组与组之间要进行竞争，以此激发参与者全身心投入制作的热情。之后负责人给每组家庭分发需要用到的工具、材料，并说明如何使用，如新鲜的叶子、花朵以及纸巾、白色布袋、剪子等材料。（需要用到的新鲜叶子或花朵提前通知参加活动的社区居民自带）。

（四）制作过程

（1）修剪植物，放到手绢或素描纸上，覆盖上 2—3 层纸巾。

（2）用锤子或鹅卵石敲打覆盖的植物区域，要敲打到植物的每一个部位，掀起纸巾，检查进度。

（3）如果纸巾上有完整的图样，代表完成，如果没有，要更换纸巾继续敲击。

（4）剥离植物，如果粘太牢，可以等干燥后用刷子将植物残渣刷掉。

（5）在负责人的指导下，每组家庭按照步骤进行拓印，如有问题及时提出，协作人员进行一对一指导。

（五）作品展示

经过实际的操作每组家庭都完成了自己的作品，而且制作的成品也互不相同，因此社工引导大家对自己的作品进行展示，反馈是否喜欢这种类型的亲子活动，分享在这个活动中的收获。在主持人的引导下，询问参与者是否会在平时生活中使用此次制作的手绢或袋子，并谈一谈布袋子和塑料袋的区别。主持人引导参与者把此次活动跟保护环境联系起来，达到提升环境保护意识的目的。

（六）亲子游戏

游戏名称是两人三足。把全部参与者分为两个大组，把家长的右脚跟孩子的左脚用纱布绑在一起，之后需要亲子协作从起点走到终点。两组之间进行比赛，用时短的队伍获胜。负责人向参与者强调安全第一，以防活动中有人受伤。

（七）观察总结

主持人以两人三足为例，通过观察亲子间的合作、父母与孩子的沟通交往情况，总结提炼出活动的第二个主题。引导家长体验孩子的成长需求，不再一味的指责；引导孩子感受父母的陪伴，表达对父母的感谢。最后由负责人宣布此次活动结束。

三、过程记录

活动开始前，负责的社工组织大家召开会议，进行活动人员的工作安排，提醒志愿者对各类器具进行检查。随着参与者陆续到来，主持人组织先到场的家庭签到并佩戴号码牌，带领签到完毕的家庭到指定地点休息。

活动开始，主持人首先对到场的家庭表示感谢和欢迎，并说明此次活动的目标，本次活动是为了让大家了解环境对人类的重要性，在活动过程中体验亲子交流与互动。接着主持人带领 25 户家庭开展热身游戏——手掌抓手指，游戏的主要目的是在活动前先让家长和孩子进行初步的亲子互动，并充分调动大家的积极性。之后主持人带各组家庭探讨污染现象、讲解环保知识，适时引出本次植物拓印亲子活动的环保理念与活动意义，将工作人员制作的成品向各组家庭进行展示，说明手工植物拓印的具体制作过程和各类工具的使用方法，接着交代活动过程中应注意的事项。

随后在工作人员的引导下，将参加活动的家庭带到室外活动地点，并由主持人将植物拓印的过程再次介绍并演示给参与家庭，介绍完成之后，由志愿者辅助各个家庭完成作品的制作。活动结束后，各组家庭展示自己的作品并阐释作品理念，分享参与本次活动的感受。

最后开展"两人三足"的游戏，大家玩得很开心，结束之后工作人员引导大家围圈而坐，各自家庭互相分享在游戏中遇到了什么困难，以及亲子之间是如何克服困难、成功完成协作任务的。

四、活动成效

第一，通过知识讲解，促使大家了解自然环境对人类的重要性，而且在活动中每组家庭都能做到不乱扔垃圾，顺利达成预期目标一。

第二，植物拓印过程中亲子间相互帮助，一起讨论构图，之后相互配合进行拓印，亲子间的交流和互动明显，父母与孩子齐心协力完成作品，顺利达成预期目标二。

第三，活动各个环节设计合理，活动内容安排紧凑有序，整个活动开展得很顺利，预期目标达成。

五、活动反思

（一）经验方面

第一，活动之前各项准备工作做得比较扎实，提前通知家长活动的时间和地点，并提醒他们所需要提前准备的材料。为应对参与者没有准备或忘记携带材料的情况，工作人员提前准备了一些材料备用。

第二，工作坊整体流程设计得较为合理，人员分工较为明确。在工作坊开展的各个阶段，不同的工作人员能够各司其职，同时又积极合作，全力配合推动工作坊活动的有序开展。

（二）不足方面及解决方法

第一，由于本次参与活动的家庭人数过多，在室内介绍环节中小朋友的纪律有点混乱，工作人员没有维持好会场秩序，一定程度上影响了知识讲解的效果，下次活动开始前应首先明确活动规则与纪律。

第二，主持人介绍环保知识的时候，部分内容讲解得太过深奥与抽象，参与者很难理解，下次应将深奥的知识融汇在日常生活场景中，使用接地气的语言向家长和孩子介绍。

第三，部分志愿者对于整个流程不熟悉，当参与者询问到工作坊的具体安排时回答不上来，另外在拓印环节，有的志愿者只关注到了某一位小朋友，与之互动较多，忽视了其他小朋友特别是较为内向的小朋友的需求。

第三节　猜猜我有多爱你——绘本阅读故事会

一、故事会基本资料

通过社工在宏村的调查走访发现，该村儿童较多，且家长越来越重视亲子教育，但是很多家长特别是幼儿家长反映自己有心开展亲子互动，但是却不知道方法，希望社工可以教一教大家。结合当下年轻的家长普遍使用手机等电子设备，较少给孩子阅读书籍的现状，为引导家长能够高质量地陪伴孩子，激发亲子共读的兴趣，社工组织策划本次阅读故事会。故事会招募2—5岁的幼儿11名，每名幼儿由一位家长带领，活动持续了25分钟。

二、阅读目标

1.通过看图画、读文字、猜测、想象、议论、表演等活动，读懂故事，感受阅读的快乐。

2.初步学会静心阅读、注意聆听、留心观察等绘本阅读的基本方法。

3.在阅读绘本的过程中，感受故事中大兔子和小兔子之间浓浓的爱。

三、故事会流程

（一）故事会介绍

小朋友、大朋友们，大家好！

今天晚上我和大家一起分享绘本故事。我是西瓜姐姐，姐姐非常喜爱绘本故事，因为我觉得绘本有魔法，它能通过图画让我们看到一个不一样的世界，小到生活细节，大到宇宙万物，阅读使我们无时不刻不感受到爱与幸福。

读故事的时候，姐姐希望大家做到：

第一，仔细听，边听边想；第二，留心看，看明白图画的意思；第三，大胆说，说出自己的想法。

（二）手指操

在故事开始之前，我们先一起做一个简单的手指操，大家跟我一起来：

"石头剪刀布"大家都玩过吧，今天西瓜姐姐先来教大家把石头剪刀布变成小动物，来，请小朋友们邀请身边的大朋友们一起来，大家集中注意力，跟我一起一边念、一边做动作：

石头剪刀布，石头剪刀布，

左手布，右手布，变成什么啦？

变成蝴蝶飞飞停不住。

石头剪刀布，石头剪刀布，

左手剪刀，右手石头，变成什么啦？

变成蜗牛去散步。

再来，石头剪刀布，石头剪刀布，

左手剪刀，右手剪刀，变成什么啦？

变成小白兔。

是不是大家都变成小白兔啦？

好的，大家看我，左手呢，是我们的小兔子，你们看，它的耳朵短一点，右手呢，就是我们的大兔子，耳朵怎么样？耳朵长一点。

好的，我们的小兔子和大兔子们，让我们一起开启今天的故事会吧。

（三）绘本导入

今天，我们一起到一片安静美丽的森林里去，在那里会碰到两只可爱的兔子。这两只兔子之间呀，发生了一个有趣的故事。小兔子遇到了一个问题需要小朋友们帮帮忙，它问："小朋友们爱不爱自己的爸爸妈妈？"嗯，我听到了，大家都说爱。那第二个问题来了，有多爱呢？嗯，我听到了，好爱，很爱，非常爱，超级爱，特别爱……是啊，我们都很爱爸爸妈妈，可是我们发现很难把这种"爱"的感觉描述出来，大家一起来听听兔子的故事，看看兔子之间是怎么表达"爱"的吧，这个故事的名字叫——《猜猜我有多爱你》。（课件出示书的封面）

这本书啊，是一位外国作家写的，他的名字叫山姆·迈克布雷尼。你们看看，这本书的图画上，画着什么啊？

小兔子骑在大兔子的脖子上，脸都朝着我们，好像在向我们打招呼，在对我们说："来吧，跳进这个故事里来吧！"

（四）共读故事

让我们跟着两只兔子一起跳进这个故事吧！（课件演示）

小栗色兔子该上床睡觉了，可是它紧紧抓住大栗色兔子的长耳朵不放。（出示"栗子"，像栗子一样的颜色，我们叫它"栗色"）

到上床睡觉的时间了，小栗色兔子为什么还拉住大兔子的长耳朵不放呢？

（让学生猜测）（课件翻页）

1. 用"张开手臂"表示爱

小兔子抓着大兔子的耳朵，眼睛认真地看着她说："妈妈，你猜猜我有多爱你？"

大兔子笑着看看小兔子，她说："喔，这我可猜不出来。"小兔子究竟有多爱大兔子呢？（翻页）

小兔子是怎么做的？（伸开手臂做动作，边做边说"我爱你有这么多"）小兔子多爱大兔子呀！

现在，你们就是小兔子。小朋友们跟着小兔子一起做，把你们的手臂打开，对着你的大兔子说，小兔子爱大兔子有"这么多"（伸开手臂）。

那大兔子呢？她是怎样表示的呢？（课件翻页）继续读故事。（模仿大兔子动作说："她也张开手臂。"）

她张得还要开，因为大兔子实在是长得太大了。大兔子是怎么说的呢？大兔子的手臂要长得多，"我爱你有这么多"大兔子说。

我们一起读读大兔子的话，"我爱你有这么多"。（边做动作边："我爱你有这么多。"）

好的，我们发现，大兔子个儿大，手臂长。好像比小兔子的爱还要多。

然后，我们接着看小兔子又会想出什么好办法，向大兔子表示自己的爱呢？（课件翻页）

2. 用"举高手臂"表示爱

看看小兔子是怎么做的？做做看。（边读边做）

小兔子点着脚尖，把双手举过头顶。

小兔子说："我的手举得有多高，我就有多爱你。"

小朋友们来试试，看看你的手能举得多高，要举得高到不能再高为止。

那么大兔子是怎么做的呢？（课件翻页）

（边做动作边说："它也举起手踮起脚。"）

大兔子说："我爱你有这么多。"

我们的小朋友和大朋友比一比，看看谁的手举得比较高？

我们发现大兔子个子高、腿长、手也长，不管小兔子踮起脚尖还是伸长手臂，都没有大兔子高，小兔子心里想："这可真高呀，希望我也可以变得和大兔子一样高。"

3. 用"倒立"表示爱

之后，小兔子又有一个好主意。（课件翻页）

大象看，它把手撑在地上，把脚朝着天，还靠在树干上，这个就是什么？

（倒立）

小兔子说："我爱你到我的脚趾头。"小兔子第一次是怎么样做的？是把手张开。第二次是把手拼命举高。那这次它是怎么样？（"两手撑地，倒立"）他倒立起来，把脚伸到树干上，你看，现在是从地上一直到树干上，足够高了。看来小兔子真的是很爱大兔子的。大兔子会怎么样？

（小朋友可能会猜——倒立）

大兔子到底是不是倒立呢？咱们来看看。（课件翻页）

大兔子是怎么做的？——把小兔子举起来，之后把小兔子甩起来。

大兔子把小兔子抱起来。（边说边做动作）甩过自己的头顶，他是怎么说的？——"我爱你一直到你的脚趾头。"你们看，从大兔子的脚趾头一直到小兔子的脚趾头。这有多爱呀！

4. 用"跳"表示爱

小兔子还是不服气，它又想出了一个好办法，它可是很爱很爱大兔子的。它拿出了自己的看家本领（课件翻页），"我跳得多高，我就有多爱你。"小兔子笑着跳上跳下。

（小兔子说："我跳得有多高，我就有多爱你。"）

我们学着小兔子，跳一跳，说一说。

（边跳边说——我跳得多高，就有多爱你。）

我感受到了各位小兔子的爱。（边跳边说："我跳得多高，我就有多爱你。"）

（课件翻页）

大兔子怎么说的？——"我跳得有多高，我就有多爱你"，大兔子也笑着跳起来。

它跳得这么高，耳朵都碰到树枝了。这可真高啊，小兔子太羡慕大兔子了。它想了个什么办法，能再超过大兔子呢？（课件翻页）

它又有办法了，你想它会怎么说怎么做呢？小朋友们还有什么更好的办法吗？

5. 用"远"表示爱

看来你们有很多方法，小兔子是和你们一样的吗？咱们来看看，继续读故事。（课件翻页）

引导小朋友们仔细看画面，大家共读故事——

小兔子喊起来："我爱你，像这条小路伸到小河那么远。"

小兔子为什么"喊"？（小朋友们一起喊一喊）

"我爱你，远到跨过小河，再翻过山丘。"大兔子说。

这可真远，小兔子想。

它太困了，你们看，它在揉着眼睛，他想干什么？——睡觉。

它太困了，想不出更多的办法来了，它望着灌木丛那边的夜空，没有什么比黑沉沉的天空更远了。它又有好主意了。什么主意？谁知道？说说看。

（小朋友猜测）（翻页）

那小兔子跟你们想的是不是一样啊？我们来接着看。——"我爱你一直到月亮那里。"

小兔子说完闭上眼睛，睡着了。"这真是很远很远。"大兔子说，"非常非常远。"（课件翻页）

大兔子把小兔子放在用叶子铺成的床上。你们看，这床多软多舒服啊！然后，它低下头（边说边做动作），怎么做？——亲小兔子

然后，它躺在小兔子的身边，微笑着轻声地说："我爱你一直到月亮那里，再从月亮上，回到这里来。

6.小结讨论

故事读完了，你们觉得小兔子和大兔子到底谁爱谁更多一点呢？

（1）小兔子虽小，但它已经尽自己的所能表达了对大兔子的爱，而且用它的聪明可爱赢得了大兔子更多的爱。

（2）小兔子很爱大兔子，但是小兔子的爱怎么也超不过大兔子对它的爱。

（五）回顾故事

小朋友们，让我们一起来重温这个充满爱的故事吧！小朋友们说故事中小兔子的话，表演小兔子的动作，西瓜姐姐来演大兔子，好不好？

"我爱你有这么多。"

"我爱你有这么多。"

"我的手举得有多高，我就有多爱你。"小兔子说。

"我的手举得有多高，我就有多爱你。"大兔子说。

"我爱你一直到我的脚趾头。"

"我爱你一直到我的脚趾头。"

"我跳得多高，就有多爱你！"

"我跳得多高，就有多爱你！"

"我爱你，像这条小路伸到小河那么远。"

"我爱你，远到跨过小河，再翻过山丘。"

"我爱你一直到月亮那里。"

"我爱你一直到月亮那里，再从月亮上，回到这里来。"

（六）主题升华

（1）看到故事中的大兔子，你会想到谁？引导小朋友们说出：爸爸、妈妈、爷爷、奶奶、外公、外婆等。

（2）读了这个故事，小朋友们有没有发现，当你很爱一个人的时候，你会想把这种感觉描述出来，但是就像小兔子和大兔子发现的：爱，不是一件容易衡量的东西。你是不是跟小兔子一样发现了呢？

（3）爱在哪里？在爸爸妈妈的眼睛里，在爸爸妈妈的声音里，在心里，在脑袋里，在我们呼吸的空气里。

（4）我们怎么表达爱呢？可以用声音，说出来；可以动作，比出来；还可以怎么样？我们还可以用行动表达出来。

四、故事会反思

（一）孩子的注意力

活动开始的时候，孩子们的注意力和参与度都是最高的，这个时候通过歌谣和手指操激发孩子的兴趣点，能够轻松地带着小朋友们进入绘本情景中。引导孩子通过眼睛看、耳朵听等理解绘本，和绘本里的小兔子联动起来，思考什么是爱，潜移默化地理解绘本传递的爱与情感。在活动开始后的 10—15 分钟的时候，孩子的注意力开始下降，这个时候就需要配合身体动作，从语言到行动，引发小朋友思考如何表达爱。

（二）家长的参与度

家长的参与度与孩子的兴趣成正比，但是容易干预孩子的注意力，有些家长要求孩子一定要跟随社工的指令，反而影响了孩子原本的注意力和兴趣。这个时候需要邀请家长一起看、一起听，将自身代入绘本之中，不是听着孩子读，而是和孩子一起读、一起做、一起表达。

（三）孩子与家长的互动

家长和孩子通过角色扮演的方式，将注意力集中在绘本情节里，双方一起思考爱、发现爱、感受爱。在读完绘本以后，社工引导家长和孩子进行回顾和反思：我们怎么表达爱呢？可以用声音，说出来；可以动作，比出来；还可以怎么样？我们可以用行动表达出来。通过绘本阅读故事会，让家长体验共读，学习如何与孩子互动，反思以往亲子沟通的不足，提升亲子互动的质量。

第四节 悦纳自我——高中生自我认知主题活动

一、活动背景

高中阶段的学生普遍处于青春期，是身心发展的急剧变化时期，同样也是自我意识完善的关键阶段，但是学生们对自我的认识普遍欠缺客观性和完整性。不少学生过分关注自己的缺陷和不足，显得自卑；也有学生盲目自信甚至自负，对于学习和生活产生了一些消极影响。怎样才能正确认识并接纳自己呢？很多学生是因为"不识庐山真面目，只缘身在此山中"，通过参与式活动，可以让大家在集体氛围中探讨、交流，进一步认识自我，并引发学生反思如何接纳自我。参与式、体验式活动是一种有效的手段，被青少年所喜爱，故本次主题活动采取参与式的形式，针对某中学高二年级的54名学生开展。

二、活动目标

本次活动预期达到以下三个方面的目标。

1. 知识目标

了解自我概念的不同层面：生理自我、心理自我和社会自我。

2. 技能目标

学会接纳自我、完善自我的方法。

3. 情感态度与价值观目标

推动学生树立"认识自我是基础，接纳自我是过程，完善自我是追求"的理念。

三、活动重难点

本主题活动的重点在于引导学生提升接纳自我的意识，肯定自我的价值；难点在于提醒学生为进一步提升自己，需提升完善自我的理念，树立终身塑造自己的意识。为让学生能够直观地感受活动主题，在知识点分享的基础上，结合参与式活动，在学生体验的过程中，引导他们认识自我，看到各自的独特之处，肯定自我价值，协助他们总结出接纳自我的重要性。

四、活动准备

1. 知识点熟悉

第一，熟悉认识自我、接纳自我、完善自我这三个关键词的逻辑关系。

第二，掌握自我的三个层面：生理自我、心理自我和社会自我。

第三，熟悉每个活动环节所对应的具体目标及具体的活动流程。

2. 活动材料准备

热身活动所需材料：红、黄、绿、蓝四种颜色的方形卡纸若干张。

"我是谁"活动所需材料：A4白纸若干张。

"世界之最"活动所需材料：写有比赛内容的纸条、方形盒子。

3. 活动场地布置

将本次主题活动的场地布置成为学生围坐的圆圈形状。

五、活动概要

为增强本主题活动的逻辑性，首先由小调查入手，了解学生自我认识的程度，在回应调查结果之后导出课程主题"悦纳自我"。本次主题活动的主体环节，主要围绕三个方面进行，分别是"认识自我""接纳自我""完善自我"，为避免社工空洞的说教，三个主体环节分别围绕一个活动进行。通过"我是谁"做快速联想，引发学生对于"自我"的深一步认识，并顺应分享讲解自我的三个层面：生理自我、心理自我和社会自我。"世界之最"活动让全体同学都有机会参与，在轻松的氛围中让学生体会自身的价值，现实生活中就类似刚才的游戏环节，只有接纳自己，才能在合适的环境中发挥自身优势，凸显自身价值。最后在引导学生尊重他人，认识他人优点的同时也要看到自身差距，不能骄傲自满，需要时时刻刻完善自我。

六、活动过程

（一）活动一：认识自我（15分钟）

目的：了解学生认识自我的程度，引出本次活动的主题。

形式：参与式活动

具体操作：

（1）活动开始前，给每个同学发4种不同颜色的方形卡纸，红色代表0—3分，黄色代表4—6分，绿色代表7—9分，蓝色代表10分。

（2）社工提问第一个问题"我在多大程度上了解自己"，满分为10分，请学生们根据自己的实际情况，举起代表不同分数的彩色卡纸来回答。

（4）社工提问第二个问题"我在多大程度上接受并喜欢自己"，满分为 10 分，请学生们根据自己的实际情况，举起代表不同分数的彩色卡纸回答。

社工总结：

社工根据本次活动的结果进行总结，由于学生举黄色卡纸（4—6 分）的较多或者鲜有人能够达到 10 分，说明学生自我认识程度仍需加强，从而引导出本活动的主题。

社工可以作如下引导：通过刚才的小调查，我发现大多数同学对于自我的认识处于不太完善的状态，也有部分同学不能百分百地接纳自己，接下来的时间我会带领大家进一步了解自己、认识自己。

（二）活动二：我是谁（15 分钟）

目的：引导学生初步认识自我，并分享自我的三个层面的知识点。

形式：快速联想

具体操作：

（1）给学生五分钟，写下十个我是谁。

（2）提醒学生：这些句子是为自己而写，头脑中想到什么就可以写出来，不必考虑其中的逻辑关系。

（3）分享学生的答案。

（4）讲解关于自我的三个层面的知识：生理自我、心理自我和社会自我。

社工可以根据学生写的"我是谁"的答案，自然而然地进行总结并引出"自我"三个层面的内容，如有的学生写到"我是一个长得胖的人"，这可以引出"生理自我"。

"生理自我"：个体在生理结构方面的特征，如年龄、性别、疾病等；"心理自我"：个体在心理素养方面的特征，如性格、意志、品质等；"社会自我"：个体在社会中所扮演的角色特征，主要是指在学习或生活中所承担的任务、所具有的身份等。

（5）引导学生自我审视，思考自己所列出的十个自我描述的词汇，哪些分别对应着生理、心理、社会方面的自我。

社工总结：

刚才的活动环节，同学们写出了自己平时不太会深入思考的认识自我的内容，结合着"自我"的三个层面，大家可以清晰地发现，每个同学都是有多面性的，大家从不同维度全面了解自己，才能进一步认识自己，对自己有客观的评价。

（三）活动三：世界之最（15 分钟）

目的：让学生了解到每个人都有自己的闪光点，都有自己独特的价值。

形式：游戏互动

具体操作：

（1）将学生分成 6—9 人一组。

（2）讲解游戏规则：社工告诉学生接下来的游戏按组进行竞争，每轮游戏会比赛一种具体的内容。社工首先会随机抽出纸条，纸条上前半句写的是比赛的方向（如比最大），社工将其读出，之后各组内部协商之后派出一名学生出场，各组出场的学生都确定之后社工再读出比赛的具体内容（如比力气最大或比年龄最大等），每轮游戏甄选出一名获胜者，每位同学能参加且只能参加一轮游戏。

（3）游戏可以分 4—7 轮进行。

社工总结：

我看到同学们在选派每轮上场的组员之前，都会猜测所要比赛的具体内容，希望可以发挥该组员的最优价值，并期待赢得比赛。那么，大家思考一下在平时的学习和生活中，是不是我们每个人都有自己擅长的事情，大家需要从优势视角看待自己，接纳自己。

（四）活动四：优点轰炸（15 分钟）

目的：提升学生对于他人优点的认识，看到自己与他人的差距，树立完善自我的意识。

形式：参与式活动

具体操作：

（1）按照活动三已经分好的组别，各组围成圆圈，每轮游戏由一名学生站到圆圈中间接受其他组员的"轰炸"。

（2）其他组员按照自己对该同学的了解，依次讲出他／她的优点，肯定该同学。

（3）肯定他人优点之后，询问大家自己希望拥有哪些优点，并引导学生说出自己如何提升、完善自我。

社工总结：

每位同学都有自身的优点，也得到了他人的肯定评价，但是大家想想自己还有哪些方面需要完善。我们听其他人优点的过程中，自己往往也希望拥有该项优点。成长是一个循序渐进的提升过程，我们自己已经拥有的优点，大家应该继续保持，与此同时大家需要通过自身努力不断完善自我，成就更加优秀的自己。

（五）活动五：本次活动总结（5 分钟）

本次活动的主题是"悦纳自我"，大家只有首先全面认识了解自我，才能对自己有客观的评价。每个人都有自己的价值，大家应该看到各自的独特优势，善于接纳自我。在最后的环节，同学们都客观评价了他人，同时也可以从中发现他人总有一些自己所欠缺的优点，那么我们应该思考如何不断认识自我，并逐步完善自我。当然仅凭短短的一次活动，"悦纳自我"这一主题不可能彻底完成，同学们可以想一些方法继续认识与完善自我，如制订详细计划等，并将其当做自己成长的重要部分来看待。

七、活动反思

首先，本主题活动内容较为抽象，社工引导技能非常关键，在具体开展前需要将活动的逻辑层次和知识重点了然于胸。其次，在"优点轰炸"环节，经常是平时关系较好的同学之间分享得较多，而其他人甚至出现无话可说的尴尬。社工可以根据具体情况进行引导，如从某同学洁净的着装我们可以判定他／她具有的优点，以防只是小团体之间的分享。最后，本活动结束之后并不代表对于自我的认识就告一段落，活动结尾布置的作业，其目的在于推动学生将活动所学融入到自身的学习和生活之中，并树立不断完善自我的意识。

八、活动方案使用建议

本方案针对高中阶段学生的特点而设计，每个参与式活动之后需要社工进行总结，与"悦纳自我"这一主题相联系，这一过程所需要的引领技能较高。因此，在使用本方案的过程中，需加强社工自身对于参与式活动的理解和把握能力。方案中，具体的活动环节可以根据服务对象的特点进行替换，但是三个逐步递进的逻辑层次最好不要变，依次是"认识自我""接纳自我"和"完善自我"。如果时间较为充裕，也可以将三个主体环节，进一步延伸拓展，以便学生对于"自我"有更深层次的理解。

第四章 项目工作案例

第一节 青春启航，披荆斩棘——大学生防艾与性教育项目（申报书）

一、项目论证

（一）项目背景

近年来，艾滋病在我国的传播一直处于相对稳定的低流行状态，但艾滋病入侵校园、感染者日趋低龄化、男男同性恋成为学生感染艾滋病的主要群体等问题突出，青少年艾滋病防治教育工作任务艰巨。据统计，从 2011 年到 2015 年，15—24 岁人群的艾滋病毒感染的检出率大约以 13% 的比例在增加，这个年龄段的青年学生的上升幅度则更加显著。据 2014 年 10 月底的数据显示，云南省报告艾滋病病毒感染者和病人9601 例，其中 89.5% 的感染者是通过性途径被传染的。保山市艾滋病疫情自 2004 年以来不断加重，且异性性接触成为 HIV 感染的主要途径。青年群体作为性活跃群体，成为易感人群。保山学院作为澜沧江以西的唯一一所本科院校，学校近年来在禁毒防艾领域取得了一些成绩，但防治艾滋病的任务仍十分艰巨。统计数据显示，性传播已成为感染艾滋病的最主要途径，在校大学生普遍处于 18—24 岁这一年龄段，属于性活跃群体，以性健康教育为切入点，结合毒品危害等方面的知识，多管齐下，整合多种方法提升学生防治艾滋病意识是一条有效的路径。朋辈群体对青少年的影响较为深刻，特别是在一些敏感问题上，青少年往往能够听取或采纳同伴的建议。在学校开展防艾教育，以同伴教育为活动的主要形式，利用同伴影响的积极因素形成同学之间的正向引导，同时结合讲座等宣传活动，是在大学生群体中开展防艾工作的有效途径。

（二）项目可行性

1. 工作团队

本项目团队主要执行人由一名中级社会工作师和三名助理社会工作师构成，掌握了良好的社会工作理念和方法。项目执行团队在青少年预防艾滋病及性健康教育方面积累了较为丰富的经验，成功运行过"青爱小屋性健康专题项目"。在运行项目过程中，探索的以培养大学生同伴教育者为核心的性健康教育形式，吸引了大学生群体的极大兴趣，并受到项目资助方的好评。

2.以社会工作系师生为骨干力量

保山学院社会工作系教师作为骨干力量，具有良好的专业知识，在项目策划、开展、培训、督导以及总结等方面能够提供专业意见。社会工作专业的学生掌握了基础的社会工作知识，并有一定的服务能力，在项目开展过程中，作为主要的服务提供者，可以在活动策划、设计、开展等方面发挥专业优势。

（三）项目创新性

现在越来越多的高校开展性健康教育的讲座，这种快餐式的学习形式在一定程度上会普及一些基本的性健康知识，但是在引发大学生思考，乃至增强自我学习性健康知识的积极性方面做得仍有很多不足。本项目引入增能理念作为指导，以性健康知识的普及为基础，结合同伴教育的形式，希望挖掘大学生自身能力和价值，引入参与式、体验式的活动形式，进一步提升学生们在性健康方面自我教育和反思的能力。

二、项目方案

（一）服务对象

为集中项目资源优势，本项目立足保山市，并确定以保山学院的大学生为服务对象，重点服务大一新生，预计服务 2000 人次以上。

（二）项目目标

本项目以社会工作增能理论为指导，以大学生为服务对象，以同伴教育为主要形式，以小组工作为具体技术路线。通过项目实施，达到两个层面的具体目标。

第一，以性健康教育为突破口，开展小组服务，普及性健康知识和禁毒防艾知识，引导大学生树立科学的性观念，降低感染艾滋病的风险。第二，在增能理论的指导下，将体验式活动与性健康教育相结合，提升大学生自我性教育的意识，促进大学生个人成长。

（三）项目进度

培训学习阶段（2016 年 9 月—2016 年 11 月）：为了项目的可持续发展，项目招募大学生志愿者通过培训学习掌握相关性健康知识，成长为同伴教育者。

小组服务阶段（2016 年 11 月—2017 年 3 月）：项目小组成员作为第一批同伴教育者，针对所在学院的学生开展较为深入的以性健康知识为重点的小组服务。以此为基础，招募有意愿参与性健康教育活动的学生，以志愿者的身份协助同伴教育者的团队，扩大项目的影响力。

项目拓展阶段（2017 年 3 月—2017 年 7 月）：通过学习体验式活动的知识，项目团队与志愿者团队掌握相关技巧，通过游戏活动、辩论赛、情景剧等形式，引导大学生们学习性健康知识、禁毒防艾知识，反思性健康观念。与不同二级学院联络，针对大一新生开展有针对性的服务活动。

总结提升阶段（2017年7月—2017年9月）：通过深度访问、参与观察等多元化的方法，评估项目的效果；总结经验，凝练项目成果。

（四）项目效益

大学生是青少年中思维最活跃的群体，他们大多在18—22岁之间，属于性生理机能成熟、性活动活跃，但性心理不稳定的人群。据调查大学生的性知识主要来自于社会性传播媒介，仅有12.8%的学生受过专门的性教育，这导致一些大学生性知识缺乏，性道德观念模糊，性法律意识薄弱。而心理学的研究也表明，在大学生成长过程中，性及性健康问题是对大学生困扰时间较长、干扰最多的因素之一。总之，在大学生中开展性健康教育极其必要。

通过本项目的实施，在青年大学生群体中普及预防艾滋病知识及性健康知识，提升项目实施高校的相关知识知晓率，降低感染艾滋病的风险，并培养正确的性观念。

三、经费预算

略。

第二节　青春启航，披荆斩棘——大学生防艾与性教育项目（实施方案）

一、项目摘要

本项目以保山市四叶草青少年事务社会工作服务中心为平台，依托保山学院社会工作系及青爱小屋，充分整合资源，发挥各类资源的优势，为项目的运营奠定了良好的基础。本项目拟由5名督导和40名同伴教育志愿者组成执行团队，志愿者主要来自社会工作专业，社会工作的理念与方法可以为项目的开展提供服务条件。本项目执行周期为一年，即2016年9月至2017年9月。

二、项目目标

第一，以性健康教育为突破口，开展小组服务，普及性健康知识和禁毒防艾知识，引导大学生树立科学的性观念，降低感染艾滋病的风险。

第二，在增能理论的指导下，将体验式活动与性健康教育相结合，提升大学生自我性教育的意识，促进大学生个人成长。

三、项目进程

（一）前期筹备和培训阶段

1. 组建团队

通过自主报名、面谈筛选等形式，组建以社会工作专业学生为主体的同伴教育者团队，团队规模控制在 40 人左右。

2. 培训团队

针对组建的同伴教育者团队，开展为期一个月的培训工作，以参与式的工作坊为主要培训形式，促使团队成员掌握基本的性健康、禁毒防艾的知识及同伴教育的技能。同时要求团队成员阅读一本及以上的性教育书籍，掌握其中的核心知识，为做好后期的同伴教育储备知识。

（二）中期实施和督导阶段

1. 考核团队

为巩固前期的培训学习效果，以集体督导的形式考核团队成员，重点考核基础知识的掌握程度和基本技能的运用情况，对于表现较差的成员督促其加强学习，否则不再吸纳为团队成员。

2. 院级同伴教育

首先在政治学院内部开展同伴教育活动，以大一新生为重点服务对象，同时辐射其他年级。通过与班主任协调，以主题班会、团日活动等形式开展服务工作。在同伴教育过程中，可邀请其他学院教师、领导及学校社团负责人等观摩活动，让他们体会同伴教育的积极作用，推动与之合作的可能性。

3. 校级同伴教育

通过政治学院师生的沟通协调及前期的观摩接洽，将同伴教育活动推广到全校，进入不同的学院和班级、社团等组织进行服务，以扩大项目服务对象，提升项目的影响力。

4. 校外宣传教育

在周边社区及中小学中开展以宣传为主、同伴教育为辅的项目活动，提升社区居民及中小学学生对于性健康、禁毒防艾知识的重视程度。

5. 全程督导与团队建设

为保证同伴教育活动的质量，项目团队的教师将全程督导，综合运用集体督导、团队督导、个别督导等形式，帮助团队成员掌握知识、提升技能，以最快的速度成长为一名合格的同伴教育者。在项目实施过程中，团队成员在成长的同时也会遇到一些困难，甚至会出现懒散、疲倦等情况。为提升团队凝聚力，在项目中期开展一次团队建设，让团队成员明确自己所做服务的意义，加强对团队的归属感，为后期的服务活动凝聚力量。

（三）项目评估和总结阶段

1. 项目评估

项目评估贯穿整个项目的始终，而项目是否能达到预期目标的关键在于同伴教育团队，他们对于知识的掌握程度，对于技能的应用水平，是项目活动能否顺利开展的基础。通过参与观察、服务对象反馈等形式着重在项目中期阶段进行评估，以便及时调整活动内容，保证高质量的项目服务活动。

2. 项目总结

在项目末期，项目执行团队和同伴教育者团队进行总结，探索推广同伴教育形式的性健康教育活动，为将来相关活动的开展积累经验。为扩大项目的影响力，会将项目成果进行展示，通过诸如开展项目总结会、印制展板等形式宣传项目经验。

四、时间安排

表 4-1　项目评估时间安排表

时间 活动	2016 年				2017 年								
	9 月	10 月	11 月	12 月	1 月	2 月	3 月	4 月	5 月	6 月	7 月	8 月	9 月
组建团队	★	★	★										
培训团队			★	★									
考核团队				★	★								
院级同伴教育					★	★	★						
中期评估						★							
校级同伴教育							★	★	★	★	★		
校外宣传教育								★	★	★			
团队建设					★				★				
督导		★	★	★	★	★	★	★	★	★	★	★	
末期评估												★	
项目总结展示													★

五、成员分工

表 4-2　项目评估成员分工表

姓名	职务	分工
张吟梅	四叶草服务中心主任	项目管理
关阳	四叶草服务中心副主任	项目策划

姓名	职务	分工
徐炜然	四叶草服务中心志愿者部负责人	项目督导
严茜	四叶草服务中心活动策划部负责人	项目督导
马东东	四叶草服务中心项目管理部负责人	项目培训

六、项目产出

（1）一支掌握性健康教育和禁毒防艾知识的 35 人的同伴教育者团队。

（2）培养具备较高的同伴教育技能的 5—10 人的核心团队。

（3）举办七场参与式培训。

（4）开展十场以上同伴教育培训；开展两次以上讲座；开展两次以上社区宣传活动。

（5）举办一场项目总结会。

（6）项目服务活动覆盖 2000 人以上。

七、项目评估

1. 过程评估

在项目执行的各个阶段通过参与观察、个别访谈等具体的评估形式，及时了解培训、服务等的效果，根据实际情况及时调整服务方案，提升同伴教育者的素养，保证高质量的服务活动。

2. 末期评估

通过问卷调查、服务效果反馈等形式了解服务对象对项目活动的认可度；与项目策划中的目标进行比对，评估项目产出是否完成，目标是否达到。

第三节　青春启航，披荆斩棘——大学生防艾与性教育项目（同伴教育者成长工作坊培训方案）

一、第一节活动：认识同伴教育项目

（一）本节目的

（1）参与者互相认识并熟悉。

（2）初步了解项目内容和同伴教育的方法。

（3）以爱情为切入点，调动参与者的积极性，为后续培训奠定基础。

（二）具体流程

表 4-3 第一节活动流程表

时长	目标	培训活动	所需物资
15 分钟	帮助大家互相认识	自我介绍	无
15 分钟	促进对工作坊的了解	简单介绍项目整体架构；采用互动的形式介绍同伴教育	大白纸 2 张、白板笔 4 支、大胶带 1 卷、笔记本若干
10 分钟	确立工作坊的基本原则	集体讨论并确定工作坊的基本规则	大白纸 2 张、白板笔 4 支、大胶带 1 卷
20 分钟	激发个人主动学习的积极性	游戏：纸飞机	A4 纸 40 张、碳素笔 40 支
10 分钟	评估参与者对性健康知识的了解程度（前测）	填写问卷	问卷 40 份
10 分钟	对参与者进行谈性尴尬的脱敏	ABB 叠词游戏	无
20 分钟	了解大家对"性"的认识；引出爱情的话题	头脑风暴：性的 T 型台	大白纸 2 张、白板笔 4 支、大胶带 1 卷
15 分钟	了解大家的爱情观	游戏：向前一步	无
15 分钟	分享大家对另一半的期望	活动：异性魔力岛	A4 纸 30 张；白板笔 10 支
5 分钟	巩固本节内容	总结分享；预告下一节的主题和培训时间	无

二、第二节活动：生殖系统与保健

（一）本节目的

（1）了解男性和女性的生殖系统，认识两性的生理差异。

（2）学习并掌握基本的生殖系统保健知识，辨别常见的错误观点。

（二）具体流程

表 4-4 第二节活动流程表

时长	目标	培训活动	物资
10 分钟	营造轻松的氛围	游戏：大风吹	无
20 分钟	引发参与者对自己身体发育的回顾	按性别分组，之后讨论青春期的生理变化；组员代表分享	大白纸 4 张；白板笔 4 支
10 分钟	进一步对参与者进行谈性尴尬的脱敏	成语游戏	无
10 分钟	了解参与者对于男性生殖器官的认识	填图活动	图纸 1 份

续表

时长	目标	培训活动	物资
20分钟	了解男性生殖器官的构造；学习男性保健知识	讲解男性生殖器官构造及保健知识	图纸或PPT
10分钟	了解参与者对于女性生殖器官的认识	填图活动	图纸1份
20分钟	了解女性生殖器官的构造；学习女性保健知识	讲解女性生殖器官构造及保健知识	图纸或PPT、卫生巾和卫生棉条
25分钟	了解参与者对生理健康知识的普遍误解并澄清这些误解	活动：生理知识大爆炸	打印出来的问题纸
5分钟	巩固本节内容	总结分享；预告下一节的主题和培训时间	无

三、第三节活动：性与社会性别

（一）本节目的

（1）认识性的多元化特征及性少数群体。

（2）促进参与者形成包容、接纳和尊重的理念。

（二）具体流程

表4-5　第三节活动流程表

时长	目标	培训活动	物资
10分钟	营造轻松的氛围	游戏：我是小厨师	无
20分钟	帮助参与者全面理解性和性别，树立性别平等的意识	站队游戏：分享生理性别和社会性别	卡纸三张、问题清单
25分钟	了解性的多元特征；促进对性多元化的包容	小组讨论：由浅入深地引导参与者理解性的多元特征；探讨如何对待与自己不同的人	多元性情景卡
20分钟	了解参与者对性少数群体的认识	世界咖啡馆：引导参与者分享我身边/听说的性少数群体的故事	无
20分钟	澄清LGBT群体的知识	讲解：LGBT群体的知识	大白纸
20分钟	在价值层面接纳多元的性	分组进行角色扮演：我的同学是同性恋	无
5分钟	巩固本节内容	总结分享；预告下一节的主题和培训时间	无

四、第四节活动：性与生殖健康

（一）本节目的

（1）学习并掌握关于怀孕、验孕、避孕和流产的相关知识。

（2）了解 8 种常见的性病。

（二）具体流程

表 4-6　第四节活动流程表

时长	目标	培训活动	物资
10 分钟	营造轻松的氛围	游戏：口香糖	无
20 分钟	让参与者了解青少年未婚先孕所涉及的身体、心理、社会和经济问题	情景表演："我怀孕了"	无
10 分钟	让参与者分享自身了解的避孕方式	分组讨论：避孕方式	大白纸 6 张、白板笔 6 支
30 分钟	让参与者掌握基本的怀孕、验孕、避孕知识	讲解：不同的避孕方式	大白纸 2 张、白板笔 3 支、验孕棒、试纸、避孕药品
15 分钟	让参与者了解如何正确使用安全套；树立男女都有避孕责任的意识	演示：安全套的使用	安全套若干
10 分钟	让参与者了解流产的不同方式及其可能产生的危害	讲解：流产知识	无
15 分钟	了解性传播疾病的传播途径	游戏：认识性病	无
20 分钟	学习常见的性传播疾病的知识	讲解：8 种常见的性病	PPT 或图片
5 分钟	巩固本节内容	总结分享；预告下一节的主题和培训时间	无

五、第五节活动：艾滋病的预防

（一）本节目的

（1）学习并掌握艾滋病的概念、传播途径、致病机理。

（2）培养接纳感染者的观念，减少歧视。

（二）具体流程

表 4-7　第五节活动流程表

时长	目标	培训活动	物资
10 分钟	营造轻松的氛围	游戏：小雨点	无
15 分钟	了解艾滋病的传播速度	签名游戏	裁剪好的小纸片

续表

时长	目标	培训活动	物资
30 分钟	澄清概念； 学习艾滋病的基本知识	学习活动：分组讨论分享艾滋病的相关知识；针对大家讨论出的错误的知识点进行澄清	大白纸
25 分钟	让参与者了解艾滋病的传播途径和风险行为	游戏：危险地带	卡纸
10 分钟	了解 HIV 的致病机理	游戏：免疫系统大作战	卡纸
20 分钟	帮助参与者思考艾滋病背后的歧视与权力问题	活动：一颗仙药	A4 纸
5 分钟	巩固本节内容	总结分享； 预告下一节的主题和培训时间	无

六、第六节活动：毒品的危害

（一）本节目的

（1）认识常见的毒品类型及其危害。

（2）树立拒绝毒品的意识。

二、具体流程

表 4-8　第六节活动流程表

时长	目标	培训活动	物资
10 分钟	营造轻松的氛围	游戏：手指操	无
15 分钟	通过观察判断毒品的种类	活动：猜猜这是什么毒品	各类毒品的图片
30 分钟	了解常见毒品的危害	讲解：介绍常见的毒品种类	课件 PPT
20 分钟	分享个人对毒品危害的认识	分组讨论：吸毒对个人、家庭和社会的危害	大白纸、白板笔、胶带
20 分钟	学习并掌握常用的戒毒方法	讲解：常用的戒毒方法	课件 PPT
20 分钟	提升拒绝毒品的意识	情景模拟：对毒品说"不"	情境卡片
5 分钟	巩固本节内容	总结分享； 预告下一节的主题和培训时间	无

七、第七节活动：同伴教育技能提升

（一）本节目的

（1）学习并掌握同伴教育的相关技巧。

（2）总结整个培训过程，安排接下来同伴教育活动的实施。

（二）具体流程

表 4-9　第七节活动流程表

时长	目标	培训活动	物资
10 分钟	营造轻松的氛围	游戏：巧钻呼啦圈	1 个呼啦圈
15 分钟	回顾前面学习到的内容	游戏：我说你猜	将前面所学内容以关键词的形式罗列出来
25 分钟	利用语言提升培训技能	讲解：语言与词汇	大白纸、白板笔
15 分钟	注意活动情境中的变化	讲解：现场敏感性	大白纸、白板笔
10 分钟	了解培训成效	了解大家掌握知识的程度，进行成效评估（后测）	问卷
20 分钟	了解同伴教育过程中的注意事项	学习流程优化的方法；强调开展同伴教育时的注意事项	大白纸、白板笔
20 分钟	总结成效，安排下一步工作	培训整体总结；布置下一阶段活动的实施	大白纸、白板笔

第四节　青春启航，披荆斩棘——大学生防艾与性教育项目（总结报告）

一、项目开展

本项目以保山市四叶草青少年事务社会工作服务中心为平台，依托保山学院社会工作系及青爱小屋，充分整合资源，发挥各类资源的优势，为项目的运营奠定了良好的基础。本项目共由 5 名督导和 40 名同伴教育志愿者组成执行团队，志愿者主要来自社会工作专业，社会工作的理念与方法可以为项目的开展提供服务条件。本项目执行周期为一年，根据实际情况，在执行周期内将项目主要分为四个阶段开展。第一阶段是 2016 年 9 月至 2016 年 11 月，本阶段主要工作内容为招募同伴教育志愿者、前期调研和集中培训。在这一阶段志愿者们了解到，周边同学对于性健康及禁毒防艾知识的知晓程度并不高，通过培训和自主学习，他们掌握了较为系统的知识和服务技巧。第二阶段是 2016 年 11 月至 2017 年 3 月，本阶段的主要工作内容是志愿者以同伴教育为主要形式进行院级同伴教育服务，同时项目督导团队结合实际情况开展讲座等多种形式的活动。第三阶段是 2017 年 3 月至 2017 年 8 月，将同伴教育的活动延伸到学校层面，与不同二级学院开展合作，进一步扩大项目覆盖的群体。第四阶段是 2017 年 8 月至 9 月，进行最后的总结和经验推广。

（一）项目培训及督导

本项目旨在促进大学生了解禁毒防艾及性健康相关知识，大学生是主要服务对象，以社会工作专业学生为主体的同伴教育志愿者为主要服务者。由于招募的志愿者以大二学生为主，而专业学习过程中也未曾涉及禁毒防艾与性健康的知识，所以对项目所关注的领域并不是特别熟悉。在项目的第一阶段进行了较为系统的集中培训，让同伴教育志愿者通过参与式的学习掌握相关知识。项目第二阶段，同伴教育志愿者们开展服务活动，为保证服务质量，每次服务活动前后都进行针对性督导，以提升同伴教育志愿者的能力。在整个项目执行过程中，5名督导在培训资源引进、活动设计、活动效果评估等方面进行指导，以保证服务效果和志愿者的成长。项目培训及督导情况见下表。

表4-10　大学生防艾与性教育项目培训及督导情况统计表

时间	主题	培训师/督导	参与者
2016.9	学生志愿者招募	马东东、关阳	全体督导
2016.9.23	项目整体策划督导	张吟梅	项目组督导成员
2016.10.14	认识同伴教育	张吟梅、马东东	全体项目组成员
2016.10.28	毒品知识学习	张丹凤	全体项目组成员
2016.11.2	性与生殖健康	马东东	全体项目组成员
2016.11.7	避孕与流产知识	马东东	全体项目组成员
2016.11.14	认识社会性别	马东东	全体项目组成员
2016.11.20	服务计划书督导	马东东、严茜	全体项目组成员
2016.11.28	艾滋病预防	严茜、马东东	全体项目组成员
2016.11.30	世界艾滋病日培训	徐炜然、马东东	四叶草中心志愿者
2017.3.16	项目中期督导	张吟梅、关阳	项目组督导成员
2016.11–2017.7 每周	服务活动督导	张吟梅、关阳、严茜、徐炜然、马东东	各服务小组成员

通过培训，项目组志愿者主要学习并掌握了禁毒防艾与性健康知识以及同伴教育的服务形式，并将所学内容应用到实践中，设计符合大学生需求的活动。六次不同主题的集中培训旨在让参与者了解性健康的基本知识，主要应用体验式的形式，学习开展同伴教育活动的技巧，为项目后续服务的开展奠定知识基础，提高了开展相关活动的能力。结合前期培训所学与社会工作专业知识进行实践，增强了执行团队的信心，在具体服务过程中的教育性督导，解决了同伴教育志愿者在开展活动过程中遇到的困难，不断调整优化服务方案，保证了服务质量。

（二）项目多元化服务

在项目运行的第二阶段，40名同伴教育志愿者共分为8个服务小组。根据前期的需求评估及培训所掌握的内容，8个服务小组以组为单位设计出侧重点不同的服务活动。督导结合自身优势，有针对性地开展讲座等内容。通过前期调研发现，大一新生对于禁毒防艾及性健康知识需求最为强烈，而本项目侧重深层次的服务，希望在普及相关知识的同时，引发服务对象的反思意识，提升自我教育的能力。经过多方协调，在项目的第二阶段重点服务政治学院所有的大一新生，以回应他们的需求。具体服务情况见下表。

表 4-11　大学生防艾与性教育项目 2016 年服务情况统计表

时间	服务对象	主题	服务人数
2016.11.10	全校学生	避孕与流产专题讲座	60
2016.11.11	大二学生	性教育主题辩论赛	40
2016.11.15	15 级社会工作班	大学与爱情	43
2016.11.15	15 级政治学与行政学班	大学与爱情	54
2016.11.23	15 级社会工作班	生理性别与社会性别	43
2016.11.23	15 级政治学与行政学班	艾滋病预防	54
2016.11.23	15 级思想政治教育本科班	大学与爱情	52
2016.11.23	15 级思想政治教育专科班（一）	大学与爱情	30
2016.11.23	15 级思想政治教育专科班（二）	大学与爱情	31
2016.11.30	全校同学	艾滋病、毒品知识宣传	2000 余人
2016.12.07	15 级社会工作班	避孕与流产知识	43
2016.12.07	15 级政治学与行政学班	生理性别与社会性别	54
2016.12.07	15 级思想政治教育本科班	生理性别与社会性别	52
2016.12.07	15 级思想政治教育专科班（一）	艾滋病预防	30
2016.12.07	15 级思想政治教育专科班（二）	艾滋病预防	31
2016.12.14	15 级社会工作班	艾滋病预防	43
2016.12.14	15 级政治学与行政学班	避孕与流产知识	54
2016.12.14	15 级思想政治教育本科班	艾滋病预防	52
2016.12.14	15 级思想政治教育专科班（一）	生理性别与社会性别	30
2016.12.14	15 级思想政治教育专科班（二）	生理性别与社会性别	31
2016.12.15	全校学生	认识社会性别专题讲座	60
2016.12.21	15 级思想政治教育本科班	避孕与流产知识	52
2016.12.21	15 级思想政治教育专科班（一）	避孕与流产知识	30
2016.12.21	15 级思想政治教育专科班（二）	避孕与流产知识	31
2016.11.30	保山学院学生	防艾宣传活动	2000 余人
2016.11.30	汉营小学学生	防艾知识普及	100 余人

表 4-12　大学生防艾与性教育项目 2017 年服务情况统计表

时间	服务对象	主题	服务人数
2017.3.17	人文学院大一新生	大学与爱情	24
2017.3.17	人文学院大一新生	大学与爱情	23
2017.3.17	人文学院大一新生	大学与爱情	19
2017.5.12	人文学院大一新生	大学与爱情	19
2017.5.12	人文学院大一新生	大学与爱情	22
2017.5.12	人文学院大一新生	大学与爱情	22
2017.5.17	人文学院大一新生	生理性别与社会性别	21
2017.5.17	人文学院大一新生	生理性别与社会性别	20
2017.5.17	人文学院大一新生	生理性别与社会性别	19
2017.5.22	人文学院大一新生	禁毒防艾主题	18
2017.5.22	人文学院大一新生	禁毒防艾主题	21
2017.5.22	人文学院大一新生	禁毒防艾主题	22
2017.5.27	人文学院大一新生	避孕与流产知识	18
2017.5.27	人文学院大一新生	避孕与流产知识	23
2017.6.5	人文学院大一新生	避孕与流产知识	17
2017.6.9	人文学院大一新生	避孕与流产知识	19
2017.6.12	人文学院大一新生	避孕与流产知识	20
2017.6.23	人文学院大一新生	避孕与流产知识	22

二、项目成效

（一）项目产出

（1）一支掌握性健康和禁毒防艾知识的 40 人的同伴教育志愿者团队。

（2）培养了至少 15 名具备较好的同伴教育技能的核心主持人。

（3）督导团队举办 6 场参与式培训，两场技能培训，两场讲座，一场创新性辩论赛活动，服务 450 余人次。

（4）同伴教育志愿者团队开展 40 多场深入培训，服务 1850 余人次。

（5）项目团队开展了一场全校性宣传活动，服务 2000 余人次，该活动还被保山市电视台报道。

（二）项目经验

在为期一年的项目运作过程中，项目督导团队与同伴教育志愿者团队摒弃以往单一的蜻蜓点水式的宣传活动，以大一新生为重点，在保证深入服务的同时扩展覆盖面，新颖的参与式同伴教育形式受到广泛好评。据统计，本项目共深入服务 300 余人次，扩展覆盖面达到 4300 人次。在项目服务过程中积累了一定的经验。

1. 培养同伴教育志愿者团队，开展参与式服务活动

当今的大学生对于填鸭式的课堂学习有所排斥，而同伴群体在学生中有着广泛的影响力，鉴于此，本项目在设计之初就明确提出同伴教育这一服务形式，招募以社会工作专业学生为主体的同伴教育志愿者团队，经过知识与技能的双重培训，帮助其成为合格的同伴教育培训者。在项目的第二阶段，充分发挥同伴教育团队的作用，综合利用游戏、情景模拟、体验式活动等学生喜欢的参与式的活动开展服务。几乎所有的参与者都对培训形式给予高度评价，言明所学内容对自身成长起到积极的推动作用。有参与培训的大一新生表示，自己从来没有参加过这样好玩的活动，既在快乐的氛围中学到了知识，也开始反思自己的行为。

2. 以院级同伴教育为重点，夯实基础，拓展求新

为提升项目服务质量，在集中培训同伴教育团队的基础上，经多方协调，项目督导团队将服务的重点放在政治学院大一新生层面。四叶草青少年事务服务中心与青爱小屋都是以政治学院为平台设立的，在学生中有一定的影响力，便于服务的开展。在项目运行阶段，政治学院大一新生四个班级都接受了四个不同主题的深入培训，他们反映自己无论是对禁毒防艾及性健康知识的了解，还是反思自身行为方面都有较大的提升。

项目督导团队在推动同伴教育的同时，还设计出全校性知识讲座、世界艾滋病日主题宣传、以性教育为主题的辩论赛等形式的项目活动，不断拓展项目在学校的影响力，并得到院级和校级领导的重视与关注。

3. 注重项目服务与社会工作专业特点的结合，理论与实践相融合

社会工作是以利他主义为指导，利用专业知识进行科学助人的专业。对于专业知识的学习，课堂讲授是基础，实践应用是重点。项目团队中的同伴教育志愿者绝大部分是来自社会工作专业的学生，他们具有一定的理论基础和服务理念，他们的参与一方面实践了课堂学习到的知识，在服务的过程中，检验相关理论；另一方面他们通过实践锻炼，扩展了对专业的认识，实现了专业学习与项目服务的相互促进。

4. 多方力量汇集，通过项目运作实现共赢

本项目以保山市四叶草青少年事务社会工作服务中心和青爱小屋为平台，结合保山学院政治学院社会工作系的教师资源以及社会工作专业学生志愿者群体共同推动项目良性运作。在这一过程中，多方力量汇集，并充分发挥了各自优势，如防艾办的指导作用、四叶草中心的服务优势、社工系师生的专业素养等，这些最大程度地保证项目执行效果，为保山学院的大学生提供了优质的服务，受到众多参与者的赞扬。

三、项目困难

诚然，项目取得了较好的成效，也积累了一定的经验。但是，在项目运作过程中仍存在一定的困难和不足，值得项目组成员深入反思。

第一，项目周期较短，服务模式仍待探索。本项目周期为一年，在较短的时间内要完成前期调研、招募成员、集中培训、同伴教育服务等诸多事宜，显得非常仓促。同伴教育志愿者在完成繁重的课程之余，自主学习并尝试设计活动，在较短的时间内难以保证服务的质量。探索一套适合在高校开展禁毒防艾及性健康教育的服务模式是督导团队达成的共识，但囿于时间关系，探索仍处于起步阶段，大家更多的精力花费在基础培训的设计和督导环节，对于项目进一步的发展考量有限。

第二，项目资金有限，服务范围有待拓展。本项目不是科研课题，而重点在于服务，在项目执行周期内，除去活动成本外，人力资源的投入占重要的部分。无论是督导团队还是志愿者团队都付出了大量的时间与精力，相互配合将项目执行到最优。但是项目资金有限，为保证项目质量，同伴教育服务重点放在大一新生这一群体。在项目中后期，其他学院的教师都有意邀请项目团队进行培训，他们觉得项目的主题值得学习，项目的形式也受大家欢迎，但是考虑到有限的时间和资金，项目团队婉言谢绝，在服务范围特别是深入培训的覆盖面上留下较大的遗憾。

第三，项目团队年轻，团队配合仍需加强。在督导团队方面，各位督导教师充分发挥各自优势为项目良好运作奠定了基础，但是之前运行同类项目的经验有限，在督导层面仍有提升空间。在同伴教育志愿者团队方面，绝大部分同学是首次参与项目服务，也是首次参与该主题的活动，自身知识储备和服务技能仍有所欠缺，在短时间内组建的服务团队并没有达到最优的状态，值得进一步学习和加强。

四、项目展望

虽然本项目已完结，通过团队的努力较好地达到了项目目标，培养并打造了志愿者团队，该团队能够灵活运用多种形式，在大学生群体中开展禁毒防艾与性健康教育服务。但是团队成员的探索和反思并没有停止，在服务过程中积累的经验和发现的不足也能为今后类似项目的开展提供借鉴作用。

第一，项目形式新颖，利于服务对象参与。在综合评估大学生学习特点的基础上，本项目借鉴同伴教育这一形式以参与式、体验式活动为主要模式，这对于习惯了填鸭式的课程教育的大学生特别有吸引力。而参与式的互动，避免了问答式的尴尬，也有助于学生的思考。

第二，针对不同群体，设计不同的服务活动。虽然都是大学生，但是各个年级的需求仍有显著差异。大一新生恋爱的较少，对性生理方面、禁毒防艾比较感兴趣；而大二、大三学生恋爱的较多，对于两性差异以及性健康知识的兴趣更大。因此，同样是开展性教育，面对不同的群体，也有必要侧重不同方面，以达到最优的效果。

第三，建立同伴教育志愿者——参与者——其他学生的循环教育模式，最大程度地扩大项目影响力。项目有一定的时间限制，但是培养出来的同伴教育志愿者团队在项目结束之后仍可进行一些后续跟进服务。同时，参与服务活动的大学生在自己掌握相关知识的基础上，可以对周围的同学、朋友进行简单的禁毒防艾及性知识的普及，甚至引发相关理念的探讨，激发大家自我学习的意识和能力，将项目在无形中延续下去，以最大程度地扩大项目的影响力。

第五节　一个也不能少——社会工作教育扶贫项目

虽然我国为普及九年义务教育投入了大量的人力物力，并且取得了卓越的成就，但仍然存在着一些难以忽视的问题，比如说农村欠发达地区的基础教育设施仍不完备、教育经费投入有待提高；部分教师教学观念落后，优秀师资力量短缺；很多家长对教育的重要性认知不足，认为读书不如打工；教育扶贫过程中对受助学生心理关照不够，导致他们缺乏成长动力，扶贫效果不显著等。总之，教育扶贫还有很长的路要走。

社会工作是一种专业的助人活动，其本质特征是通过专业化的服务帮助受助者解决实际困难，同时挖掘其自身潜力，使其获得成长。社会工作拥有的独特的价值理念和专业方法对促进教育扶贫有重要的指导意义。社会工作介入教育扶贫，秉持助人自助的价值观，利用个案、小组、社区等工作方法，能够在助人服务过程中实现"智""志"双扶。

在2018年7月到9月期间，保山学院社会工作教育扶贫服务团队在施甸县平村开展了两个多月的针对留守儿童及其家庭的专业服务。在整个教育扶贫过程中，团队社工整合运用个案工作、小组工作和社区工作等专业方法，在学业辅导、习惯培养、人际关系改善、自信心培养等方面提供支持和服务。此次项目活动，个案服务覆盖128人次，小组服务覆盖513人次，社区服务覆盖约300人次，捐赠生活用品200余件，发放爱心书包90个。本项目无论对于社会工作介入教育扶贫的探索，还是实践中对受助学生的帮扶都意义重大，为后续社会工作专业师生参与保山学院定点扶贫奠定了基础。

一、社会工作参与教育扶贫的可行性

社会工作起源于西方，从诞生之初就特别关注贫困问题，18世纪中期，欧美国家作为"友善访问员"角色的中产阶级妇女不但为贫困家庭提供物质救助，还协助他们提升技能、进行子女教育等，这一过程中萌发出的关注人的发展以改善现状的思想观念，与教育扶贫的思路不谋而合。

（一）社会工作与教育扶贫的价值理念契合

教育扶贫是在新时代"造血式"扶贫思想引导下，国家脱贫攻坚过程中的重要举措，社会工作是具有高度价值关怀的道德实践，其核心价值观凸显以人为本的理念，两者都重视"个体发展"。首先，助人自助理念将教育扶贫对象视为扶贫过程的主人翁，具体帮扶过程只是外在协助力量的体现，最为核心的是提升他们的内生动力，由"要我脱贫"转变为"我要脱贫"，思想改变之后利于扶贫工作的高效率化。其次，增强权能理念相信每个贫困对象都是有潜能的，褪去"问题视角"的标签，站在"优势视角"的位置，认为贫困对象目前的困境只是一时的，工作者应该充分发挥鼓励者、支持者、使能者等角色的功能，帮助他们提高应对危机的能力，由"我不行"转变为"我可以"。此外，个别化即尊重每个个体独特性的理念更加契合当下教育扶贫对象的精准识别，通过分析其贫困的具体成因，有针对性地进行"靶向治疗"，真正落实精准帮扶。

教育扶贫不只是针对某一特定贫困户的扶贫，特别是"对教育扶贫"体现的更是针对贫困地区的教育投入，它兼具"大水漫灌"与"精准滴灌"的双重特征，通过区域化投入解决与发达地区的差距，通过个别化帮扶解决特殊性问题。如此一来，既能保证教育机会的绝对平等，又能达到教育过程的差别平等，实现阻断贫困代际传递的结果平等的目标，这也是社会工作最终追求的社会的公平正义的终极价值。

（二）社会工作参与教育扶贫的方法优势

社会工作是以助人为目的的专业和职业，非常强调在科学理论知识指导下运用专业方法进行实践，利于提升教育扶贫工作的质量。第一，从社会工作通用实践过程的角度看，接案、预估、计划、介入、评估、结案六个步骤缺一不可。接案和预估阶段对贫困对象的精准识别以及对其问题和需求的了解是整个扶贫过程的逻辑起点；计划和介入阶段从制定切实可行的方案再到具体操作落实，可以制定完善的工作方案、选择恰当的服务方法、运用合理的介入手段针对贫困群体进行帮扶；评估和结案阶段是考量教育扶贫成效以决定是否继续帮扶的关键。第二，从社会工作服务方法的角度看，个案工作、小组工作、社区工作等直接服务方法和社会行政、社会工作督导、社会工作研究等间接服务方法可以整合起来参与教育扶贫工作。针对个体原因导致的贫困及贫困导致的个别问题，工作者开展个案工作解决贫困个体或贫困家庭的问题；对于受同样问题困扰的贫困人群或他们具有某些相同需求的时候，运用小组工作的方法成效会更为明显；而诸如贫困文化的笼罩、"等靠要"思想的弥漫、关注个体私利等内容需要从社区教育、社区互动的角度开展工作。间接的社会工作方法在推动教育扶贫政策的执行与落实，总结具体实践中的经验，反思介入教育扶贫中的困境等方面发挥着积极作用。

综上所述，社会工作介入教育扶贫具有独特的优势，当社工团队进入平村开展教育扶贫工作时，可以快速消除社工与受助学生的隔阂，评估其真实需求，有针对性地开展教育扶贫活动。

二、社会工作教育扶贫项目的平村实践

施甸县属于国家扶贫开发工作重点县之一，其下辖的平村地处贫困山区，该村村内主干道多为未硬化的沙石路，部分居民家中目前还没有通自来水，基础设施相对比较薄弱，且种植业产量也较低，经济发展长期滞后，导致常年外出务工人数众多，留守儿童及其家庭的问题也较为突出。平村原本有一所小学，2010年在上级领导及社会各界有识之士的关心和支持下，搬迁新建了现在的平村小学。平村小学占地面积24272平方米，建筑面积11047平方米，2011年8月学校初具规模后，先后整合了周边五所学校，实现了集中办学和教育资源共享。平村小学现有在校学生612人，18个教学班，236个寄宿生，属于半寄宿制学校，现有教职员工45人，专任教师32人。学校校舍宽敞，环境优美，有标准的篮球场和足球场，有现代化的教学楼、综合楼、餐厅、学生宿舍、浴室、教师周转房一应俱全，是一所设施设备齐全的现代化半寄宿制学校。由于平村留守儿童较多，且基本都在平村小学就读，考虑到社会工作教育扶贫团队需要长期驻村开展扶贫活动，经过各方协调，项目团队最终把项目实施地定在了平村小学，以覆盖平村范围。在两个多月的服务过程中，整个项目团队以平村小学为主阵地，充分链接平村及周边村落的资源，从入户家访开始，陆续通过个案服务、小组活动、社区宣传等形式开展以留守儿童、贫困家庭儿童为主的教育扶贫服务。

（一）个案工作

在前期对平村小学的学生进行量表评估的基础上，社会工作教育扶贫团队督导教师会同平村小学教师筛选出一批需要个案服务的对象。他们在行为习惯、认知观念等方面存在一定的偏差，主要集中在以下几个方面：（1）性格较内向，沉默寡言，胆子较小，人际关系不良；（2）自信心不足或者缺乏；（3）亲子关系恶劣，来自家人的支持和陪伴较少；（4）对学习缺乏兴趣，没有动力。社工开始与潜在的个案对象接触，通过与之交流，并进行家访征求家人意见，最终确定了16个个案对象。以小茜为典

型案例，分析社会工作介入教育扶贫的过程。

1. 案主基本情况

案主小茜是独生女，12 岁，在平村小学读五年级，学习成绩一般。小茜家境殷实，父母为其提供了良好的物质条件。小茜平时与父母亲一起生活，但是父母都在县城工作，基本都是早出晚归，白天无暇顾及她。小茜出生之后，父母外出务工将近九年时间，平时则由爷爷奶奶照顾，最近几年父母回家发展，她才结束了自己的留守生活。由于长时间的留守经历，小茜非常内向，没有自信，朋友很少，而且亲子关系不良，家里人都非常着急。

2. 建立专业关系

通过走访发现，由于父母长期在外务工，小茜从小缺少父母陪伴，虽然现在父母回到身边，但是亲子之间的交流也非常少。爷爷奶奶照顾小茜期间，也没有过多关注其心理状况，使其逐渐养成了内向、不自信的性格，上小学之后小茜的性格虽然有所改变，但仍存在较大的不足。

为更好地与小茜交流，社工首先对小茜所说话语进行关键信息的摘录，了解其人。小茜与社工交流时，身体姿态非常拘束、紧张，说话磕磕绊绊，表情极其不自然。社工耐心等待，不打断她的话语，不催促她，当她说得较为清晰时，及时地给予身体语言的赞赏和口头语言的鼓励，使得她慢慢地放松下来。社工通过自我表露、同理心等技巧的表达，逐步获得了小茜的信任。

社工："当初我和你一样大的时候，我的情况和你差不多，别人和我说话我一直哆嗦，话都说不清楚，经常答非所问，有时候还会冒冷汗呢！这种情况直到大学开学都还存在，还记得进入大学之后的第一次自我介绍，我上了讲台之后腿一直在抖，本来想好的说辞都忘记了，短短几分钟的自我介绍就像过了几个世纪一样漫长，所以我很能理解你的感受，毕竟突然和陌生人说一大堆话真的很困难呢，你现在的表现可是比当初的我好太多了。"

小茜："哥哥，你说的是真的吗？你的情况真有那么严重吗？我觉得有点搞笑耶，不过我的情况和你也差不多，你能和我说说你后面是怎么解决这个问题的吗？我也想改变自己呢。"

通过同理心、鼓励等技巧的使用，社工慢慢和小茜拉近了距离。小茜也意识到偏内向的性格，使得她平时不敢出门，在人多的场合不敢说话，而且对自己的外貌也不满意，学习成绩一般，没有几个朋友。她自己也想过改变，但效果总是不太明显。

3. 服务过程

表 4-13　个案服务过程记录表

阶段	目标	服务梗概
介入初期（第一、二次会谈）	初步了解小茜的基本情况与家庭情况，了解并澄清小茜的问题与需要，建立专业关系	社工与小茜的第一次交流非常困难，基本都是社工提问、小茜回答，简短答完之后，她就不再说话。而且由于小茜家里有客人来，第一次接触草草收场。 第二次家访的时候，社工观察到小茜家里有很多她自己的手工折纸作品，社工决定以这个兴趣爱好作为切入点，请教她折纸的技巧。 社工："小茜，这些作品都是你折的吗？你可真厉害。" 小茜顿时来了精神："哥哥你说对了，这些都是我折的，我还获得过学校手工艺品大赛的二等奖呢，哥哥你看，奖状还在这里贴着呢！" 社工："小茜真棒，在这方面你可以当哥哥的小教师了，你能教教哥哥怎么折纸吗？" 小茜："谢谢哥哥夸奖，等我拿纸来，我这就教你折。" 如上所呈现的，社工以折纸为突破口，通过折纸作为与之沟通的话题，引导她放松下来。同时，社工主动运用倾听、表达专注等支持性技巧取得了小茜的信任，并建立起良好的关系。在谈论折纸的过程中，社工发现小茜的表达非常流畅，借此契机又了解了一下她的基本情况，为后续工作奠定了良好的基础。
介入中期（第三至七次会谈）	运用优势视角为小茜增能，肯定她自身优点，强化自信心；改善小茜的人际关系，提升亲子关系	介入中期阶段，主要运用优势视角为小茜增能，社工采取多样化的服务手段达成个案服务的目标 第一，引导小茜发现自身在折纸方面的优势，以此为着力点强化她的自信心。社工邀请小茜教不同的小朋友折纸，通过这一过程肯定她的表现 第二，邀请家长和她一起参与辅导。通过父女共读《爱心树》绘本，引导小茜和父亲思考故事中小男孩的所作所为是否正确，并引导他们将故事中的道理迁移到自己日常生活中，父女二人可以换位思考，日常互动状态是否需要改变 第三，为改善小茜的人际关系，社工邀请她参加项目组的人际交往能力提升小组，帮助她在团队氛围中进行学习 第四，为提升亲子互动质量，社工邀请小茜和家人一起参加植物拓印和手工皂制作亲子工作坊，在体验式的活动中改善亲子关系。 通过几次会谈和辅导，小茜与父亲的关系得到了极大的缓和，一方面父女之间的沟通明显增多，另一方面双方彼此理解的程度日益加深。父女二人都表示以后还会从心理换位的角度理解对方，也会继续为增强亲子关系而努力。同时，社工在每次辅导之后还要为小茜开展半小时左右的课业辅导，帮助她掌握一些学习方法
介入后期（第八次会谈）	总结评估，进行结案	回顾个案的整个过程，巩固小茜已有的改变。 了解小茜及其家人对社工服务形式、服务内容的评价

（二）小组工作

根据问卷调查显示，平村小学的学生半数以上有以下方面的需求：第一，提升人际交往能力；第二，培养良好的卫生习惯；第三，提升学习英语的兴趣。社工团队围绕着三个方面的需求，分别设计了具有针对性的小组服务，每个小组由6-8节不等的活动构成。

1. 活动概述

在小组筹备阶段，社工利用课余时间深入班级进行宣传，同时开启报名工作，社工对于报名的条件、要求、注意事项等向大家做了详细的介绍。在得知社工们将要开展的小组活动主题之后，学生们表现得异常活跃。短短三天时间就收到远超计划人数的报名申请，在对报名人员进行初步筛选之后，活动策划、设计，所需材料采买等工作也有条不紊地展开了。

小组实施阶段，三个主题小组陆陆续续启动，每个小组由两名社工负责，小组成员在三十个左右。人际交往能力提升小组的活动目标是引导组员认识人际交往的重要性，学习各种人际交往技巧。在小组过程中，社工首先明确了作为社会个体人际交往的重要性，之后引导大家从自我接纳、换位思考、信任、尊重等角度提升人际交往能力。由于组员均为小学生，他们的理解能力有限，小组大多以游戏的形式展开，将所要传递的理念和方法融汇于"价值拍卖""撕纸""巧解千千结"等游戏活动中，并通过组员互动不断练习。

卫生习惯小组的活动目标是通过小组活动，引导组员认识到卫生习惯的重要性，养成良好的卫生习惯，帮助其健康成长。在活动中，社工通过饮食卫生、个人卫生和环境卫生等方面介绍卫生习惯涉及的方方面面；从生活起居、清洁卫生、用眼习惯等方面学习具体的卫生行为；向组员介绍食品安全知识，建议大家少吃零食，预防食品安全事故的发生。

英语兴趣小组的活动目标是加强组员对英语的了解，培养组员学习英语的兴趣，掌握一定的英语学习方法，增强学习英语的自信。在活动中，社工通过英语词汇的讲解和一系列简单有趣的小游戏，让组员意识到英语学习有章可循，并没有想象中那么困难。通过英语歌曲学习单词，表演情景剧《小猪佩奇》学习对话，这些新颖的形式都受到了组员的热烈欢迎，也得到了学生家长的肯定。

随着三大主题小组活动的完结，小组活动进入到结束阶段。社工在前期活动中已经预告了小组活动结束的时间，帮助组员做好了小组结束的心理准备。在小组后期，社工主要带领小组成员回顾小组过程，引导组员讨论自己通过小组活动学到了什么，以及在未来的生活中如何运用这些经验和技巧。

2. 活动成效

三个主题小组活动结束后，社工通过参与观察、组员评价、家长反馈等形式评估服务成效。绝大部分组员都表示自己学到了东西，收获了成长。在人际交往能力提升小组活动举办之前，参与活动的组员们大多胆子较小，起初在小组内自我介绍都很困难，通过一系列活动提升了他们开口表达的能力。例如组员小亮在第一节小组活动自我介绍的时候，差点哭出来，但是到第五节的时候他可以主动参加情景剧的表演，而且新结识了三个好朋友。卫生习惯小组结束后，许多家长都对社工表示孩子改掉了许多不好的卫生陋习，饭前便后知道要洗手，睡觉之前会主动洗脚。孩子们的个人卫生情况有了较大的改善，这让家长们非常欣慰。

"通过参加英语兴趣小组的学习，我发现学好英语其实也不难，哥哥姐姐给我们看了《小猪佩奇》的英语版动画片，我还学会了一句台词，"yes yes daddy！ we're been jumping in muddy puddles（是的，是的，爸爸！我们在泥坑里跳）"，9岁的小郭同学愉快地说。小郭妈妈激动地对社工说："小郭以前对学习英语很抗拒，一提起英语就头疼，但参加完英语兴趣小组后，不再那么害怕学习英语了，平时在家还会通过手机、电视等媒介进行英语学习，改变虽然还很细微，但相信只要和孩子一起努力，孩子一定会越来越好的。"

（三）社区工作

为了让更多的人了解教育扶贫的必要性，同时，也为了巩固前期个案、小组工作的成果，社会工作教育扶贫团队举行了以下活动。

1. 举行教育扶贫宣讲会提升脱贫意识

为了提升当地村民对于中央财政支持社会工作教育对口扶贫的认知度，有效宣传项目的各项服务并为后续工作开展奠定良好基础，项目团队举行了教育扶贫宣讲会。

项目执行负责人首先结合党的二十大精神指出要巩固拓展脱贫攻坚成果，增强脱贫地区和脱贫群众内生发展动力。之后负责人从社会工作教育对口扶贫项目的背景、意义、社会工作介入精准扶贫的重要性等方面向与会村民做了详细介绍，并结合本地实际情况列举了一些切实可行的脱贫措施。项目负责人说到，扶贫要先扶两个"ZHI"，一是"志"，二是"智"，只有思想进步了才能逐步摆脱贫困状态；同时，儿童是国家的希望与未来，每个人都应该为儿童的健康成长保驾护航。此次教育扶贫工作需要每个家长的参与配合才能取得成效，项目组成员将与各位家长一起，携手呵护平村儿童的成长。此外，项目负责人还阐明了"授之以鱼不如授之以渔"的道理，结合社会工作"助人自助"的专业价值理念，向家长们说明社会工作助力教育扶贫的内涵，并就如何促进儿童的健康发展与家长们交流意见，共同探讨教育扶贫工作的发展。

宣讲会后，家长们表示对项目团队接下来开展的服务工作充满期待，有家长回应说"在扶贫中，改善精神贫困比物质贫困更重要，这样的服务对于我们是很需要的"。

2.举办社区活动促进关系改善

在前期动员和宣讲会的基础上，项目团队按计划进行了社区活动的成员招募。在项目周期内，社工团队先后开展了植物拓印亲子工作坊、手工皂制作亲子工作坊、环保夏令营等社区活动，邀请了学生家长、社区干部、教师等人员参加。每次社区活动之前，社工们都会将国家扶贫政策、教育扶贫的意义等向服务对象做深入的介绍。在活动过程中，也会传递家庭支持、社区支持对于孩子健康成长的重要性，将家校配合、社区协作的理念告知大家。

通过以上社区活动的开展，大大提升了村民之间的互动，激发了村庄的活力。"以前大家伙们天天在田间地头忙活，谁也顾不上谁，很少有这样的机会这么多人坐在一起聊聊天，大家伙一样聊聊么感情也好了，感情一好平时矛盾就少了。我也相信以后大家伙们都会创造各种条件让娃娃读书成才。你们教师说得对，现在的娃娃不读书是没有前途的，作为家长我们也要为娃娃读书创造条件。我们村大部分都是农民，没有什么文化，也不知道怎么教育娃娃，你们这个教育扶贫整得好，以后你们要多整几次，多来帮我们教育一下娃娃"，村里的王大爷激动地说道。

社区活动的开展还结合了当地村委会建设优良人居环境的工作任务，向参加社区活动的村民宣传了推动绿色发展促进人与自然和谐共生的发展理念，得到了村民的一致认可。不少村民都表示，近些年来为了发展经济环境遭到了一定程度的破坏，绿水青山正在逐渐消失，现在大家知道了，发展经济绝不能以牺牲环境为代价。同时，亲子工作坊的举行有效地改善了亲子关系。很多家长平时忙于劳作，较少陪伴孩子，逐渐导致亲子关系的淡漠与疏远。项目团队设计的亲子工作坊，必须是亲子报名才能参加，而且活动中往往需要亲子双方沟通协作共同完成任务。在这一过程中，许多家庭的亲子互动明显增强，孩子们见识了家长的智慧，家长们了解了孩子的想法，双方都有收获。许多家长在活动结束后也对自己的教育方式进行了反思，从社工传递的理念中有所学习，家庭支持网络得以强化。

三、项目总结与反思

（一）项目总结

教育扶贫活动是一个持续性的多方联动的系统工程，单独靠某一种介入方式是无法保证服务成效的。在社会工作介入教育教育扶贫过程中，个案工作方法虽然能对案主进行比较精确的帮扶，但是个案工作比较考验社工的专业能力，且费时费力，服务的范围非常有限，在面对众多具有相似问题的服务对象的时候，个案工作就不适用了。在这种情况下，面对服务对象的同质性问题便需要小组工作介入，它既能够覆盖更多的服务对象，又能够运用小组规范、小组动力等因素，凝聚小组成员的智慧达成目标。但是儿童问题的解决，并不能单纯地依靠家长或儿童自身，需要全社会都行动起来，落实到基层就需要村落社区行动起来。因此，项目开展过程中，社区服务极其必要，发挥社工宣传者、教育者、倡导者等角色，营造良好的社区环境。社会工作的三大方法在本项目执行过程中各有优势，而社工需要做的就是把这三大方法整合起来，助推项目服务效果最大化。

儿童是国家的未来与希望，少年强则中国强早已经成为我们每个人的共识，只有重视儿童的教育，关注儿童的身心健康发展，才能保证儿童成长、成功、成才。在此次教育扶贫过程中，社工们对留守儿童的生理、心理进行了评估，并开展了有效的干预，儿童的家庭支持网络、社区支持网络也达到了初步建构。总之，整个服务项目基本达到了预期效果，在各类扶贫项目中独树一帜，得到当地家长的高度认可。

（二）项目反思

1. 社工需要提高服务技能

教育扶贫是社工与服务对象双向互动的过程，社会工作介入教育扶贫不仅要有充足的专业知识，还需要了解扶贫政策、村落文化等知识。由于项目团队中的社工以在校大学生为主，一方面对于国家扶贫政策不太清晰，对于当地乡镇的扶贫工作了解得不透彻，在项目执行过程中对于一些村民提出来的关于扶贫政策方面的疑问不能解答，导致服务质量存在不足；另一方面，大家能够自如地应对简单的咨询、辅导，但是面对个别问题严重的个案时，往往束手无策。所以在今后的项目服务过程中，对于项目执行团队有必要开展统一培训，丰富工作人员的知识储备，对于项目实施地的各方面的基本情况有清楚的认识。在此基础上，提高大家的服务技巧，保证服务过程的科学性和专业性，尽可能减少偏差行为。

2. 重视服务对象能力建设

在增能理论的指导下，帮助服务对象增强个人能力建设是社会工作者介入教育扶贫的重要任务。在此次教育扶贫服务过程中，社工大多注重外力介入的作用，过于强调社工的力量，反而忽视了服务对象的内生动力。社会工作者在实务过程中需要切实贯彻"助人自助"的理念，充分发挥自身支持者、引导者等角色，通过资源链接、支持网络建立等形式，改造服务对象等靠要的思想，调动他们的积极性，真正实现由输血式扶贫转向造血式扶贫。

3. 重视社工身心健康，保障服务质量

本次教育扶贫项目是一个长期的、持续的工作过程，社工面临的挑战和问题也较为严峻。由于此次教育扶贫项目以保山学院社会工作专业师生为主体，且服务时间在暑期，需要连续驻村开展工作，工作内容繁多，工作强度较大，部分成员在项目中后

期出现了消极、懈怠情绪，影响了最终的成效。项目负责人及督导团队应及时了解、把握社工们的身心状态，解决个人遇到的问题，并适时开展团建活动，以提高整个团队的工作积极性。只有保证项目团队成员工作的激情，全身心地投入服务之中，才能确保收获高质量的项目成果。

第六节 筑牢服务体系，助推基层治理——保山市红庙社区社工站建设探索

一、红庙社工站概况

保山市古称永昌，位于云南省西南边陲，是开发最早的边疆多民族地区。红庙社区位于保山市隆阳区北部，辖区面积 1.6 平方公里，共有 15 个居民小组，居民 1519 户、4826 人。红庙社区共有 147 名党员，设有 3 个党支部，社区办公面积 567 平方米，活动场所 618 平方米。自 2007 年 11 月以来隆阳区对 9 个村实行"村改居"，过渡为社区居民委员会，红庙社区就是其中之一。红庙社区目前已无耕地，有林地 6189 亩，居民以务工为主，无主要产业。村改居后，该社区在发展过程中取得了不错的成绩，但依旧存在总体发展水平不高、居民的融入存在困难、邻里关系淡漠、儿童友好型社区建设水平低等问题。

红庙社区社会工作服务站是全省建设的 9 个试点社工站之一。该站于 2020 年 11 月 24 日在市、区民政局以及保山学院等多个单位的指导下正式揭牌成立，由保山市四叶草青少年事务社会工作服务中心负责运营实施，并派选 2 名专职社工驻站服务。为更好地服务社区居民，发挥试点的示范作用，社工站揭牌前，相关单位多次召开联席会议，了解社区基本情况。驻站社工根据居民需求，制订了较为完整的社工站服务计划，围绕民政社会救助、养老服务、儿童关爱服务、基层社区治理等领域开展专业社会工作服务。

二、建设初期遇冷，多重问题频现

（一）社会认知度低，难以开展服务

因社工站与居委会共用办公和服务活动场地，在方便社工了解社区的同时，也造成了居民将社工等同于社区行政工作人员，将社会工作专业服务与传统社区行政工作混淆在一起，这就导致了专业社会工作者在社区工作中的一大难题——居民的不了解、不认同。

社工在走访调研的过程中发现，居民并不清楚社会工作是个专门的职业，当涉及居民个人隐私如家庭地址、联系电话和家庭状况时，大多数居民要么认为社工是骗子，不愿坦诚相待；要么以为社工是做推销的，闭门不开。即使在社工耐心解释社会工作的服务内容后，很多居民还是一头雾水，尤其是红庙这种类型的村改居社区，居民的防卫、抵触心理表现更加明显，对社工的登门拜访较为反感和不信任。

（二）调动居民社区参与的积极性难度较大

首先，居民对社区认同感低。红庙社区属于典型的村改居社区，居民流动性大，异质性强，在融入社区的过程中存在困难，造成邻里关系淡漠、社区参与积极性低、社区认同感低等现象。其次，社区居民参与社区文娱活动机会多，参与社区治理的机会少，久而久之居民便形成了"事不关己，高高挂起"的态度，或习惯依赖于社区居委会的推动。再次，中国固有的传统家庭意识制约着社区居民参与，家庭利益成为他们最关心的问题，而大多居民无暇顾及社区事务，需要居民参与的社区事宜多由社区工作人员和极少数居民代表代为行使参与决策权，造成居民参与的自主性低。

（三）试点项目缺乏建设经验

红庙社区社工站作为试点项目，在服务内容、建设管理、运营模式等方面都无参考经验，在项目开展过程中，每一个阶段都处在"摸着石头过河"的探索中。面对突发的社区问题，社工需要较高的专业能力，需要根据社区实际情况，制定符合社情的工作方案。在推进社区治理体系和工作机制创新过程中，社工需要开拓思路，多方链接资源，才能够更好地满足社区居民的需求。

三、凝聚服务理念，摆正建设方向

红庙社区社工站建设之初便凝练了"党建引领服务，推进助人自助，夯实社区治理，共享发展成果"的服务理念，旨在搭建一个推进社区服务、建设、发展和治理的综合性服务平台，通过专业化团队的运作，充分发挥社会工作专业优势，逐步探索一套规范化的服务模式。

建站以来，社工站始终围绕民政社会救助、养老服务、儿童关爱服务特别是留守儿童以及困境儿童、基层社区治理等领域开展专业社会工作服务。社工站在硬件设施、人员队伍、制度文化、服务开展等方面逐步完善，通过服务解决社区问题，满足居民需求的同时，不断提升居民关注社区公共事务的积极性，整合社区资源，改善社区关系，强化居民对社区的归属感和主人翁意识。社工团队发挥专业优势，协调辖区单位共同融合发力，进而更好地解决基层矛盾问题，更高质量地服务群众，形成共建共治共享的基层社会治理新格局，让广大居民群众有更多获得感和幸福感。

四、搭建服务团队，发挥各自优势

为更好地服务社区，四叶草中心在社工站服务团队的建设上秉持"一线社工要专业，本土人才同发展，志愿团队高素质，督导团队全方面"的原则。建站以来，四叶草中心协调两名专业社工驻站服务，两名社工均是科班出身，专业认同感强，服务能力有保证。在本土人才培养方面，选择有潜力向专业社工方向发展的社区工作者，注重其服务理念和服务能力的培养，在日常培养过程中坚持理论与实际同发展的原则，努力打造一支专业化的本土社会工作人才队伍，确保服务的持续性。为延展社工手臂，社工站链接资源组建大学生志愿者服务队、党员志愿者服务队，秉承志愿服务精神，在儿童、老年等服务中发挥积极作用。督导是确保专业服务的重要保障，社工站督导团队由机构督导、项目督导和服务督导组成，分别从行政支持、教育辅导、团队建设几个方面保证服务质量。

五、重视服务内容，提升群众认同

建站至今，社工站始终坚持党建引领，充分链接各类资源，有效整合各项惠民政策，积极谋划主动开展为民服务，"五有"成效开始展现。

党建引领有方向。建站以来，各项工作始终坚持党建引领，加强基层党组织与社工站的有机融合，党建工作与专业社工服务有机结合，把社工站建设成为宣传党的主张、贯彻党的路线、落实党的政策的基层服务一线阵地。同时采取以"支部引领、党员带头、一名党员包一片"的形式开展入户走访，动态掌握困难家庭帮扶需求，研究制订帮扶计划，通过社工站链接各类资源给予力所能及的帮助，对符合政策的，及时按规定程序给予政策兜底保障。社工站积极探索在基层党组织引进专业社工服务模式，树立党组织和社工"协力发挥作用，共同服务群众"的新理念，推动党建工作和服务群众能力双促进双提升，全力打造"服务型"党建品牌。

关爱保护有保障。以社工站为平台，重点围绕辖区儿童开展了系列关爱保护活动。每周一至周五持续开展"四点半课堂"，为社区在校中小学生提供学习辅导和课后陪伴，截至2021年9月底，四点半课堂累计开展108次，服务儿童1200人次，参与志愿者275人次。每周二晚上，定期开展0到3岁婴幼儿绘本故事会，推动亲子共读，目前已开展31场次，累计服务婴幼儿116人次。社工推动组建了儿童赋能小组，共开展各类主题服务实践活动9场，受益儿童达200余人次。通过开设四点半课堂、婴幼儿绘本故事会，为双职工家庭、隔代教养家庭解决孩子学业辅导问题；通过安全、人际交往等小组活动，促进儿童健康发展；通过绘画、剪纸、戏曲等兴趣班，提升儿童素养，陶冶情操；通过一对一的心理辅导，解决困扰个别儿童的特殊问题；通过趣味运动会等活动，融洽亲子关系，关爱社区家庭。

服务项目有特色。结合社区实际情况，社工站创新开展了暑期儿童俱乐部、老兵口述史工作坊等特色活动。在暑期儿童俱乐部开展过程中，充分赋权儿童，尊重他们的意见，最终推动成立了社区儿童议事会，培养儿童社区小主人翁的意识，切实保障他们的参与权，探索儿童自组织"自我管理、自我服务"的新模式。为重现老兵的昔日辉煌，社工多次走进退伍老兵的家中，以口述史的形式，记录下老兵们的峥嵘岁月，并结合摄影、录音、录像等技术，丰满一个又一个军人的故事。同时，社工站邀请这些退伍老兵开展"红色课堂"，为社区居民生动讲述部队生活，宣传新时代党的政策方针，充分调动他们的积极性，发挥余热，传承军人精神。

人才培养有抓手。社工站建立了"专业社工＋社区工作者＋志愿者"联动协作机制，旨在通过专业社工带动，引导培养一批本地优秀社工人才队伍。为提升社工专业能力，社工站聘请督导，邀请社会工作专业教师定期对社工站建设进行指导。通过讲座、工作坊等不同的形式开展本地社工人才的培养，助推社区干部、社区组织工作人员在专业化服务方面有所突破，目前共培养本土社工人才 2 人，发展核心志愿者 52 人。

资源整合有平台。立足社工站平台，链接整合各类惠民政策和社会资源，共同服务辖区居民。先后链接了保山学院社会工作系、保山中医药高等专科学校、保山市交警大队、国寿财险保山支公司等多方力量，发挥各自的优势，丰富社工站的服务内容，一方面缓解了社工站人手短缺的压力，延展了社工的服务范围；另一方面积极为广大群众提供就业、维权等方面的服务，进一步满足了居民的日常需求。

下一步，社工站将重点突出党建引领，立足社区、结合实际，以居民需求为导向，以提供服务为牵引，在发挥和调动各类组织和力量的作用下，积极探索并建立以社区为平台、驻站社工为支撑、社区社会组织为载体、社区志愿者为辅助、社区公益慈善资源为补充的"五社联动"综合服务模式。在保证基础服务的同时，社工站将进一步发挥社会工作专业服务的优势，赋能社区社会组织、社区志愿者和社区居民，发掘和利用社区公益慈善资源，提升社区治理效能，推动建设人人有责、人人尽责、人人享有的社会治理共同体，推动形成"资源共享、协同服务、便民利民"的社区服务发展新格局。